Impressum:
Das Werk einschließlich aller seiner Teile ist urheberrechtlich geschützt.

Besuchen Sie uns auf www.papierfresserchen.de

Herausgeber: Martina Meier – Cat creativ – im Auftrag von:

Copyright (©) 2024 by Papierfresserchens MTM-Verlag
Mühlstraße 10, D- 88055 Langenargen, Deutschland
info@papierfresserchen.de

Bearbeitung : Cat creativ - www.cat-creativ.at

Cover gestaltet mit einer KI-Illustration nach Anweisung
der Herausgeberin

Backcover: © Bianca Buchmann. Rechte an allen anderen Bildern und
Illustrationen liegen bei den Autorinnen und Autoren

1. Auflage 2024

ISBN: 978-3-99051-229-6 - Taschenbuch
ISBN: 978-3-99051-225-8 - E-Book
ISBN: 978-3-99051-286-9 - Hörbuch

WO DIE WILDEN GEISTER WOHNEN ...

Schaurig-schöne Gruselgeschichten
für Kinder - Band 7

Martina Meier (Hrsg.)

Noch mehr Gruselgeschichten

Wir lehren euch das Fürchten! Ja, denn wir wissen ganz genau, wo die wilden Geister wohnen ... In inzwischen sieben Bänden der gleichnamigen Buchreihe.

Die Bücher können über den Verlag, den Buchhandel und Amazon bezogen werden.

Inhaltsverzeichnis

Prolog	11
Das harmlose Gespenst	12
Rena, die Hexe	15
Der Geisterzug	19
Das Nachtfräulein	23
Die vergessene Bibliothek des Mr. Lyman Kessem Talythas	27
Der Kürbisdieb	29
Der Wald des Moosweibleins	31
Das verlassene Haus	43
Eine gruselige Klassenfahrt	44
Das Rascheln im Klassenzimmer	47
Das Haus der Spinnen	49
Olmo	54
Vorsicht Geisterbahn?	58
Zahnschmerzen	62
Im Tal der Eulen	66
Elaras Fluch	71
Jeder verdient Dank	75
Der Wächter von Moru	79
Ein Abenteuer im Wald	83
Sie sind wütend	87
Wie aus vielen Albträumen	90
Colonia – Im Bann der Hexe	92

Das Geisterfest 97

Zum Glück – das neue Haus 100

Der nächtliche Ausflug 103

Eine Gruselgeschichte 107

Trauerweide 111

Nebelgeist – eine Handvoll Fragen 116

Bis der Sternenhimmel der Sonne wich 120

Der Teich der verlorenen Kinder 121

Kurti spukt wieder 125

Benno muss mit 127

Hinaus, hinaus 131

Verwandte Geister 132

Rosas seltsame Erlebnisse 135

Der Raub in der Sankt Stephanie 140

Die Ballade vom Weidenmann 144

Der Leuchtturmwärter 146

Plagegeister 149

Der rote Fleck 152

Das Schlossgespenst 156

Es war einmal ein Geist … 159

Der Gruselwald 165

Die andere Welt 166

Das Tagebuch von Edward Jonsen 170

Geheimnisse auf der Klassenfahrt 173

Die Vampire 176

Ponyhof Apfelblüte 185

Wo die wilden Geister wohnen 187

Allein?   188

Die ungewöhnliche Geisterbahnfahrt   192

Der Kürbisgeist   195

Das Dorf der Krähen   199

Nachtvögel   203

Die Vogelschatztruhe   209

Nachts sind alle Katzen grau   213

Spuki und die kleine Elfe   215

Nachtschattig   219

Unvollendete Geschichten   223

Die nie alternde Nanny   227

Geister gibt es nicht nur in Gruselgeschichten   231

Schreckgespenster   235

Die dunkle Kammer   237

Die Geister von Ravenwood   242

Die kleine Markthalle   245

Der bleiche Mond   249

Die Anderswoweltchroniken: Anderswokreischgeier   253

ZOB   258

Die verzauberte Julia   260

Umzug geplant   262

Der lebende Friedhof   270

Die Autorinnen + Autoren

Achim Stößer

Adrian Schwarzenberger

Adrian van Schwamen

Aeneas

Alexander Klymchuk

Alina Zaripov

Amelina Riemiwitch

Anja Wondratschek

Annabell von Stern

Ariana

Beate Haider

Beccy Charlatan

Bernhard Finger

Bianca Buchmann

Bruno

Caroline Seeger

Catamilla Bunk

Charlie Hagist

Charlotte Jelinek

Christina Telker

Clarissa Holder

Denise Schynol

Doreen Pitzler

Ellen Norten

Emily Mehrabi

Emma

Florian Geiger

Frida

Friederike

Gerald Marten

Gerhard Hartig

Hanna Lorber

Hannelore Futschek

Hartmut Gelhaar

Helmut Blepp

Ingrid Baumgart-Fütterer

Jana Reuter

Jennifer Warwel

Juliana Barth

Karlotta Beier

Kathleen Scholz

Klaus Enser-Schlag

Lena Paula Rades

Lilly Marie

Lisa Becker

Luna Day

Margit Günster

Maria Orlovskaya

Marisa Keller

Monika Schillinger

Nico Haupt

Nicola Patsis

Nicole Gabrys

Oliver Fahn

Pamela Murtas

P. C. Fischer

Ramona Schroller

Silke Abigayl Riegler

Simone Lamolla

Sina Erdelbrauk

Sonja Dohrmann

Sonja Haas

Sophie Franzke

Tim Tensfeld

Vanessa Boecking

Volker Liebelt

Wolfgang Rödig

Wolfgang ten Brink

Zero Alala

Prolog

Wo die wilden Geister wohnen,
würde es sich geistig lohnen
die Geschichten aufzuschreiben,
die die wilden Geister treiben.

Von Geistern, die nicht ganz so wild,
gibt es, Geschichten, die sind mild.
Und wer schon einmal Geister traf,
kennt auch Geschichten, die sind brav.

Von schrecklich laut bis flüsterleise
gehen Geschichten auf die Reise.
Hier in diesem Buch gebannt.
Scheinbar wie von Geisterhand.

Dank großer Geistesgegenwart
wurde hier nicht an Text gespart!
Manch Schreiber trieb es auf die Spitze
und schenkt dem Leser Geistesblitze.

Möge hier dieses Büchlein nützen
und euch ein guter Geist beschützen!

Hartmut Gelhaar, Jahrgang 1948, Rentner, lebt in Wernigerode. Hat bereits in mehreren Anthologien veröffentlicht. Eigene E-Buch-Publikationen unter bookrix,del-texter. Eigener Podcast unter Youtube: „Lyrik für die Ohren".

Das harmlose Gespenst

Punkt 12 Uhr Mitternacht rief der große Geisterfürst die Gespenster von New York zu einer Krisensitzung zusammen. Alle Gespenster, die Rang und Namen hatten, waren gekommen. Der rote Zandor, Sägesimon, der Röchelnde Rick, Klapperklaus, Schreiser, Kettenköpfer und natürlich auch alle anderen Geister, die sich noch keine furchterregenden Gruselnamen verdient hatten. Valentin war wohl eines der harmlosesten Gespenster überhaupt. Er konnte seine Stimme nicht zu einem schrillen Todesschrei erheben, konnte kein Werwolfsgeheul imitieren und auch nicht das knarzende Geräusch von quietschenden Türen oder kreischenden Kettensägen nachahmen. Er hatte keine Raubtierklauen, keine Hörner und Reißzähne, konnte keine Gruselschatten an die Wand werfen und sein Gesicht nicht zu furchtbaren Grimassen schneiden. Er trug kein Messer, keine Säge, keine Axt, auch keine gezackten Dolche wie der blutige Biskar. Seine durchlässige Hülle sah aus wie ein flauschiges Bettlaken mit Löchern. Im Grunde war Valentin eine Schande für die Gespensterwelt, deswegen verharrte er während der Krisensitzung im hintersten Winkel des Kellergewölbes, während sich seine Gruselkollegen um den Geisterfürsten scharten.

„Wir haben ein Problem", grollte dieser. „Eine Zielperson, die keine Angst zeigt. Nicht einmal vor mir hat sie sich erschreckt. Ihr Name ist Svea, neun Jahre alt, rote Haare, Reutegasse 10, Erdgeschoss. Das Zimmer vor dem Kirschbaum."

„Ich werde sie das Fürchten lehren", prahlte der rote Zandor und wetzte seine Säbel.

„Sie wird sich vor Angst in die Hosen scheißen", röchelte der Röchelnde Rick.

Der Geisterfürst schwebte in die Höhe, damit ihn alle gut sehen konnten. „Das denkt ihr vielleicht. Aber Svea ist tapferste Neunjährige, die mir je untergekommen ist. Sie hat meinen Stellvertreter, den Faulenden Fabrizius, so sehr zur Weißglut getrieben, dass er in den Ruhestand gegangen ist. Als ich bei ihr die schaurige Schattennummer abgezogen habe, hat sie mich nur ausgelacht. Das war entwürdigend! Ich habe mit diesem Mädchen eine Rechnung offen, deswegen kommt hier mein Auftrag. Wer es schafft, diesem Mädchen auch nur einen einzigen Schreckensschrei zu entlocken, wird mein neuer persönlicher Stellvertreter." Die Geister jubelten auf und begannen gleich wieder mit ihren großkotzigen Prahlereien.

„Sie wird sich bibbernd im Bett verkriechen."

„Mein Schrei wird ihr das Blut in den Adern gefrieren lassen."

„Meine Fratze hat schon Menschen zu Tode erschreckt."

„Wenn ich mir ihr fertig bin, ist sie ein Fall für die Klapse."

„Ich bin so hässlich, das erträgt sie nicht."

In der nächsten Nacht versammelten sich alle Gespenster bei dem Kirschbaum vor Sveas Kinderzimmer und starrten durch das Fenster. Ihre Mutter saß auf dem Sessel vor ihrem Bett und las ihr eine Geschichte vor. Dann gab sie ihr einen Gutenachtkuss, löschte das Licht und verließ das Zimmer. Nur noch schwach fiel silbriges Mondlicht durch das Fenster. Svea kuschelte sich an ihr Stofftierschaf und gähnte.

„Ich zuerst", säuselte der Klapperklaus und schwebte in das Zimmer. Gespannt schauten Valentin und die anderen von draußen zu. Klapperklaus ging vorsichtig vor. Erst rüttelte er leicht an dem Stuhl. Svea schien davon nichts mitzubekommen. Dann ließ er die Schranktüre knarzen. Svea verschränkte die Arme hinter ihrem Kopf und seufzte wohlig. Klapperklaus ließ die Lampe leicht hin und her schwingen, doch das schien Svea nicht einmal zu bemerken. Verzweifelt rüttelte Klapperklaus nun an den Bettpfosten. Ein sanftes Lächeln umspielte Sveas Lippen.

„Dieser harmlose Hosenscheißer", fluchte der rote Zandor und schwebte in das Zimmer. Klapperklaus zog sich mit hängendem Kopf zurück. Das silbrige Mondlicht färbte sich blutrot. Svea blinzelte, schien davon aber wenig beeindruckt. Zandor zog seine Klingen, schlug sie klirrend gegeneinander und lachte diabolisch. Er warf in dem rötlichen Licht den Schatten seiner Fratze an die Zimmerwand. Svea öffnete ihre Augen, sah den Schatten und begann loszuprusten. Gedemütigt zog sich der rote Zandor zurück.

Nun schwebte Schreiser in das Zimmer. Er zog die typische Monster-unter-dem-Bett-Nummer ab. Er legte sich darunter und begann zu winseln wie ein Kleinkind. Das Winseln wurde lauter, schlug in ein Röcheln um und schließlich in einen verzweifelten Schrei. Schreiser wimmerte und weinte, bis ihm die Puste ausblieb. Doch all das vergebens, denn Svea war schon längst eingeschlafen. Sie wusste, dass ihr die Gespenster nichts anhaben konnten.

Gedemütigt zogen sich die Gespenster New Yorks zurück. Der Geisterfürst hatte recht gehabt. Svea war aus einem anderen Holz geschnitzt. Einzig Valentin blieb und beobachtete Svea über die Nacht und über den gesamten nächsten Tag. Sie war ein aufgewecktes Mädchen, das in der Schule nur Unfug baute. Außerdem schien sie ein gutes Herz zu haben. Sie rettete eine Spinne vor ihrem großen Bruder, der sie zertreten wollte, und nachmittags betrachtete sie mit strahlenden Augen die vier frisch geschlüpften Amselküken in ihrem Nest in der Astgabel des Kirschbaums. Sie taufte sie auf die Namen Oskar, Fluffy, Zwitschi und Piepser.

Die Natur kann hin und wieder grausam sein. Des Abends als die Amselmutter mit einem fetten Wurm im Schnabel zu ihren Küken flog, da drängten und schubsten sich die Küken und rissen gierig ihre Mäuler auf. Piepser kam dem Rand zu nahe. Durch einen unachtsamen Stoß von Oskar kippte er nach hinten, flatterte kurz mit seinen kleinen Flügeln und stürzte aus dem Nest. Bestürzt flog die Amselmutter hinab, doch Piepser hatte den Sturz nicht überlebt.

Als Svea an diesem Abend ins Bett ging, schwebte Valentin als Erster in ihr Zimmer. Er wartete geduldig, bis sie die Augen geschlossen hatte. Dann säuselte er: „Piepser ist tot. Ich habe ihn aus dem Nest gestoßen."

Svea schlug entsetzt die Augen auf. Sie stürzte aus dem Bett, riss das Fenster auf und schwang sich nach draußen. Und als sie den toten Piepser an der Wurzel des Kirschbaums liegen sah, da stieß sie einen Schreckensschrei aus, der alle Geister erschaudern ließ.

Gerhard Hartig, *geboren 1998, studiert zurzeit Germanistik in Freiburg. Er schreibt so ziemlich alles, angefangen bei Gedichten und Poetry Slams bis hin zu Fantasybüchern.*

Rena, die Hexe

Wenn die Tage langsam kürzer werden, sich das Licht von leuchtend Gelb in ein sanftes Orange verwandelt und am frühen Morgen brackig riechende Nebelschwaden unheimliche Wanderungen unternehmen, dann ist es so weit, der Herbst ist da. Die Luft riecht nach würzigem Laub und Fallobst. Im Wald sieht man überall Pilze aus dem Boden wachsen. Tiere bereiten sich auf den Winterschlaf vor und die Erde färbt sich bunt von herabfallenden Blättern und Obst.

Diese Jahreszeit ist Hexe Renas Lieblingszeit. Die Schattenwesen des Waldes erwachen zum Leben, Geister treiben ihr Unwesen in dunklen und stürmischen Herbstnächten. Häufig lauern sie unter alten Birken, beim Totholz oder auch in einigen Wildbeerensträuchern. Hexe Rena kennt alle Arten von Geistern. Ob Waldschrat oder Poltergeist. Einige sind gefährlich, viele nur unheimlich und ein paar sind kaum als Geist zu erkennen. Natürlich sind in so einem Herbstwald auch Vampire und bei Vollmond auch Werwölfe unterwegs. Je näher Halloween rückt, desto aktiver werden sie.

Unsere Hexe Rena lebt mitten in so einem Wald. In einer kleinen Hütte aus magischem Holz. Das magische Holz schützt vor den bösen Wesen. Sie liebt ihren Wald und ihre Hütte und könnte niemals von da fortgehen. Sie braut leckere Tees und genießt die unheimlichen Abende im Herbst mitten im Wald mit ihrem Kaninchen Sleepy vor dem Kamin. Normalerweise haben Hexen schwarze Katzen und Raben als Haustiere, nicht aber Hexe Rena. Denn sie ist anders. Sie ist eine gute Hexe, sie liebt Tiere und Menschen und kann niemandem etwas Böses tun. Ihr Aussehen ist aber doch etwas unheimlich, denn sie trägt typische Hexensachen. Schwarzer Rock, schwarzer Umhang, alles total fransig und einen smaragdgrünen Hexenhut. Nach Schwefel müffelt sie auch. Das liegt daran, dass sie sehr begabt in der Hexenkunst ist und vor allem im Brauen von Hexentränken.

Nun möchte ich euch eine Geschichte von unserer Hexe erzählen, die so abenteuerlich und unheimlich ist, dass ihr bestimmt unters Bett kriecht vor Angst.

An einem Herbsttag Ende Oktober, also kurz vor Halloween, ist alles anders als sonst. Das heißt, erst ist alles wie immer. Hexe Rena ist in ihrem Hexenhaus und bereitet ihr Abendessen vor. Es gibt Kürbisbrei mit viel Butter und danach heiße Schokolade mit viel Sahne und auch Schokolade extra zum Eintunken. Kaninchen Sleepy hoppelt um ihre Beine und freut sich über die vielen Haselnüsse, die es von Rena bekommt. Auch Sleepy liebt den Herbst, weil da die Nüsse reif sind und die so gut schmecken. Das ist eine Harmonie in dem Häuschen.

Aber genau in dieser Harmonie klingelt das Telefon und der Tag nimmt seine Wendung. Am anderen Ende der Leitung ist Bauer Harry. Harry und Rena sind gute Freunde, seit Rena Harry einmal von einem Poltergeist in seinem Stall befreit hat. Rena war damals zufällig auf seinen Hof gekommen, um Kürbisse und Äpfel zu kaufen. Nun ist Harry ganz aufgeregt am Telefon. Fünf Zwergkaninchen seien aus den Käfigen verschwunden. Es werde schon dunkel, er habe Angst, dass die Kleinen von einem bösen Wesen in den dunklen Herbstwald entführt worden seien.

Hexe Rena stockt der Atem, das könnte natürlich sein. Schnell packt sie ihren Hexenbesen, den Zauberstab, einen schwarzen Regenmantel, Hexenlicht, das von bösen Wesen fast nicht erkannt werden kann, und eine Satteltasche für den Besen ein. Sie stellt ihr vorbereitetes Essen in den Kühlschrank. Das wird auch kalt schmecken. Sie löscht den Kamin und alle Kerzen, schließt alle Fenster und Türen ab und legt zusätzlich einen Hexenbann um ihr Haus. So kann sie sicher sein, dass niemand hineinkommt, und Sleepy wäre auf jeden Fall sicher. Denn in so einer Herbstnacht kurz vor Halloween weiß man ja nie, was auf der Lauer liegt.

Draußen stopft sie ihr Gepäck in die Satteltasche und knotet sie an ihrem Besen fest. Es ist kalt, es dämmert bereits und Nebel zieht auf. Schwerer nasser Nebel. Im Steilflug lässt sie den Wald unter sich und verschwindet im Nebel. Zielstrebig geht der Flug direkt zum Hof von Bauer Harry. Dieser ist sehr nervös und ganz fahrig, als Rena landet, er bietet ihr eine Tasse Tee mit viel Honig zur Stärkung an, dazu leckere, selbst gebackene Schokostreuselkekse. Rena nimmt dankend an, der Flug hat sie sehr hungrig gemacht. Nach der Stärkung erklärt ihr Harry, was passiert ist. Unmöglich für die zarten Tierchen, aus dem Käfig zu entkommen, könne es nur ein Unwesen gewesen sein.

Um das herauszufinden, muss Rena im Stall und auf dem Hof nach verräterischen Spuren suchen. Das funktioniert am besten, wenn sie ihren Zauberstab auf das Haus und den Hof hält und eine magische Formel murmelt. Nachdem dies geschehen ist, wird Rena blass vor Schreck, ein bösartiger Waldschrat, bekannt dafür, kleine süße Tiere zu klauen und zu essen, ist für die Tat verantwortlich. Je süßer, desto besser.

Es hilft nichts, Rena muss mit ihrer Ausrüstung wieder in den Wald und die Spur verfolgen. Leise fliegt sie erneut in die Höhe. Leise ermahnt sie ihren Besen. Denn selbst ihr ist unwohl bei dem Vorhaben, die Kaninchen aus den Klauen des Waltschrats zu befreien. Die Nacht und der Nebel verschlucken nun jedes Licht. Es ist sehr gruselig. Sie hat Angst und Gänsehaut von der Kälte und dennoch fliegt sie weiter und steuert eine kleine Lichtung an, die voller Totholz und sehr geheimnisvoll ist. Die Landung gelingt unbemerkt. Sie spürt die Anwesenheit von vielen unheimlichen Wesen. Vorsichtig kramt sie ihren schwarzen Regenmantel aus der Tasche, schlüpft hinein und versteckt ihren Besen und ihr restliches Gepäck darunter. Nun ist sie in der Schwärze der Nacht nicht mehr so gut zu erkennen. Jetzt muss sie noch ihr Hexenlicht geradeaus halten und die Suche beginnt.

Wie gerne wäre sie jetzt daheim bei ihrem Kürbisgericht, eingemummelt in eine Decke. Aber sie darf nicht aufgeben. Von der Lichtung aus begibt sie sich nun in den tiefen, unheimlichen Wald. Geräusche gibt es genügend – Füchse, Mäuse, die Geräusche des Waldes. Doch da vernimmt sie noch etwas, ein schrilles, gackerndes Kichern, gefolgt von angstvollem Quieken. Sie ist dem Waldschrat auf der Spur.

Und da hüpft plötzlich ein kleines, graues Wollknäuel mit langen Ohren zitternd an ihr hoch. Das muss eines der fünf Zwergkaninchen sein. Vorsichtig nimmt sie es hoch und steckt es in eine Innentasche ihres Regenmantels. Und da sieht sie ihn. Hässlich, warzig, böse, der Waldschrat ... und dahinter vier kleine Häschen, eingesperrt in einen Käfig. Mit ihrem Zauberstab und einer passenden Hexenformel öffnet sie den Käfig und schleicht ein paar Meter näher heran, um die Tierchen anzulocken. Ein zweiter Hexenspruch und der Duft frischer Möhren wabert von ihr in Richtung Kaninchen. So will sie die Kaninchen anlocken. Doch damit muss sie sehr vorsichtig sein, denn auch Waldschrate liebten Möhren.

Ein Zwergkaninchen nach dem anderen hoppelt nun auf Rena zu. Sie nimmt jedes in eine andere Innentasche ihres Regenmantels, der immer so viele Taschen hat, wie sie benötigt. Als sie das letzte eingesammelt hat, hebt auf einmal der Waldschrat den Kopf und dreht sich in Renas Richtung. Sofort löscht sie das Hexenlicht und versteckt sich hinter einem dicken Baumstamm. Oje, das Herz rast ihr scheinbar davon. Hitze steigt in ihren Kopf, die Beine fühlen sich an wie Gummi. Sie muss hier weg. So schnell wie möglich. Die kleinen Kaninchen zittern spürbar in ihrem Mantel, auch sie spüren die Gefahr. Ihren Besen umklammernd sucht sie den dichten Wald nach einer freien Stelle im Himmel ab, um so schnell wie möglich zu starten und davonzufliegen. Doch der Baumbestand ist dicht, das ist unmöglich. Der Waldschrat bewegt sich langsam in ihre Richtung. Noch hat er nicht bemerkt, dass die Zwergkaninchen nicht mehr da sind. Sobald sich das ändert, muss sie weg sein. So viel steht fest. Vorsichtig bewegt sie sich rückwärts und hat auf einmal eine Idee. Sie will einen lauten Knall, der aus der anderen Richtung kommt, hexen, damit der Waldschrat abgelenkt ist. Und es funktioniert, der Knall ist laut und durchdringend. Der Waldschrat saust in die Richtung des Knalls und Rena ergreift die Flucht. Sie kommt zu der Lichtung und startet ihren Besen hinauf in die eisige Herbstluft. Eiskristalle, die sich im dichten Hochnebel gebildet haben, treffen ihr Gesicht, doch das stört sie nicht. Sie freut sich auf ihr Abendessen, ihr Kaninchen, ihr warmes Häuschen, aber vor allem auf Harrys Freude, dass die Tiere wieder da sind.

Und die Freude ist riesig! Harry nimmt die Kaninchen, jedes einzeln, in den Arm und bringt sie in den warmen, sicheren Stall, um den Rena für diese Nacht einen Hexenbann legt, damit alles darin geschützt ist. Harry versorgt die Kaninchen mit frischem Wasser, extra leckerem Futter und viel zusätzlichem Heu, denn es soll eine eisige Nacht werden. Rena bekommt als Dankeschön sechs Kürbisse, einen Korb Äpfel und Eier. Sie freut sich sehr und fliegt nach Hause zu ihrem Sleepy, der schon sehnsüchtig auf sie wartet.

__Nicola Patsis,__ 1983 geboren in Stuttgart, lebt mit ihrem Ehemann im fränkischen Fürth, die gelernte Bankkauffrau hat bereits ein Buch (den Roman Blaubeermuffins) im Selbstverlag veröffentlicht. Ihre große Leidenschaft sind das Schreiben und die Fantasie.

Der Geisterzug

In einer malerischen Kleinstadt, abseits des lauten Trubels und Stresses der Großstadt, da lebten die Geschwister Emma und Max. Die beiden waren bekannt für ihre unstillbare Neugier und ihre unerschütterliche Abenteuerlust.

Die Sommerferien waren in vollem Gange, es schien, als gäbe es in ihrem verschlafenen Städtchen nicht mehr viel zu entdecken. Doch an einem regnerischen Nachmittag, als dicke Regentropfen gegen die Fenster prasselten, entschieden sie sich, ihre eigene kleine Entdeckungsreise zu unternehmen. Ausgerüstet mit Regenjacken und Gummistiefeln verließen Emma und Max ihr gemütliches Zuhause. Sie schlenderten durch die vom Regen glänzenden Straßen. Dabei kamen sie an einer überwucherten, fast vergessenen Eisenbahnstrecke vorbei. Die Schienen waren von Moos und Unkraut überzogen. Die Gleise führten in die tiefen Wälder der Umgebung.

Es wurde gemunkelt, dass dieser Teil der Bahnstrecke seit Jahren nicht mehr in Betrieb war. Gerüchte besagten, dass der verlassene Bahnhof am Ende der Strecke von Geistern heimgesucht wurde. Die Erwachsenen in der Stadt sprachen nur flüsternd darüber. Sie warnten die Kinder, sich von diesem Ort fernzuhalten.

Aber Emma und Max waren nicht so leicht abzuschrecken. Ihr unerschütterlicher Entdeckergeist trieb sie weiter. Die Geschwister folgten den alten Gleisen, die von den Jahren der Vernachlässigung gezeichnet waren. Der Regen hatte den Boden aufgeweicht. Sie hinterließen tiefe Fußabdrücke im schlammigen Untergrund. Mit jedem Schritt wurde die Atmosphäre dichter und geheimnisvoller. Das Knarren der alten Schienen schien ihnen wie ein geisterhaftes Flüstern in den Ohren zu klingen. Doch Emma und Max ließen sich nicht einschüchtern. Sie waren entschlossen, das Rätsel des verlassenen Bahnhofs zu lüften. Sie wollten herauszufinden, ob die Geschichten von Geistern wahr waren.

Schließlich erreichten sie den verlassenen Bahnhof. Dieser war von einer dichten Nebelwand umhüllt. Sie schlichen sich vorsichtig durch das verrostete Tor, dessen Scharniere leise quietschten, als sie es öffneten. Der Bahnhof lag verlassen da. Von der Zeit vergessen, von Gebüschen und Moos überwuchert. Ein seltsames, unheimliches Gefühl ergriff die Geschwister, als sie den Bahnsteig betraten. Der Nebel hing tief über den Gleisen. Es schien, als würden die Geister der Vergangenheit in den alten Stationen noch immer präsent sein.

Und dann, just in dem Moment, als sie sich leise und gespannt umsahen, ertönte ein lauter, geisterhafter Pfiff, der die Geschwister sich fast vor Schreck zu Boden werfen ließ. Sie wandten sich in die Richtung des Geräuschs und konnten es kaum glauben. Aus dem dichten Nebel tauchte ein verblasster Zug auf. Seine Lokomotive, von Rost und der Zeit gezeichnet, glänzte in einem blassen Licht. Dieser Zug war alles andere als gewöhnlich. Als er sich auf den Gleisen zu bewegen begann, schien es, als würde er von unsichtbaren Händen gesteuert. Als ob Geister die Kontrolle über das Gefährt übernommen hätten. Die Räder quietschten leise. Der Zug setzte sich in Bewegung, als folge er einem unsichtbaren Zeitplan. Die Waggons des Zuges waren genauso außergewöhnlich wie die Lokomotive. Sie waren durchsichtig. Und sie sahen aus, als ob sie aus einem anderen Zeitalter stammten. Die Außenwände waren mit bunten Lichter und schimmernden Sternen dekoriert.

Die Geschwister konnten sich nicht erklären, was sie da vor sich hatten. War das ein Traum, eine Illusion oder die Wirklichkeit? Während Emma und Max den Geisterzug bestaunten, öffneten sich langsam die Türen der durchsichtigen Waggons. Ein freundliches, warmes Licht leuchtete daraus hervor. Es war, als würden sie eingeladen, an Bord zu kommen und an einer Reise teilzunehmen.

Die Geister, die den Zug mit so viel Zauber führten, stellten sich als Lumi und Kasper vor, als die Geschwister den Waggon betraten. Lumi war das erste Gespenst, das die Kinder sahen. Sie war ein bezauberndes, freundliches Mädchen, dessen zeitloses Kleid sie wie aus einer längst vergangenen Ära erscheinen ließ. Ihr Lächeln war so strahlend, dass es die Wolken des regnerischen Nachmittags vertrieb. Kasper, auf der anderen Seite, war ein frecher Geist. Er steckte in einem leuchtenden Anzug und trug einen lustigen, schelmischen Ausdruck in seinen durchsichtigen Augen.

Die Kinder spürten, wie die anfängliche Angst vor dem Unbekannten langsam von einer wohltuenden Wärme und einem Gefühl des

Willkommenseins überlagert wurde. Die freundlichen Geister Lumi und Kasper begrüßten Emma und Max mit offenen Armen, als ob sie alte Freunde wären. Die Geschwister fanden Trost in der Tatsache, dass die Geister weit entfernt von den gruseligen Kreaturen waren, die in den Geschichten der Erwachsenen beschrieben wurden.

Der Zug setzte sich in Bewegung. Emma und Max konnten den vorbeiziehenden Wald hinter den Nebelschwaden vor den Fenstern sehen. Während der Fahrt begannen Lumi und Kasper den Kindern Geschichten aus vergangenen Zeiten zu erzählen. Emma und Max lauschten gebannt, als die Geschichten in der luftigen Atmosphäre der durchsichtigen Waggons lebendig wurden. So verging die Zeit wie im Flug. Die Freundschaft mit Lumi und Kasper, den freundlichen Geistern, wuchs von Minute zu Minute. Die Kinder spürten, dass diese Begegnung etwas ganz Besonderes war. Sie verstanden, dass die Welt der Geister nicht unheimlich sein musste.

Der Geisterzug ratterte beharrlich auf den alten Gleisen dahin. Die Geschwister spürten die Aufregung in der Luft, als sie tiefer in die magische Landschaft eintauchten. Der Regen hatte aufgehört. Der Nebel, der den Bahnhof und den Zug umhüllte, lichtete sich, um eine verzauberte Welt preiszugeben. Die Gleise schlängelten sich durch dichte Wälder, in denen glitzernde Spinnweben zwischen den Bäumen schimmerten. Riesige Ballons in allen Farben des Regenbogens schwebten über den Bäumen. Die Luft war erfüllt von sanfter Musik, die von unsichtbaren Instrumenten zu kommen schien. Ein sanftes, erfrischendes Parfüm aus den Blumen des Waldes umgab den Zug.

Die Kinder konnten nicht fassen, was sie sahen und fühlten. Es war, als wären sie in ein magisches Märchenbuch gestolpert. Der Zug brachte sie immer tiefer in die Welt der Geister, die mehr war, als sie sich je vorgestellt hatten. In dieser Welt begegneten sie freundlichen Gespenstern, die in alten Gewändern gekleidet waren. Sie hörten von vergessenen Königreichen und abenteuerlichen Entdeckungsreisen. Die Gespenster waren so lebhaft in ihren Erzählungen, dass es schien, als würden die vergangenen Epochen vor ihren Augen wieder auferstehen. Sie hatten die Welt der Geister betreten und erkannt, dass sie mehr war als nur gruselige Geschichten. Diese Geister waren voller Magie und Freundschaft und die Geschwister fühlten sich gesegnet, Teil dieser einzigartigen Erfahrung zu sein.

Am Ende dieser aufregenden Reise rollte der Geisterzug langsam und majestätisch zurück zum verlassenen Bahnhof. Die Lokomotive schnaubte leise, als ob sie sich von ihren Abenteuern erholen müsste. Die Kinder stiegen aus dem Zug und fanden sich auf dem Bahnsteig wieder. Der Nebel, der zu Beginn so dicht und geheimnisvoll gewesen war, hatte sich gelichtet und der Bahnhof erschien in einem neuen, weniger gruseligen Licht. Lumi und Kasper, die freundlichen Geister, verabschiedeten sich herzlich von Emma und Max. Die Geschwister versprachen, bald zurückzukehren, und die Geister lachten fröhlich, als sie sich verabschiedeten. Mit einem wehmütigen, aber auch glücklichen Herzen kehrten Emma und Max nach Hause zurück.

Simone Lamolla erblickte 1979 im Bundesland Schleswig-Holstein das Licht der Welt. Sie ließ sich zur Bürokauffrau ausbilden und ist nun seit über 22 Jahren in einer mittelständischen Firma in Norddeutschland als Abteilungsleiterin tätig. In ihrer Freizeit hält sie sich gerne im Kleingarten oder bei langen Spaziergängen an der Ostsee auf. Einige ihrer Kurzgeschichten wurden bereits in Anthologien bei verschiedenen Verlagen veröffentlicht. Man findet sie auf Instagram unter: instagram. com/la_mone_hansedeern.

Das Nachtfräulein

Die folgende Geschichte ereignete sich vor noch nicht allzu langer Zeit in einer ländlichen Kleinstadt in der Nähe von Basel. Meine Großeltern, damals noch jung und frisch verliebt, hatten gerade ein gut erhaltenes Häuschen im mittelalterlichen Stadtkern erworben und planten ihr gemeinsames Leben. Das junge Paar war noch sehr arm und hätte sich eigentlich nur eine bescheidene Wohnung leisten können. Doch ein ferner Verwandter hatte den jungen Leuten überraschend sein kleines Stadthaus weit unter dem Marktwert angeboten und schon wenige Tage danach konnten sie einziehen. Mein Opa meinte später, er hätte wohl schon damals Verdacht schöpfen sollen, denn die Kaufverträge wurden ungewöhnlich schnell unterschrieben und der betagte Verwandte verließ die Stadt in geradezu überstürzter Hast. Doch wer will schon sein Glück vom neuen Eigenheim hinterfragen?

Wie es zu jener Zeit üblich war, schliefen meine Großeltern vor der Hochzeit in getrennten Zimmern und meine Oma hatte eine alleinstehende Tante als Anstandsdame zu Besuch geladen. Während die beiden Frauen das künftige Hauptschlafzimmer im ersten Stock belegten, bezog mein Opa eines der kleineren, seit langem ungenutzten Kämmerchen direkt unter dem Dachboden. Der Vorbesitzer hatte darin, wie in vielen Zimmern des Hauses, ein paar antike Möbelstücke hinterlassen, die meinem Opa ganz und gar nicht gefielen. Trotzdem versuchte er, es sich in dem provisorischen Zimmer gemütlich zu machen. Er öffnete das schmale Fensterchen, benutzte den staubigen Schminktisch mit dem zerbrochenen Spiegel als Ablage für Kleinkram und räumte seine gefalteten Hemden säuberlich in den wuchtigen Schrank aus dunklem Holz. Noch Jahre später erinnerte er sich mit einem leichten Schaudern an die eisige Kälte, die seine Arme hochkroch, als er zum ersten Mal die schwere Schranktür öffnete. Doch in der chaotischen Euphorie des Umzuges maß mein Großvater diesem Zwischenfall keine Bedeutung bei und behielt ihn für sich.

Die ersten Tage nach dem Einzug verliefen nahezu ereignislos, wenn man davon absieht, dass Großvater beim Aufstehen etwas länger als üblich nach seiner Brille suchen musste. Diese lag an den unmöglichsten Orten – einmal am Fußende des Bettes, ein andermal in seinem linken Schuh. Doch mein Opa erklärte sich seine Zerstreutheit mit der hohen Arbeitslast und beachtete sie nicht weiter.

Als er sich aber am dritten Abend erschöpft zu Bette legen wollte, schien der Vollmond gerade in einem hellen Strahl durchs kleine Fenster. Die Möbel warfen lange Schatten an die kahlen Wände und in dem bläulichen Licht glaubte mein Großvater zu erkennen, dass sich die schweren Türen des dunkeln Schrankes leicht bewegten. Verwirrt setzte er sich in seinem Bett auf und rieb sich die Augen. Als er aber nochmals zum Schrank blickte, stand dieser da wie immer. Nichts rührte sich. Überhaupt war es sehr still im Zimmer, man hörte nicht einmal das leise Glucksen der alten Wasserrohre. Irgendwo draußen schlug eine Kirchturmuhr Mitternacht und man vernahm in der Ferne das betrunkene Grölen einiger später Wirtshausbesucher. Der Lärm prallte unnatürlich hohl an den Wänden des Hauses ab.

Seufzend schüttelte mein Opa den Kopf. Er musste sich an diesem Tag wirklich überanstrengt haben, wenn ihm schon seine Vorstellung böse Streiche spielte! Er brauchte wohl dringend eine nächtliche Erholung und zudem schmerzte sein Rücken. Deshalb legte sich Opa auf das weiche Kissen zurück und schloss die Augen. Doch auch als sein regelmäßiges Schnarchen wenig später den Raum erfüllte, plagten ihn wilde Träume.

Am nächsten Morgen erwachte er keuchend aus einem unruhigen Schlaf. Das ganze Zimmer stank nach einem blumigen Damenparfüm, der Boden war mit Rosenblüten bedeckt. Entsetzt sprang mein Großvater aus dem Bett, riss das Fenster auf und hastete zum Schrank, um sich ein paar Kleider überzuwerfen. Er fand jedoch kein einziges sauberes Hemd mehr darin! Alle waren mit Flecken übersät und es fehlten ihnen sämtliche Knöpfe. Zudem war jedes Hosenbein über dem Knie abgeschnitten und in den Schuhen steckten statt der Schnürsenkel bunte Wollfäden.

Von kaltem Grauen gepackt rannte mein armer Opa im Pyjama aus dem Schlafzimmer und polterte barfuß die steile Treppe zur Küche hinunter. Meine Oma und ihre Tante genossen schon fröhlich ihr morgendliches Kaffeekränzchen. Doch als Opa die Tür aufriss, fielen ihre Tassen klirrend zu Boden. Ihr spitzer Schrei gellte so laut durch die Altstadt, dass die Nachbarn besorgt herbeieilten. Großvater aber hatte gerade noch Zeit, sich ins Bad zu flüchten, bevor seine Verlobte zitternd die ersten Besucher ins Haus ließ. Ein einziger Blick in den Spiegel genügte, um die Reaktion der beiden Frauen zu verstehen. Rund um seine Augen waren mit schwarzem Lidstift große Ringe gemalt und feine Schweißtröpfchen trugen die dunkle Farbe wie dünne Adern über seine Wangen. Blutrote Farbe verwandelte seinen Mund in eine grässliche Fratze mit schwulstigen Lippen. Seine Haare standen wild zu allen Seiten vom Kopf ab und bisweilen fehlten ganze Büschel.

Erst nachdem er das Gesicht gewaschen und sich einen alten Morgenmantel übergezogen hatte, wagte sich Opa leise in die Küche zurück. Dort hörte er, wie eine betagte Nachbarin gerade tröstend zu meiner Oma sagte: „Hab keine Sorge, schönes Kind! Dein Zukünftiger ist nicht durchgedreht. Er muss nur Arlenes Geist begegnet sein. Aber lass mich von vorne erzählen: Der Vorbesitzer dieses Hauses war kein netter Mann, im Gegenteil. Er verriet sogar seine besten Freunde, wenn es um Geld ging. So gierig war er, dass er selbst Arlene, der hässlichen Tochter des reichen Stadtrats, den Hof machte. Das arme Mädchen verliebte sich Hals über Kopf in ihn und stimmte trotz der Bedenken des Vaters einer Hochzeit zu. Doch der böse Verlobte hatte eine heimliche Geliebte und Arlene erfuhr zwei Tage vor dem Fest, warum er sie wirklich heiraten wollte. Er war nur hinter ihrem Geld her, sein Herz gehörte einer anderen. Sie erklärte ihm daraufhin in Beisein der gesamten Nachbarschaft, dass sie die Hochzeit absagen wolle, aber er verhöhnte sie nur. In derselben Nacht aber verschwand sie spurlos und wurde nie mehr lebend gesehen. Ihr Vater, der Stadtrat, konnte dem gemeinen Verlobten leider nie beweisen, dass er etwas damit zu tun hatte. Der böse Mann fand jedoch nie sein Glück, denn keine Frau hielt es lange unter seinem Dach aus. Alle behaupteten, nachts Arlene begegnet zu sein, und flohen wie von Sinnen."

Meine Großmutter hatte den Worten der Frau mit großen Augen gelauscht und fragte jetzt unsicher: „Was sollen wir denn jetzt tun? Müssen wir das Haus verlassen?"

„Ganz sicher nicht, mein Kind", mischte sich da ihre Tante ein, die sich in solchen Dingen auskannte. „Bei Geistern dieser Art hat eins noch immer geholfen – mit Rosmarin und Knoblauch vermengtes Salz. Das werden wir heute um das Bett deines Verlobten streuen und Arlene wird ihm nichts mehr anhaben können."

Und so geschah es. Noch in derselben Nacht sichtete mein Opa, der wegen des scharfen Geruchs keinen Schlaf fand, eine hübsche, weiße Gestalt, die sich seinem Bett näherte, aber außerhalb des Salzkreises stehen blieb. Sie sagte kein Wort und starrte ihn nur traurig an. Dann drehte sie sich um und verschwand. Dies wiederholte sich auch in den folgenden Nächten, doch von Mal zu Mal wurde die Gestalt durchsichtiger und ihre Konturen verschwammen immer mehr, bis sie sich schließlich auflöste. Meine Großeltern aber leben bis heute friedlich in ihrem kleinen Haus.

Caroline Seeger wurde 1979 in Zürich geboren und lebt mit ihrer Familie in der Nordwestschweiz. Sie studierte in Zürich, Neuenburg und Basel, arbeitet als Sprachlehrerin in der Erwachsenenbildung und reist gern. Das Schreiben war von früh auf ihre Leidenschaft, der sie mit dem Älterwerden ihrer Kinder wieder mehr Zeit widmen kann.

Die vergessene Bibliothek des Mr. Lyman Kessem Talythas

Hexen, Vampire, Werwölfe, Ghouls, Geister und all die anderen dunklen Wesen, die durch unsere finsteren Wälder und Straßen wandeln und in der Nacht, wenn der Mond weiß am Himmel wacht und sich die dichten Nebelschwaden über die Grabsteine der alten Friedhöfe gelegt haben, in die Träume der Menschen schleichen, sind nicht nur real, sondern entstammen auch alle demselben Ort. Den unzähligen und furchterregenden Büchern der vergessenen Bibliothek des Mr. Lyman Kessem Talythas. Tief unter den verworrenen Kellergängen der alten Villa Eskenmirror liegt sie verborgen vor der Sonne, nur mit flackerndem Kerzenlicht bestrahlt.

Vor gut 374 Jahren lebte einst ein wundersamer Geschichtenerzähler namens Lyman Kessem Talythas in den Räumen jener Villa. Er war ein wahrer Meister der Fantasie und alles, selbst die gekrönten Häupter der Welt, kamen zu ihm, um einmal einer seiner Geschichten zu lauschen. Denn Talythas erzählte eine Geschichte nie zweimal. Einmal erzählt, blieb sein Mund für die jeweilige Geschichte stumm.

„Sie ist nun lebendig und lebt unter uns. Sie muss nicht mehr erzählt werden", sagte er immer, wenn ihn doch jemand bat, eine Geschichte zu wiederholen.

Viele hielten es einfach für arrogantes Gehabe, doch er sollte recht haben, denn je mehr Geschichten von magischen Feen, verwunschenen Reichen, listigen Kobolden, fleißigen Zwergen und vielen weiteren wundersamen Dingen über die Jahre seine Lippen verließen, desto mehr mysteriöse Sichtungen von seltsamen Kreaturen und Ereignissen in den Wäldern und Städten wurden gemeldet.

Bald waren sich die Menschen sicher, dass Mr. Talythas seine Geschichten nicht nur einfach erzählte, sondern sie vielmehr real werden ließ. Je mehr Geschichten zu leben begannen, desto kürzer wurde das Leben des Mr. Talythas. Vor keiner seiner Figuren verspürte Talythas jemals Angst, doch eines Tages stand plötzlich eine Figur vor seiner Schwelle, die er niemals erschaffen hatte und die er mehr als alles andere auf der Welt fürchtete. Der Tod.

In dem Augenblick, als der Tod mit schwarzem Gewand umhüllt in die Villa trat und nach Talythas Seele griff, machte ihm der alten Geschichtenerzähler einen Vorschlag. Wenn der Tod ihm sein Leben lassen würde, so würde er für jedes weitere Lebensjahr eine Kreatur der Dunkelheit für ihn aus seinen Geschichten auf die Erde holen.

Der Tod war zunächst sehr skeptisch, willigte jedoch in den Handel schließlich ein, als er an das unaussprechliche Unheil dachte, welches solche Wesen auf der Welt anrichten konnten. Der Tod ging wieder seiner ewigen Wege und schenkte dem Mr. Talythas mit jeder neuen Gruselgeschichte, mit jedem neuen Geschöpf der finsteren Welt ein weiteres Jahr auf der Erde.

So kamen die Monster, die uns allen aus unseren Albträumen wohlbekannt sind, auf die Welt und in die Schatten der dunklen Nächte. Noch immer soll Mr. Lyman Kessem Talythas in seiner vergessenen Bibliothek leben und mit jeder weiteren düsteren Geschichte seine Sammlung der Kreaturen der Finsternis vervollständigen, dessen Ende wohl niemals kommen wird.

Tim Tensfeld, *geboren 1999 in Bad Oldesloe, Schleswig-Holstein. Er lebt derzeit in Trittau im ländlichen Stormarn und ist ein junger deutscher Schriftsteller und Lyriker. Tensfeld wuchs in Trittau im Kreis Stormarn (Schleswig-Holstein) auf, wo er nach einigen Jahren Aufenthalt in Herzogtum-Lauenburg wieder wohnt. Seit Oktober 2021 veröffentlicht er regelmäßig Kurzgeschichten und Gedichte in Literaturzeitschriften (u. a. etcetera, ET AL. und Poesiealbum neu), Onlinemagazinen (u. a. #kkl und das internationale Literaturmagazin gleich-anders.de) und in verschiedenen Anthologien. In den Jahren 2021 und 2022 wurden seine Erzählungen beim Grusel-Wusel-Geschichtenwettbewerb für die öffentliche Lesung in Leipzig ausgewählt. 2022 wurde er mit dem Preis „Die Feder 2022" von der Hanns-Seidel-Stiftung e. V. in München ausgezeichnet und war 2023 mit seinem Text „Sanierung bis zum Nichts" auf der Shortlist des Putlitzer Preises 2023. Mehr über Tim Tensfeld unter www.autorenwelt.de/person/tim-tensfeld.*

Der Kürbisdieb

In einer finsteren Gruselnacht
ein klappriges Skelett erwacht.

Es hat Hunger, entsetzlich knurrt sein Magen.
So will es einen Kürbis nach Hause tragen.

Der Kürbis, sehr groß und gar zu schwer,
stellt sich dem Willen des Skeletts zur Wehr.

Armes, hungriges Klapperskelett,
stattdessen sieht es ein Ballett!

Die schöne Fee fordert auf zum Pas de deux.
Es weigert sich, doch sie zieht es in die Höh'.

Fledermäuse flattern in seinem Bauch wild durcheinander.
Es zählt seine 214 Knochen, sind sie noch alle beieinander?

Von den vielen Pirouetten wird ihm ganz schwindelig.
Vom Auf und Ab wird ihm im Kopf ganz schwummerig.

Das Haar der Fee duftet nach Äpfeln, Birnen und Pflaumen.
Dem Skelett läuft das Wasser zusammen in Mund und Gaumen.

Sein Herz nun schlägt Purzelbäume.
Das ist das Mädchen seiner Träume!

Nach dem Tanz mit dieser entzückenden Kürbisfee,
geleitet der Herr die Dame zu einem Zitronenzaubertee.

Sein Magen immer mehr vor Hunger brüllt,
die dunkle Nacht von seinem Lärm erfüllt.

Der Hungerschmerz nicht zu ertragen,
das Skelett Gewissensbisse plagen.

Aber wie sollte es ihm je noch gelingen,
diese schöne Fee nicht zu verschlingen?

So endet dieses kurze, aber gruselige Gedicht.
In dieser Nacht gibt es einen Kürbisdieb nicht.

Bianca Buchmann *wurde 1972 in Oldenburg geboren und lebt noch immer gerne in dieser schönen Stadt. Sie illustriert und schreibt Geschichten und Gedichte für Kinder und alle Erwachsenen, die in ihrem Herzen Kind geblieben sind. Sie hat schon einige Texte und Bilder veröffentlicht. Mehr auf Instagram: @biancas.unexpected.art.*

Der Wald des Moosweibleins

Es war einmal eine Frau, die lebte mitten im Wald an einem morastigen See in einer kleinen, mit Moos bewachsenen Holzhütte. Sie war nicht von besonders großer Gestalt, gerade einmal so hoch wie ein sechsjähriges Kind, die Haare weiß wie Milch, die Wangen eingefallen und knochig, das Augenlicht leicht getrübt. Sie wohnte schon ihr ganzes Leben in dieser Hütte, nie hatte sie sich in die anliegende – von einer riesigen Steinmauer umgebenen – Stadt getraut.

Die Bewohner erzählten sich daher allerlei abstruse Geschichten über das Weiblein, das sie allerdings noch nie leibhaftig gesehen hatten. Es war lediglich eine Vermutung, dass die Frau am See in einem kleinen Häuschen lebte. Doch die meisten hatten viel zu große Furcht, um die Wahrheit herauszufinden, womit sie für die meisten nicht mehr als eine Sagengestalt blieb. Nur wenige wussten von ihrer Existenz, behielten dieses Geheimnis aber stets für sich.

So erzählte man sich, sie sei ein kinderfressendes Monster mit einem Blick, der jeden in Stein verwandle. Sie sei eine böse Hexe und der Teufel persönlich habe sie der Hölle verwiesen, weil sie so grausam war. Denn manchmal, zum Glück passierte dies sehr selten, kamen immer wieder Kinder der Stadt auf die leichtsinnige Idee, die Geschichte über das Moosweiblein – wie sie in der Stadt von allen genannt wurde – auf ihren Wahrheitsgehalt zu überprüfen. Und nicht alle waren von ihrem Abenteuer zurückgekehrt. Das Verschwinden der Kinder hatte man dem Moosweiblein zugeschrieben. Auch wenn es nur eine Behauptung war, konnte keiner das Gegenteil beweisen, außer vielleicht das Weiblein selbst. Und so war es die Zielscheibe so machen Grolls. Doch keiner ahnte, weshalb das Weiblein wirklich nahe des Sees hauste.

Aber trotz alledem hatte das Moosweiblein nicht das Gefühl, dass es ihm an etwas fehlte. Die Alte hatte ihr kleines Feld direkt hinter dem Haus, das sie stets bestellte und dessen Ertrag sie über die Runden brachte. Von Zeit zu Zeit brachten ihr Verbündete Brot. Sie hatte ihren zahmen Raben Corax, der sie jeden Morgen weckte und jeden Abend in den Schlaf krächzte. Sie hatte ihren kleinen Ofen, der sie im Winter wärmte. Sie hatte ihren alten Buchenholztisch mit einem einzigen Stuhl daran. Und sie hatte ihre unzähligen und Abertausenden Bücher, die sie stets zu lesen pflegte.

So zogen die Jahre über das Land und sie führte ein ruhiges und zufriedenes Leben, bis eines Tages ein neuer Pfarrer in die Gemeinde zog. Pfarrer Wiegel war ein ziemlich engstirniger Mensch, noch dazu ein treuer Anhänger des Heinrich Kramer, des Schöpfers des Malleus maleficarum – des Hexenhammers – wie er in der Bevölkerung hinter vorgehaltener Hand genannt wurde. Doch dies wusste mit seiner Ankunft in der Stadt niemand. Für die meisten der Stadtbewohner war er damit nur ein weiterer Pfarrer, der auf der großen Steintafel hinter dem Altar verewigt werden würde. Wie jeder Pfarrer pflegte er seine Predigten und Fürbitten auf Latein abzuhalten, was nicht einmal die Hälfte der Stadtbewohner fließend sprachen. Daher verstanden nur wenige, worum es ihm wirklich ging, wenn er von seiner Kanzel hinabbrüllte. Der Bürgermeister und seine Frau sahen dies nicht gerne. Doch gegen die Verfügungsgewalt des Bistums kamen auch sie nicht an. Und so blieb der unliebsame Pfarrer Wiegel und fand bald eine kleine, aber feine Anzahl an Anhängern an Richtern und Ratsmännern, die das, was er predigte, befürworteten und unterstützen.

„Vater", flüsterte Anna ihrem Vater, dem Bürgermeister, eines Tages bei einer Predigt ins Ohr.

Dieser hob erwartungsvoll eine Augenbraue und neigte seinen Kopf ein Stück zu ihr herunter. „Ja, mein Kind", flüsterte er zurück und das Mädchen sah ihn mit großen Augen an.

„Was redet Pfarrer Wiegel da eigentlich die ganze Zeit?"

Der Vater atmete tief ein und überlegte es sich gut, ob er seinem Kind die Wahrheit sagen oder sich lieber auf die Schnelle eine Geschichte ausdenken sollte. Er wollte unter keinen Umständen, dass seine Tochter den Worten, die der Pfarrer voller Inbrunst von der Kanzel hinabschmetterte, Glauben schenkte. Andererseits wollte er sie auch nicht belügen, weshalb er sich einen Ruck gab. „Nun, mein Kind." Der Vater faltete die Hände wie zum Gebet vor seinem Bauch und machte ein ernstes Gesicht. „Im Großen und Ganzen möchte Pastor Wiegel uns sagen, dass man einen großen Fehler begeht, wenn man nicht an die Existenz von Hexen glaubt. "

Das Mädchen verzog mürrisch das Gesicht. „Und was sagt er jetzt noch?"

Der Vater räusperte sich kurz, begann dann aber weiter zu übersetzen: „Er sagt: Sie sind Giftmischer, verseuchen das Vieh, verderben das Getreide, fressen unsere Kinder. Sie sind Dienerinnen des Teufels und versprühen seinen fauligen Atem in unserem Land. Und deshalb gehören sie vernichtet."

„Das verstehe ich nicht", meinte das kleine Mädchen nachdenklich. „Du sagst doch immer, dass es nicht solche Hexen gibt, wie Pfarrer Wiegel sie in seinen Predigten beschreibt. Du sagst, dass nur wer Böses im Schilde führt, auch wirklich böse ist, und dass das nichts mit Magie oder dergleichen zu tun hat, sondern nur mit der Gesinnung."

Der Vater nickte. „Das stimmt genau. Unser Getreide verdirbt nicht, weil jemand es verzaubert. Unser Vieh stirbt auch nicht, weil eine Hexe einen Unheil bringenden Zauberspruch mit dem Wind über das Land bläst. Unser Getreide verdirbt, wenn es zu viel regnet und zu wenig die Sonne scheint. Unsere Tiere sterben, weil sie krank oder altersschwach sind. Das ist der Lauf der Dinge. Nicht mehr und nicht weniger. Hör nicht auf das, was Pfarrer Wiegel da sagt. Er ist, mit Verlaub, ein Spinner." Der Bürgermeister seufzte leicht. „Noch zwei Jahre und er wird die Gemeinde wechseln. Das werden wir auch noch überstehen, was meinst du?"

Anna verzog den rechten Mundwinkel zu einem Lächeln. „Dann könnten wir ja für die nächsten zwei Jahre die Kirche ausfallen lassen."

Jetzt musste auch der Vater schmunzeln. Der Gedanke gefiel ihm. Doch er war der Bürgermeister, dazu noch ein frommer Christ. Die Kirche aufgrund der schwachsinnigen Gesinnung des Predigers ausfallen zu lassen, war deshalb noch lange keine Alternative.

Nach der Predigt hatte der Bürgermeister dem Pfarrer beim Verlassen der Kirche nicht – wie es eigentlich üblich war – die Hand gegeben und hatte dafür von Pastor Wiegel nur ein scheinheiliges Lächeln geerntet. Denn er wusste nur allzu genau, dass er den Rückhalt des Bürgermeisters nicht benötigte, da er bereits den halben Stadtrat von seiner Anschauung überzeugt und damit hinter sich stehen hatte. Annas Vater beobachtete diese Veränderungen nicht ohne Sorgen, doch noch war er mächtigste Mann in der Stadt.

Auf dem Weg nach Hause konnte Anna die Worte des Pfarrers einfach nicht vergessen. „Vater?", begann Anna daher erneut zu fragen und der Bürgermeister blickte zu seiner Tochter hinab. „Pfarrer Wiegel ist doch ein gelehrter Mann, oder?"

Ihr Vater kratze sich etwas ratlos an der Nase. „Wie man es nimmt." Das Mädchen schluckte, es war sich nicht sicher, ob es die Frage, die ihm so sehr auf der Seele brannte, stellen sollte. Doch schließlich hielt Anna es nicht mehr aus. „Wenn Pfarrer Wiegel sagt, dass alle Hexen böse sind, was hält er denn dann von dem Moosweiblein?"

Der Vater blieb abrupt stehen und kniete sich vor seine Tochter, packte sie leicht an den Armen. „Was hast du da gerade gesagt, Anna? Woher weißt du von dem Moosweiblein?"

Anna verstand nicht ganz, warum der Vater sie so sorgenvoll anblickte. Sie war noch zu jung, um es zu begreifen, deshalb sprach sie unbeirrt weiter. „Mutter und du, ich habe gehört, wie ihr über das Moosweiblein gesprochen habt. Ihr bringt ihr Brot, das steckt Mutter immer in einen Korb und dann geht sie damit in den Wald. Ich meine, ich kenne doch die Geschichten über die Alte. Viele hier in der Stadt sagen, sie sei eine Ausgeburt der Hölle. Der Teufel persönlich wollte sie nicht mehr bei sich haben, deshalb lebt sie nun am See. Andere wiederum sagen, dass die Geschichten über sie nur schauriger Blödsinn sind, denen man keinen Glauben schenken darf. Und wieder andere sind davon überzeugt, dass sie Kinder frisst, deshalb soll ich doch auch nicht alleine in den Wald gehen. Nicht wahr? Aber warum bringt ihr dem Moosweiblein dann Brot, wenn es doch eine Ausgeburt der Hölle ist? Das verstehe ich nicht. Ich verstehe überhaupt nichts mehr."

Der Vater schüttelte aufgebracht den Kopf. „Anna! Du hast uns beobachtet und belauscht! So etwas gehört sich nicht für eine junge Dame, wie du eine bist. So etwas ist anstandslos!"

Anna kratze sich etwas verlegen an der Nase. „Entschuldige, Vater. Ich war nur so verwundert. Gibt es das Moosweiblein nun oder nicht? Und ist es jetzt eine Hexe oder nicht?"

Der Vater atmete angespannt aus. Das Kind wusste bereits mehr, als ihm lieb war. Deshalb war es ihm unmöglich, seiner Tochter die Existenz des Moosweibleins zu verschweigen. Dennoch entschied er sich für einen kindgerechten Mittelweg. Das Letzte, was er wollte, war, Anna zu verängstigen.

„Hör zu, Anna. Ich weiß nicht, was du von den Leuten dieser Stadt alles über das Moosweiblein gehört hast. Nichts davon ist wahr. Es ist einfach eine alte Frau, die im Wald lebt und auf die Unterstützung von deiner Mutter und mir angewiesen ist."

Anna klimperte mit den Augen. „Und sie kommt nie in die Stadt?"

Der Vater schüttelte den Kopf.

„Warum denn nicht?"

Der Bürgermeister suchte nach den richtigen Worten. „Weißt du, Anna, das Moosweiblein sieht eben nicht so aus wie wir. Und das würde manche Menschen verschrecken. Das weiß die alte Frau und deshalb kommt sie nicht zu uns in die Stadt."

Anna schluckte. „Wie sieht sie denn aus? Wie eine Hexe?"

Langsam riss dem Vater der Geduldsfaden. „Anna, jetzt reicht es aber! Hör zu: Ich will nicht, dass du je wieder über das Moosweiblein sprichst. Schon gar nicht in Anwesenheit von Pfarrer Wiegel. Das würde uns alle in große Gefahr bringen."

Anna verstand erneut nicht, was ihr Vater da von sich gab. „Was denn für eine Gefahr, Vater?", fragte sie deshalb ungeniert weiter.

Ihr Vater wusste, dass Anna nicht eher aufhören würde, ihn mit ihren unzähligen Fragen zu löchern, bis sie ihren Wissensdurst gestillt hatte. Deshalb war es nun an der Zeit, ein Machtwort zu sprechen. Somit packte der Vater die Hand der Tochter und sagte ernst: „Es ist genug jetzt, Anna! Wir wollen nicht mehr darüber sprechen."

Am Abend im Bett dachte Anna noch lange über das Gespräch mit ihrem Vater nach. Der Gedanke, ob das Moosweiblein wirklich existierte, trieb das Kind um und hatte sich in seinem Gehirn festgesetzt. Anna wollte unbedingt wissen, wie das Moosweiblein aussah und weshalb es eine große Gefahr war, wenn das Weiblein nicht mehr da sein würde. Schließlich kam das Mädchen zu dem Ergebnis, dass, wenn sein Vater ihm dieses Geheimnis nicht verraten wollte, es eben selbst der Sache auf den Grund gehen müsse. Anna würde sich ein eigenständiges Bild vom Moosweiblein machen und damit endlich das Geheimnis um seine Person lüften. Und somit, als endlich alle schliefen, verließ Anna auf leisen Sohlen das Haus und lief in den Wald hinein.

Es war eine sternenklare Nacht. Der Mond stand voll und rund am Himmelszelt und Anna wusste, wo sie das Moosweiblein zu suchen hatte. Laut den Erzählungen der Stadtbewohner musste es irgendwo an diesem riesigen See mitten im Wald hausen. Nachdem Anna also eine Zeit lang durch das Dickicht gelaufen war, hatte sie ihr Ziel erreicht. Doch der See war sehr groß und von ihrer Position aus kaum zu überblicken. Deshalb trat sie näher an dessen Rand heran. Zu schön war der Anblick des sich spiegelnden Mondes in dem stillen Gewässer.

Anna fuhr mit den Fingern durch das klare Nass und freute sich, weil sie meinte, den Mond streicheln zu können, als das Wasser plötzlich zu beben begann und ein schneeweißes Pferd mit einem silbrig glänzenden Zaumzeug aus ihm emporstieg. Das Tier übte eine fantastische Anziehung auf das kleine Mädchen aus und wie ferngesteuert marschierte sie staunend – einen Schritt vor den anderen setzend mit ausgestreckter Hand – auf das große Pferd zu, bis es vor ihm stand. Dabei hatte Anna kaum bemerkt, wie weit sie gegangen war und dass sich ihr Nachthemd – je weiter sie ging – immer mehr mit Wasser vollsog und sie nach unten zu ziehen begonnen hatte. Das Wasser stand ihr bereits bis zur Brust und gerade als sie die Nüstern des prächtigen Tieres berühren wollte, wurde sie unsanft nach hinten gezogen. Als Anna sich umdrehte, blickte sie in die milchigen Augen des Moosweibleins. Sie erschrak fürchterlich, wollte sich aus dem Griff des Weibleins losreißen, doch das, was sie nun sah, ließ das Kind erstarren.

Das wunderschöne weiße Ross hatte sich verändert. Spitze Zähne wuchsen aus seinem Maul, die Augen wurden rot, das Fell schwarz und es begann, nach dem Mädchen zu schnappen. Es fauchte, bäumte sich auf und war kurz davor, sich auf das Mädchen zu stürzen, doch das Moosweiblein handelte schnell und schaffte es gerade noch rechtzeitig, das Kind unversehrt aus dem Wasser zu ziehen, bevor das Maul des Pferdes zuschnappen konnte. Der Wind blies heftig durch das Geäst der Bäume, sodass diese beunruhigend knarrten.

Das Moosweiblein erschöpft, Anna geschockt, fielen zusammen rückwärts auf das Gras, das den See umgab, und keuchten. Das Pferd hatte sie bis zum Rand des stillen Gewässers verfolgt. Dort stand es nun – wütend schnaubend, das Moosweiblein böse anfunkelnd.

„Verdu ausgedehö. Dima i schn – ha. Verwi inde See."

Als hätte es die Worte des Weibleins verstanden, tauchte es knurrend wieder unter. Und schon bald war der See wieder ruhig. Der Wind hatte sich gelegt und der Wald stand wieder schwarz und schweigend um das im Mondlicht funkelnde Wasser herum, als wäre nie etwas geschehen.

Anna war vor Schreck ohnmächtig geworden. Als sie wieder zu sich kam, blickte sie in das verfallende Gesicht des Moosweibleins und schrie angsterfüllt auf. Obgleich es das Mädchen vor dem gefräßigen Ungeheuer gerettet hatte, der Anblick des Moosweibleins, auch wenn es versuchte, beruhigend auf das Mädchen einzureden, ließ Anna ihre alten Kräfte wiederfinden. Sie riss sich los und rannte, so schnell sie konnte, zurück in Richtung Stadt. Das Weiblein sah ihr nur kopfschüttelnd nach.

Anna rannte und rannte, bis sie nicht mehr atmen konnte – und lief, in der Stadt angekommen, geradewegs Pfarrer Wiegel in die Arme, der soeben aus dem Wirtshaus getorkelt kam. „Aber, aber, mein Kind. Was machst du denn noch zu später Stunde allein hier draußen?"

Doch Anna konnte nicht anders, als immer wieder die Worte „Moosweiblein, draußen am See ... Hexe ... Schwarzes Pferd ...", zu keuchen.

Der Pfarrer hielt Anna fest und war auf einmal wieder stocknüchtern. Der Inquisitor in ihm war geweckt. „Du hast eine Hexe am See entdeckt? Eine richtige, waschechte Hexe?"

Obwohl Anna dies weder bejaht noch verneint hatte, ließ er das Mädchen los, ging zurück ins Wirtshaus und kam blitzschnell mit fünf leicht angetrunkenen, mit Fackeln und Äxten bewaffneten Ratsmitgliedern wieder heraus. Sein Enthusiasmus war nicht mehr zu bremsen. Endlich, nach all den Jahren, würde er beweisen können, dass es sie gab und dass sein Meister Heinrich Kramer alles, nur kein Spinner war. Endlich würde ihm die Anerkennung zuteilwerden, die er sich schon lange gewünscht hatte. Und dann – dann würden endlich alle Stadtbewohner an den Führungskünsten des Bürgermeisters zweifeln, denn der war ihm schon lange ein Dorn im Auge. Wie vertrauensvoll war ein Stadtoberhaupt noch, wenn er einer Hexe, einer Gehilfin des Satans, erlaubte, im angrenzenden Wald zu leben? Wie viele Kinder waren wohl schon im Schlund der Hexe wegen dieses verantwortungslosen Verhaltens des Bürgermeisters gelandet? Wie viele Ernten hatte sie wohl schon vernichtet? Wie viele Tiere hatte sie wohl schon vergiftet? Pfarrer Wiegel lächelte böse. Sobald alle Stadtbewohner von der Boshaftigkeit der Hexe überzeugt waren, würden sie ihren einst so geliebten Bürgermeister und seine Familie davonjagen und ihn zum neuen Stadtoberhaupt küren. Ihn, den Retter dieser Stadt. Und auch wenn es sich bei der Hexe nur um ein altes Weiblein handeln sollte, diese Chance zur uneingeschränkten Macht würde er sich nicht entgehen lassen. Endlich würde er Macht erlangen. Die Macht, von der er schon seit Kindertagen in seinen hölzernen und abgelaufenen Bauernschuhen geträumt hatte. Die Macht, die ihm zustand!

Flink zog die tobende Meute in Richtung Wald ab.

In der Zwischenzeit rannte Anna weinend nach Hause. Was hatte sie bloß getan? In dem Moment, als sie die Haustür aufdrücken wollte, öffnete sie sich und ihr Vater trat hinaus. „Anna, da bist du ja. Wo bist du bitte gewesen? Deine Mutter und ich waren halb krank vor Sorge. Ich wollte gerade losgehen, um dich zu suchen." Erleichtert drückte der Vater seine Tochter an sich.

Nachdem Anna sich einigermaßen wieder beruhigt hatte, erzählte sie ihren Eltern alles. Der Vater wurde plötzlich stocksauer und zog erneut den Mantel an. „Was hast du vor?", fragte ihn seine Frau besorgt.

„Das Moosweiblein beschützt uns. Und ich werde es vor unserem tollwütigen Prediger beschützen."

Seine Frau schüttelte den Kopf. „Sag mal, bist du wahnsinnig geworden?"

Der Bürgermeister nahm seinen Hut von einem Wandhaken und packte mit der anderen Hand eine Axt, die neben der Haustür stand. „Das Moosweiblein beschützt uns vor den Kreaturen des Sees. Ihm ist es zu verdanken, dass unser Dorf seit Jahrhunderten in Frieden leben kann. Ihm ist es zu verdanken, dass die Kinder, die nicht auf ihre Eltern hören ...", dabei blickte er zornig zu Anna hinüber, „...wieder heil aus dem Wald kommen. Pfarrer Wiegel wird sich diese Gelegenheit nicht entgehen lassen. Ich glaube, er plant schon lange den Umsturz und hat nur auf eine solche Gelegenheit gewartet. Er wird dem Moosweiblein noch heute den Prozess machen und es auf den Scheiterhaufen führen, damit alle sehen, dass er der bessere Bürgermeister wäre. Aber wenn er das Moosweiblein aus dem Wald holt, dann sind wir verloren. Dann ist unsere Stadt verloren. Die Alte ist die Einzige, die uns beschützen kann. Und wenn wir ihr nicht einmal für ihre Taten danken, dann muss ich sie wenigstens jetzt retten."

Seine Frau verschränkte die Arme vor der Brust. „Die Axt bleibt hier! Was hast du bitte vor mit dem Ding?"

Der Bürgermeister hatte schon eine Hand an der Türklinke und drehte sich noch einmal zu seiner Familie um: „Die Axt ist nur für den Notfall!"

Die Augen seiner Frau weiteten sich. „Johann!", sagte sie vorwurfsvoll, doch da hatte er die Tür bereits hinter sich zugezogen.

Als der Bürgermeister endlich am See im Wald ankam, hatte das Unglück bereits seinen Lauf genommen. Er fand das Häuschen des Moosweibleins zerstört vor. Der Tisch des Moosweibleins war zertrümmert, die Bücher zertreten und überall auf dem Waldboden verstreut. Der Ofen eingeschlagen, das Bett gespalten. Den Raben Corax hatte die aufgebrachte Meute in seinen Käfig gesperrt. Da dieser unter einigen schweren Brettern begraben war, machte er sich durch lautes Krächzen bemerkbar und der Bürgermeister befreite ihn. Sofort flatterte der Rabe auf eine hohe Eiche und war damit in der Dunkelheit verschwunden.

Nirgendwo gab es eine Spur vom Moosweiblein. Und da es nicht auf seine verzweifelten Rufe reagiert hatte, musste der Bürgermeister davon ausgehen, dass der Prediger es bereits gefangen genommen und nun mit ihm den Rückweg in die Stadt angetreten hatte. Gerade in dem Moment, als auch er wieder in Richtung Stadt rennen wollte, blies ihm ein kräftiger Windstoß den Hut vom Kopf und eine unsichtbare Kraft riss ihm die Axt aus den Händen. Auf einmal begann das Wasser zu beben. Binnen weniger Sekunden schnellten die Köpfe schwarzer Pferde mit roten Augen und spitzen Zähnen, die aus den Mäulern der Tiere hervorstanden, empor. Auf ihren Rücken saßen schwarze Gestalten, in Umhänge gehüllt. Nur ihre blutroten Augen leuchteten unter den Kapuzen hervor. Die Ungeheuer ritten aus dem Wasser, denn nun war niemand mehr da, der sie davon abhielt. Ihr Ziel war klar: die Stadt. Sie würden alles zerstören, alle töten und ihnen das Liebste und Wertvollste wegnehmen, dass sie besaßen: ihre Kinder.

Ohne zu zögern, rannte der Bürgermeister los. Doch einige der Reiter hatten ihn bemerkt und folgten ihm. Sie waren schnell und fast hätten ihre langen, dünnen, schwarzen Arme ihn zu fassen bekommen, doch er kannte eine Abkürzung – einen Weg, auf dem sie ihm nicht folgen konnten, da er völlig zugewachsen war.

Nachdem er seine Verfolger abgeschüttelt hatte – sein Gesicht, die Arme und Hände zerkratzt, seine Kleidung zerrissen – kam er in der Stadt an und veranlasste die Wachen, das Tor zu schließen. Doch der Bürgermeister wusste, dass es die Ungeheuer nur für kurze Zeit aufhalten konnte. So schnell ihn seine Füße trugen, rannte er zum Verlies, nachdem er gesehen hatte, dass einige Männer bereits auf dem Marktplatz den Scheiterhaufen errichteten. Als er im Verlies niemanden außer den Folterknecht vorfand, rannte er in den Gerichtssaal, in dem das Moosweiblein gefesselt, barfuß und hilflos vor dem erhöhten Pult des Pfarrers stand. Traurig ließ es die Schultern hängen. Der Pfarrer wollte soeben die Anklageschrift verlesen, als der Bürgermeister zur Tür hineinstürzte.

„Ah, sieh an, der Herr Bürgermeister gibt sich die Ehre. Du kommst zu spät! Deine Dienste werden nicht länger gebraucht. Das Urteil ist schon längst gefällt."

Wutentbrannt rannte der Bürgermeister in den Saal hinein, doch zwei seiner Ratsmitglieder versperrten ihm den Weg. Zwar wagten sie es nicht, ihm in die Augen zu sehen, dennoch blieben sie beharrlich vor ihm stehen. Der Bürgermeister fuhr sich nervös über das Gesicht. „Du bist ein Narr, Pfaffe. Die Alte hat weder dir noch dieser Stadt Schaden zugefügt. Du kannst überhaupt nicht beweisen, dass sie eine Hexe ist!"

Pfarrer Wiegel lächelte nun erhaben. „Und ob. Nicht nur, dass sie alle Kriterien des Hexenhammers im Aussehen erfüllt. Du hast sie mit deinen Worten selbst auf den Scheiterhaufen geführt. Sagtest du nicht gerade, dass ich nicht beweisen könne, dass sie eine Hexe ist? Also gibst du zu, dass sie eine Hexe ist. Außerdem erkenne ich eine Brut des Teufels, wenn ich eine sehe. Ich habe schließlich beim Meister persönlich das Studium vollzogen!"

Der Bürgermeister erstarrte für einen Moment. Was hatte er da bloß gesagt?

In dieser Sekunde spürte der Pastor, wie seine Macht über den Bürgermeister wuchs. „Zudem weiß ich aus sicherer Quelle, dass schon viele Kinder nicht mehr aus dem Wald zurückgekehrt sind. Und das Vieh von Bauer Simeon ist unter ungeklärten Umständen verendet. Eindeutig das Werk dieser Hexe. Im Übrigen hat sie bereits gestanden. Die Sache ist also klar. Zur Mittagszeit wird sie auf den Scheiterhaufen geführt werden."

Der Bürgermeister schüttelte vehement den Kopf und versuchte, sich an den beiden breitschultrigen Männern vorbeizudrücken. „Sie spricht doch überhaupt nicht unsere Sprache. Wie kann sie dann …"

In diesem Moment hörte man ein lautes Krachen, was sowohl den Pfarrer als auch den Bürgermeister erschaudern ließ. Das Eichentor hatte den Seemonstern nachgegeben.

„Wenn das Moosweiblein eine Brut des Teufels ist: Was sind dann die Kreaturen dort draußen?", keuchte der Bürgermeister und versuchte, sich aus den festen Griffen der beiden Männer zu befreien.

Der Pfarrer blickte aus dem großen Fenster des Gerichtssaales und erstarrte, als er die pechschwarzen Reiter auf ihren rabenschwarzen Rössern mit ihren roten Augen sah.

Diese Sekunde der Ablenkung reichte dem Bürgermeister. Er riss sich los, schlug die beiden Männer nieder und stürzte auf das kleine Moosweiblein zu, das noch immer schweigend und unbeholfen vor dem Pult stand. Er befreite es von den Stricken, die sich tief in seine runzelige Haut eingegraben hatten, und kniete sich vor die Frau. „Moosweiblein. Ich bitte dich. Ich weiß, dass wir deine Güte, deine Hilfe nicht verdient haben. Aber ich bitte dich inständig, vertreibe diese Kreaturen aus unserer Stadt."

Das Moosweilbein legte den Kopf schief, trat zum Fenster und machte eine wegwerfende Handgeste. „Dabeko i wehi. Abver haihe ni. Isa meau, ri?"

Der Bürgermeister hatte keinen Schimmer, was das alte Mütterchen gesagt hatte, doch anhand seiner Reaktion, seinem verschmitzten Lächeln auf den Lippen, wusste er, dass er auf seine Hilfsbereitschaft zählen konnte. Mit einer flinken Handbewegung hatte die Alte den Pfarrer vom Fenster weggeschoben, hatte es geöffnet und war hinausgesprungen. Das Mütterchen kam auf seinen Füßen, begleitet von einer wirbelnden Staubwolke, auf den Pflastersteinen des Marktplatzes auf. Unter der Kraft des Sprungs hatte es die bereits aufgeschichteten Holzscheite des Scheiterhaufens zerschmettert. Das Moosweiblein stellte sich dem Anführer der dunklen Reitergruppe entgegen. Obwohl es seinem Pferd gerade einmal bis zur Hälfte der Vorderbeine reichte, erstarrte er prompt.

„Mimi hadu ni gewi?", lachte es und die roten Augen des Reiters weiteten sich angsterfüllt. Sein Pferd begann, unruhig zu schnauben, und war kurz davor, zu scheuen.

Das kleine Weiblein schien weder Angst noch Furcht vor den Reiterwesen zu haben. Und plötzlich ging alles sehr schnell. Das Moosweiblein trat mit dem rechten Fuß einen Schritt zurück, um seine Standposition zu verbessern. Es klappte seinen Mund auf und aus diesem stieß eine schwarze Fontäne hervor.

Oben am Gerichtssaalfenster klammerte sich der Pfarrer an den Arm des Bürgermeisters und flüsterte leise: „Der Atem des Teufels. Jetzt sind wir alle verdammt." Der Bürgermeister konnte nur mit den Augen rollen.

Schließlich hatte die schwarze Fontäne das Reitervolk umkreist. Was in ihr geschah, konnte man nicht sehen. Den schmerzerfüllten Schreien nach zu urteilen, konnte man es aber durchaus vermuten. So schnell, wie es sich zugetragen hatte, war es auch wieder vorüber gegangen. Die schwarze Wolke hatte sich in Luft aufgelöst und mit ihr die Reiter und ihre gefräßigen Pferde.

Der Bürgermeister eilte nach unten, um der Retterin der Stadt zu danken, doch diese war bereits verschwunden. Noch eine Weile blieb er vor dem geöffneten Stadttor stehen und blickte mit einem dankbaren Lächeln in die Dunkelheit hinaus.

In der Zwischenzeit war das Moosweiblein nach Hause zurückgekehrt. Mit einem Fingerschnippen hatte es das Haus und dessen Mobiliar zurück in seinen Ursprungszustand versetzt. Rabe Corax kam fröhlich krächzend aus der Eiche geflogen und setzte sich auf die Schulter des Moosweibleins. Die Alte streichelte ihm sanft über den Schnabel, bevor sie ihre Haustür öffnete und diese mit den Worten: „Hami vera fr?, an ihren gefiederten Freund wieder hinter sich schloss.

P. C. Fischer, Jahrgang 2002, hat bereits im Alter von sieben Jahren begonnen, erste Erzählungen und Kurzgeschichten zu schreiben. Mittlerweile studiert sie Medienkulturwissenschaften an der Bauhaus – Universität in Weimar, wo sie auch lebt. Das „Moosweiblein" ist eine Figur aus der deutschen Sage und eine Bezeichnung für einen weiblichen Waldgeist. „Kelpies" sind schottische Wassergeister, die in Flüssen, auch manchmal in der Gestalt eines Pferdes, auf ihre (kindlichen) Opfer lauern. Der „Malleus maleficarum", auch „Hexenhammer" genannt, ist ein Buch des Theologen und Inquisitors Heinrich Kramer, der damit die Legitimierung der Hexenverfolgung rechtfertigte.

Das verlassene Haus

Eines Tages war ein kleiner Junge auf dem Rückweg von der Schule. Es raschelte im Gebüsch. Er erschrak. Er sah nach, da war nichts. Er sah ein Schild mit der Aufschrift *Verlassen*. Er ging darauf zu. Das verwitterte Tor stand offen.

Er war neugierig. Die Turmuhr schlug zwölf Mal. Mitternacht. Er ging auf das Grundstück. Er sah eine große Tür und ging hinein.

„Kann ja nichts passieren", dachte er sich.

Ah! Er sah eine schwarze Gestalt. Sie ging auf ihn zu. Sie packte ihn. Ah! Er schrie erneut.

Er wachte auf.
Es war 6:10 Uhr.
Er lag in seinem Bett.
Es war alles nur ein Traum!

Aeneas ist 9 Jahre alt.

Eine gruselige Klassenfahrt

Hi, ich bin Sarah. Ich gehe in die sechste Klasse und bin elf Jahre alt. In zwei Tagen ist die letzte Klassenfahrt mit meiner Klasse, bevor ich hoffentlich auf ein Gymnasium komme.

Am 16.03.2023, an einem Samstag, packte ich meinen kleinen Koffer. Haarbürste, Shampoo und … „Mama, wo ist meine Zahnbürste?", schrie ich durchs ganze Haus. Aber insgeheim wunderte ich mich nicht, weil es immer sehr unaufgeräumt ist.

Meine Mutter stapfte die Treppen hinauf und sagte: „Sie liegt in der Schublade." Und tatsächlich, sie lag wie immer darin. Kennt ihr das auch?

Einen Tag später: Endlich war der Morgen der Klassenfahrt gekommen, ich freute mich schon voll doll. Vor der Schule angekommen, gab mir meine Mama noch einen Abschiedskuss auf die Wange. Dann ging ich zu meiner Freundin Lilly. Wie immer hatte sie ihre langen, blonden Haare zu einem engen Zopf gebunden. Kurz danach stiegen wir in den Bus ein und setzten uns auf unseren Plätzen. Die Fahrt ging sehr lange, manchmal hatte ich das Gefühl, als ob die Zeit stehen geblieben wäre.

Die Ankunft: Endlich, wir waren in Italien angekommen. Als wir unser Zimmer ausgesucht hatten, durften wir auf den riesigen Hof. Dort gab es Essen, natürlich Pasta mit Mozzarella. Die Pasta schmeckte richtig nach frischen Tomaten und der Mozzarella verlief über den Nudeln.

Das Portal: In der ersten Nacht wachte ich mit einem Schock auf. Auf einmal rappelte die Tür. Ich erschrak. „Lilly wach auf!", flüsterte ich.

„Oh man, was ist denn?"

„Guck doch!", erwiderte ich.

Schon wieder bewegte sich die Tür. Ich zögerte kurz, dann ging ich vorsichtig mit ganz kleinen Schritten in Richtung Tür. Ich riss die Tür auf und konnte nicht fassen, was ich sah.

„Omg, ich glaub, ich träume!", sagte Lilly hinter mir.

„Ein ... ein ... was ist das?", fragte ich mich.

„Ich glaube, das ist ein Portal", sagte Lilly mit verängstigter Stimme.

Auf einmal hatte ich den Drang, mit dem Kopf durchzugucken. Ich berührte es nur mit einer Fingerspitze und auf einmal ... „Ahh! Sarah, wo bist du?" Dann berührte auch Lilly das Portal und wir standen plötzlich beide in einem langen dunklen Flur.

„Was machen wir hier?", fragte Lilly.

Ich guckte mich um. „Der Flur sieht aus wie der in unserer Schule", stellte ich fest. Ich spürte, wie wir beide Angst bekamen. Auf einmal hörten wir Schritte. „Warte, da ist irgendwas!"

Wir versteckten uns hinter einer Tür, bei der man im oberen Teil durch eine Scheibe schauen konnte. Wir sahen eine schwarze Gestalt, groß und dünn.

„Achtung, ducken!", flüsterte Lilly.

Ich drückte auf mein iPhone und machte ein Foto. Dann machte ich die Taschenlampe an. Ich konnte nicht glauben, was ich sah.

„Das ist unser Klassenraum!", meinte Lilly.

„Also sind wir wirklich in der Schule", sagte ich.

„Hey, aber guck doch, die Bilder von den Tieren sind nicht mehr da", flüsterte Lilly mir zu.

„Stimmt, stattdessen die Projekte, die wir nächste Woche machen wollten", antwortete ich.

„Du, schau mal auf die Digitaluhr!", sagte Lilly. „Was, es ist der 21. März 2024? Aber das hieße ja, wir sind ein Jahr in der Zukunft."

„Ok, mir reicht's! Wir gehen jetzt raus, sehen uns um und finden heraus, wer die schwarze Gestalt war", sagte ich mit mutiger Stimme.

„O...okay, aber vorsichtig", erwiderte Lilly.

Also gingen wir aus dem Klassenzimmer heraus und sahen uns um. Auf einmal hörte ich einen lauten Schrei. „Komm, das kam aus dieser Richtung!", sagte ich zu Lilly.

Und wirklich, da saß eine kleine Person auf dem Boden. Füße und Hände zusammengebunden und über dem Kopf eine Tüte. Ich zögerte kurz, dann zog ich die Tüte vom Kopf.

„Lars?!"

„Was macht ihr denn hier? Hat er euch nicht erwischt?", fragte Lars mit verwunderter Stimme.

Er erklärte uns alles von vorne bis hinten, dass die schwarze Gestalt alle umgelegt und sogar den Direktor getötet hatte. Wir banden Lars los und sahen uns weiter um. Wieder hörten wir Schritte. Wir huschten hinter eine Ecke.

„Mir reicht's!", sagte ich.

„Sarah, nein, tu es nicht!", sagte Lilly.

Doch ich ignorierte sie und stellte der Gestalt ein Bein. Dann forderte ich beide auf: „Haltet ihn fest!"

„So, hallo! Wer bist du und was willst du???"

Er antwortete nicht.

Ich zog die Maske herunter und …

Emma *aus der HasenGrund-Schule in Berlin/Niederschönhausen, 6. Klasse – 2023/2024*

Das Rascheln
im Klassenzimmer

Jeden Morgen um Punkt acht Uhr hörten die Kinder ein unheimliches Rascheln im Klassenzimmer, welches jedes Mal wie aus dem Nichts zu kommen schien. Anfangs wurde das rätselhafte Rascheln von fast keinem wahrgenommen, auch nicht von der Lehrerin selbst. Doch je mehr Zeit verging, umso unheimlicher wurde es. Was alle nicht wussten, dieses Rascheln fand nicht nur morgens um Punkt acht Uhr statt, sondern auch abends – ebenfalls um Punkt acht Uhr.

An einem Tag wollte die Klasse eine Lesenacht machen und in der Schule übernachten. Die Kinder ahnten nicht, was noch an diesem Abend passieren würde. Denn an diesem Abend, als die Klasse wieder im Klassenzimmer war, hörte man das Rascheln um Punkt acht Uhr besonders laut. Zufälligerweise war es auch noch Freitag, der 13. Der berüchtigte Unglückstag. An diesem Abend ging das Licht dann einfach aus. Ja. Einfach so. Ganz plötzlich. Wie aus dem Nichts. Es wurde dunkel. Und das Rascheln? Das Rascheln wurde immer lauter und lauter. Es kam aus einem Vorhang, der am großen Fenster hing und es hörte einfach nicht mehr auf.

Plötzlich begann der Vorhang zu zittern. Er wurde auch gezogen und gerissen. Als ob das noch nicht genug wäre, öffnete sich das Fenster, was schließlich dazu führte, dass der Vorhang heruntergerissen wurde und ein heftiger Wind, ja gar ein Sturm, durchs Klassenzimmer fegte.

Manche Kinder begangen vor lauter Angst zu zittern und versuchten, sich unter den Tischen zu verstecken, die Federmäppchen und Stifte fielen mit einem lauten Knall von den Tischen und sehr viele Hefte wurden beschädigt, sodass sehr viel Papier im Klassenzimmer herumwirbelte. Und da schrien die Kinder auch schon vor lauter Angst. Manche von ihnen hatten Tränen in den Augen und fingen an zu weinen. Währenddessen war die Lehrerin auch vor Schreck fast erstarrt, löste sich aber wieder langsam aus dieser Starre und knipste das Licht an. Doch das ging nicht, deshalb ging sie zum Stromkasten – und siehe da, es wurde Licht. Als das Chaos und der ganze Sturm sich gelegt hatten, wurde es wieder still im Klassenzimmer. Eines der Kinder war besonders neugierig. Es ging hinüber zum Vorhang, der auf dem Boden lag, und riss ihn zurück, sprang aber schnell zur Seite, denn was sich unter dem mysteriösen Vorhang befand, hatte keiner im Raum zu sehen erwartet. Ein Gespenst. Es war ein Gespenst! Totenstille. Doch nicht mehr lange. Denn genau in der nächsten Sekunde flog das Gespenst wie wild im Klassenzimmer umher, warf Mäppchen herum, zog die Jacken von den Stühlen und stellte ein so unglaubliches Chaos im Chaos an, dass das Klassenzimmer verwüstet wurde und der Schulleiter, welcher gerade den Gang entlanglief, in Ohnmacht fiel, als er die Tür zum Klassenzimmer öffnete.

Als der Schulleiter einige Zeit später wieder zu sich kam und das Gespenst sich dann doch beruhigt hatte, räumten die Schüler gemeinsam mit dem Schulleiter, ihrer Lehrerin und dem Gespenst das verwüstete Klassenzimmer auf. Als das Klassenzimmer nun wie blitzeblank gefegt war, fragten die aufgeregten und nicht mehr ängstlichen Schüler, warum und weshalb das Gespenst dieses Chaos überhaupt angerichtet hatte.

Das Gespenst sagte, dass es eigentlich nur spielen und den Kinder und den Lehrern keine Angst einjagen wollte. Außerdem sagte es, dass es sich im Vorhang verheddert und keine andere Wahl gehabt habe, als das Fenster zu öffnen, um sich so zu befreien. Es fühlte sich deshalb auch schuldig und bat alle Anwesenden um Verzeihung.

Die Kinder und Lehrer verziehen dem Gespenst. Sein Name war, wie sich herausgestellt hatte, Casper. Am Ende wurde Casper zum Hüter des Klassenzimmers ernannt und da war es auch kein Problem mehr für die Kinder in der Schule, während der Lesenacht zu übernachten, weil sie wussten, dass, was auch immer passieren würde Casper, sie auf jeden Fall beschützen würde.

Doch was wäre, wenn hinter dem Vorhang nicht das Gespenst gelauert hätte, sondern etwas anderes und noch Unheimlicheres? Zum Beispiel ein Vampir oder ein Dämon? Wäre die Geschichte dann auch so reibungslos ausgegangen? Ganz ehrlich, ich weiß es nicht und wir werden es auch nie mehr herausfinden, denn das ist ein streng gehütetes Geheimnis.

Alina Zaripov, geboren 2005 in Kempten im Allgäu. Hobbys: Lesen, Schreiben, Klavierspielen, Zeichnen, Speedcubing.

Das Haus der Spinnen

In der alten Standuhr raschelte es leise. Etwas kratzte an der Innenseite. Das Geräusch wurde lauter, die Bewegungen wilder, als ob sich das Ding in der Uhr durch das Holz fressen wollte, um nach draußen zu gelangen.

Myrte wachte auf. Blinzelnd öffnete das Mädchen, das in wenigen Tagen ihren elften Geburtstag feiern würde, die Augen und blickte sich argwöhnisch um. Sie horchte. Draußen in der Finsternis der Nacht pfiff der Südwind ums Haus und ließ die Schatten tanzen. Sein Klang erinnerte sie an den hohlen, blechernen Klang einer alten Trompete.

„Was war 'n das?"

Stefan, ihr Zwillingsbruder, der im Hochbett über ihr lag, schlug die Augen auf. Der Junge kratzte sich am Kopf und blinzelte müde. „Was … war was?"

Er gähnte.

„Na, das Geräusch."

„Was 'n für 'n Geräusch?"

„Im Flur."

Stefan rieb sich die Augen. Er setzte sich, blinzelte müde und gähnte erneut. Mit angespanntem Gesichtsausdruck lauschte er in die Tiefe des Hauses hinein. „Ich hör' nix."

Das Mobiliar ihres gemeinsamen Schlafzimmers glich reglosen Lebewesen, die in der Dunkelheit lauerten. Namenlose Ungeheuer, die nur darauf warteten, dass jemand so unvorsichtig war, sich ihnen zu nähern. Auf der Lauer liegende Schatten.

„Doch", beharrte sie. „Da ist etwas."

Sie lauschten. Dann konnte Stefan das Rascheln ebenfalls hören. Es klang verstohlen. Vorsichtig. Was auch immer das Geräusch verursachte, schien wahrgenommen zu haben, dass Myrte und Stefan es hören konnten. Es war augenscheinlich ein hinterlistiges und schlaues Etwas, das anscheinend nicht auf sich aufmerksam machen wollte. Stefan brummte missmutig. Das Geräusch eines zerbrechenden Astes war zu hören. Ein Trippeln im Flur. Es bewegte sich an der Wand entlang und verstummte, als es vor ihrer Zimmertür angekommen war.

Myrte hatte vor Furcht die Augen weit aufgerissen, als erwartete sie jeden Augenblick donnernde Schläge, die gegen die Tür hämmerten, doch Stefan war zu müde, um sich zu fürchten.

„Wahrscheinlich Mäuse", sagte er gelangweilt. „Oder Ratten."

Myrte blickte ihn verärgert an. In ihren Augen blitzte Panik auf. „Was redest du da? Hier gibt es doch keine Ratten … oder?"

„Nein, aber Spinnen."

„Ach, die gibts ja überall."

„Ich mein' aber keine Weberknechte oder so, sondern richtige Spinnen. Mit Haaren und Giftstacheln und so."

„So ein Quatsch. Ich glaub' dir kein Wort. Damit jagst du mir keine Angst ein", lachte sie und verpasste seinem Lattenrost von unten einen Tritt.

„Autsch! Nein, das is' mein Ernst. Papa hat mir die Geschichte mal erzählt."

„Was 'n für 'ne Geschichte?", fragte sie mit kleinlauter Stimme.

Das Licht des vollen Mondes schien ins Zimmer. Die Wolken, die ihn bedeckt hatten, schienen weitergezogen zu sein. Das Mondlicht erinnerte Myrte an das milchig schimmernde Licht von Anglerfischen, die auf dem Meeresgrund lebten und deren spitze Reißzähne so groß waren, dass sie ihre Münder nicht schließen konnten.

Das Rascheln verhielt sich still. Es wartete vor der Tür.

„Also, das war so", begann Stefan verheißungsvoll. „Es war irgendwann in den Zwanzigern oder so. Papas Opa war damals, als er noch jung war, ein Kaufmann oder ein Handelsvertreter oder so was. Auf jeden Fall irgendwas mit kaufen und verkaufen. Na, jedenfalls war er in der ganzen Welt unterwegs. Kamtschatka. Tunesien. Aserbaidschan. Bangladesch. Marokko. Honolulu. Er war praktisch überall auf der Welt. Er reiste an die fernsten Orte, lernte fremde Kulturen kennen und aß Zeug, das hier niemand mit der Kneifzange anfassen würde, weil's einfach nur eklig ist."

„Zum Beispiel?"

„Seegurke."

„Was is' 'n das?"

„So was wie 'ne Nacktschnecke, die so groß is' wie dein Fuß."

„Igitt", keuchte Myrte und zog eine Schnute.

„Na, jedenfalls war Papas Großvater eines Tages in Singapur, um dem Kaiser oder König, oder was die da haben, irgendwas zu verkaufen oder so."

„Was denn?"

Stefan winkte ab und verzog das Gesicht. „Weiß nich' genau. Handschuhe. Schallplatten. Sommerreifen. Keine Ahnung. Is' auch nich' so wichtig."

„Okay."

„Na, auf jeden Fall lief alles nach Plan. Papas Opa saß danach mit dem Chef von Singapur beim Tee und sie redeten über Gott und die Welt. Sie ham sich super verstanden und Papas Opa machte nich' nur sein Geschäft, sondern bekam auch noch massig Geschenke. Die hat er sich mit der Post hinterherschicken lassen, wie die Standuhr im Flur. Eins davon war eine Zuckerdose aus Keramik. Der Chef von Singapur sagte Papas Opa, dass er vorsichtig damit sein sollte, weil die Sachen aus seinem Land irgendwie Macht hätten oder so. In Singapur war eben damals alles größer als im Rest der Welt. Deshalb sollte er gut aufpassen, wer oder was mit diesen Sachen in Berührung kam. Ihre Magie sollte Papas Opa beschützen – und das ham sie auch gemacht, aber dann …"

Myrte hielt den Atem an. „Was dann?"

Stefan beugte sich über die Bettkante und sah seiner Schwester ins Gesicht. Es schien ihm Spaß zu machen, sie zappeln zu lassen. „Irgendwie, als er die Dose kurz aufmachte, um nachzusehen, ob auch wirklich was drin is' oder so, krabbelte eine winzig kleine Spinne rein, ohne dass das jemand mitgekriegt hat."

Myrtes Blick war skeptisch. Sie blinzelte. Die Stille der Nacht schien greifbar zu sein, als wäre sie ein lebendiges Wesen, das auf Beute wartete. „Wie soll 'n das geh'n?"

„Keine Ahnung. War aber so."

„Okay. Und dann?"

„Na, Papas Opa ist mit dem Zug nach Singapur gekommen, aber für den Rückweg musste er ein Flugzeug mieten. Ich glaube, das nennt man chartern oder so."

„Warum das denn?"

„Na, da gab es gerade einen Krieg oder so oder eine Revolution. Irgendwas in der Richtung. Und das hat den Fahrplan der singapurischen Nationalbahn total durcheinandergebracht. Da ging gar nix mehr!"

„Aha. Und warum is' das wichtig?"

„Weil die Zuckerdose geplatzt is', als sie gerade über dem Atlantik waren. Die Spinne, die reingekrabbelt is', war auf einmal zehnmal so groß wie vorher und hat nich' mehr in die Dose gepasst. Sie war so groß wie eine Honigmelone, hat Papas Opa in sein Tagebuch geschrieben. Er und der Pilot mussten mit dem Fallschirm abspringen. Ein englisches Kriegsschiff hat sie gerettet, aber sie haben noch gesehen, wie ihr kaputtes Flugzeug, das auf dem Meer schwamm und langsam unterging, aufriss und etwas rauskrabbelte."

„Was?" Myrtes Gesicht war leichenblass.

„Was rauskam"? Stefan grinste und kniff die Augen zusammen.

Die Melodie des Windes heulte um das Haus wie der Seufzer eines Schlossgespenstes.

„Ein Monster. Es hatte ewig viele rote Augen und mindestens genauso viele Beine mit langen, spitzen Klauen und Haaren überall. Eine Riesenspinne. Sie hat sich an das sinkende Flugzeug geklammert. Sie war so groß wie ein Schäferhund."

Die nächtliche Stille des Hauses wurde mit einem Mal von einem lauter werdenden Trippeln vor ihrer Zimmertür unterbrochen. Das Trippeln wurde zu einem Trampeln, entfernte sich, drehte um und raste wieder an ihrer Tür vorbei. Irgendetwas prallte gegen die Standuhr. Etwas Großes.

Myrte und Stefan wagten nicht, zu atmen.

„Das war nie im Leben 'ne Maus", sagte Stefan flüsternd. Nun war er es, der nicht auf sich aufmerksam machen wollte.

„Nein", gab ihm Myrte leise recht. „Auch keine Ratte … oder?" Sie schüttelte sich. „Ich mag nämlich keine Ratten."

„Nein", raunte er. „Das war selbst für 'ne Ratte zu laut. Das war größer, eher wie …" Stefan verstummte.

„Eher wie was?"

„Ich weiß nicht. Wie ein Hund vielleicht?"

„So ein Quatsch. Du willst mir nur Angst einjagen, aber …"

Etwas fiel krachend um im Flur. Das trampelnde Geräusch überschlug sich förmlich. Es raste durch den Flur, vorbei am Schlafzimmer ihrer Eltern, durch das Wohnzimmer, durchquerte das Esszimmer, lief in die Küche und randalierte im Wintergarten.

Sie hörten Glas zerbrechen. Irgendetwas fiel aus großer Höhe herab mit einem Knall, der klang, als würde das Dach über ihnen zusammenbrechen.

Die Stille, die dem Lärm folgte, war gespenstisch.

Schritte erklangen. Aufgeregte Stimmen. Überraschte Ausrufe. Sie näherten sich der Zimmertür der Kinder, die ihre Bettdecke bis zu ihrem Kinn hochgezogen hatten. Die Tür wurde aufgerissen. Ihre Eltern kamen herein.

„Gott sei Dank", rief ihre Mutter, lief zu ihnen und schloss sie in die Arme.

„Was war das?", fragte Myrte mit zitternder Stimme.

„Keine Ahnung", sagte ihr Vater, während er sich am Kopf kratzte. „Aber es hat den Flur demoliert, die Küche zerlegt und den ganzen Zucker gefressen. Und ich glaube, es … es kam aus der Standuhr."

Alexander Klymchuk: Jahrgang 1979, lebt mit Familie in der Nähe von Bad Nauheim. Vater, Ehemann, Erzieher, Tischler, Musiker, Autor, Literaturpreisträger. Instagram: www.instagram.com/alexander_klymchuk_autor.

Olmo

„Denn dann ertönten ein Glöckchen und ein Stampfen durch das Schloss", so endet meine Geschichte, doch wie es dazu kam, möchte ich euch heute erzählen.

Willkommen auf Schloss Buttercup, meinem Zuhause. Mein Name ist Olmo. Ich bin klug, witzig und für jeden Spaß zu haben. Ich habe ein kuschelig blaues Fell. Aus meinem Kopf ragen zwei grüne Fühler, auf denen zwei meiner vier Augen sitzen, sodass ich alles im Blick habe. Mit meinen pinken Füßen stampfe ich durch das Schloss, sodass es sich anhört, als würde ein Ungeheuer um die Ecke kommen. Manchen Besucher habe ich dadurch schon erschreckt.

Mein Lieblingsplatz ist der Tanzsaal, denn da steht in einer Ecke ein großes Regal, auf dem die leckersten Kekse zu finden sind. Hier können sich Besucher bei einer kleinen Pause während ihres Rundganges durch das Schloss stärken.

Bei Erkundungstouren durch mein Zuhause hörte ich seit geraumer Zeit immer wieder ein feines, leises Klingen. Neugierig, wie ich bin, wollte ich natürlich herausfinden, wer oder was dieses Geräusch verursachte. Ich machte mich also im ganzen Schloss auf die Suche. Ohne Erfolg. Als ich schon fast aufgeben wollte, traute ich meinen Augen kaum. Vom Tanzsaal in Richtung Bibliothek sah ich eine verdächtige Spur. Beim genauen Hinschauen sah ich, dass es Kekskrümel waren, die dort auf dem Fußboden verteilt lagen. Sofort verfolgte ich die Fährte. Doch so plötzlich, wie sie begann, endete sie auch. Das war sehr seltsam ...

Zuerst dachte ich mir nichts dabei. Sicherlich hatte ein Kind beim Spaziergang durch das Schloss einen Keks geknabbert. Enttäuscht ging ich zu Bett. Doch die Spur ließ mir keine Ruhe und am nächsten Tag fand ich tatsächlich an der gleichen Stelle die gleichen Spuren wieder. Und ob ihr es mir glaubt oder nicht, auch am dritten Tag sah ich die Keksspur. Auch das leise Klingen hörte ich immer öfter.

„Das geht doch nicht mit rechten Dingen zu", dachte ich bei mir. Am darauffolgenden Tag legte ich mich auf die Lauer, um der Sache auf den Grund zu gehen. Um nicht erkannt zu werden, versteckte ich mich hinter der Gardine im Tanzsaal und wartete. In den ersten Stunden geschah nichts. Vormittags besuchten eine Kindergartengruppe und eine Schulklasse das Schloss, um sich all das prunkvolle und glänzende Inventar anzuschauen. Wie alle Kinder zuvor plünderten auch diese Kinder erst einmal die Kekse, bevor es auf Entdeckungstour ging.

Ich war gerade eingenickt, als ich das feine Klingen wieder hörte. Doch ich war zu müde, um der Sache auf den Grund zu gehen. Als ich aufwachte, sah ich die gleiche Keksspur wie all die Tage zuvor.

„So ein Mist, jetzt habe ich den Keksdieb wieder nicht gesehen. Morgen muss ich besser aufpassen." Ich nahm mir noch einen Keks und ging schlafen.

Am nächsten Tag setzte ich mich wieder hinter den Vorhang und ließ die Tür des Tanzsaales nicht aus den Augen. Ich saß den ganzen Tag in meinem Versteck und lauerte. Plötzlich hörte ich ein anderes

Geräusch als das feine Klingen. Es hörte sich eher wie ein Zischen an … Ich richtete mich auf und hoffte, den Keksdieb endlich einmal zu Gesicht zu bekommen.

Doch gerade als ich meinen Kopf hinter dem Vorhang hervorstreckte, kam etwas Braun-Weißes auf mich zugeflogen. Vor Schreck ging ich in Deckung. Ich konnte eine Eule erkennen, die mich mit ihren funkelnd gelben Augen ansah. Sie kam zum Nordfenster hereingeflogen, um auf der anderen Seite des Tanzsaales durch das Südfenster wieder hinauszufliegen. Ich bekam eine Gänsehaut, als sie so knapp über meinem Kopf hinwegflog. Wenn das der Keksdieb sein sollte, dann wollte ich nicht weitersuchen.

Erschöpft und ein wenig verängstigt schlich ich mich in mein gemütliches Kämmerlein und schlief sofort ein. In dieser Nacht träumte ich von Gespenstern, Eulen und Fledermäusen, die des Nachts durch das Schloss spukten und all meine Keksvorräte aufaßen.

Am nächsten Morgen suchte ich mir ein anderes Versteck, denn mit der Eule wollte ich keine weiteren Bekanntschaften machen. Sie hatte mir am Vortag einen riesengroßen Schrecken eingejagt. Also lümmelte ich mich auf den gemütlichen Sessel in der Bibliothek und deckte mich mit einer Decke zu.

An diesem Tag musste ich nicht lange warten, bis ich das feine Klingen hörte. Ich schaute in die Richtung, aus dem das Geräusch kam und entdeckte ein mir unbekanntes Wesen. Es war viel kleiner als die Eule und ich musste genau hinschauen, denn es sah sehr zerbrechlich aus. Das Geschöpf hatte zwei glitzernde Flügel, einen winzigen Körper und ein kleines Köpfchen, von dem zarte, blonde Löckchen bis auf die Schultern fielen. Um den zierlichen Hals trug es ein filigranes Glöckchen.

Nun wusste ich, woher das feine, leise Klingen die ganze Zeit kam. Ich beobachtete, wie das kleine Ding ein großes Keksstück in Richtung Bücherregal schleppte. Erst jetzt sah ich den kleinen Spalt zwischen dem Regal und der Wand. Eine Spinne hatte ihre Fäden gespannt und nur so eine winzige Gestalt konnte hindurchkommen, ohne das Spinnennetz zu zerstören. Das musste wohl der Ein- und Ausgang in das Reich der fremden Lebewesen sein.

Ich schlich mich, so leise ich konnte, an das Wesen heran und rief ihm ein freundliches „Hallo" zu. Erschrocken von meiner Brummstimme ließ es seine Beute fallen und fiel um. Ich dachte, es wäre tot.

Doch als ich mich über es beugte, richtete sich der kleine Körper blitzschnell auf. Aus seiner Tasche, die es um die Hüfte gebunden hatte, zog es ein kleines Schwert und stieß mir damit direkt in die Nasenspitze.

„Wer bist du?", fauchte das Wesen mich an und hielt das Schwert immer noch in meine Richtung.

„AUA! Ich heiße Olmo. Und das hier ist mein Schloss. Ich bin hier für den Unfug zuständig und sorge dafür, dass sich die Besucher des Schlosses gruseln. Wer bist du und wo kommst du her? Ich habe dich hier noch nie gesehen."

„Hallo, Olmo, ich bin Greta, die Knusperelfe."

„Eine Knusperelfe, hah ... so etwas gibt es doch gar nicht."

„Natürlich gibt es Elfen. Oder kannst du mich etwa nicht sehen?! Wir Knusperelfen sind etwas ganz Besonderes. Wir müssen den ganzen Tag etwas zum Knabbern haben, sonst sind wir schlecht gelaunt. Also suchen wir uns Plätze, an denen wir genug Süßes finden, und leben nicht wie die anderen Elfen in Wäldern und Feldern."

So vergingen die Tage und ich hatte eine neue Freundin gefunden. Wir teilten uns die Keksration und ich half Greta, ihren Vorrat in ihr Versteck hinter dem Bücherregal zu bringen. Doch am meisten Spaß hatten wir, wenn wir gemeinsam loszogen, um den Besuchern des Schlosses das Gruseln zu lehren. Denn dann ertönten ein Glöckchen und ein Stampfen durch das Schloss ...

Silke Abigayl Riegler, *Jahrgang 1967, schreibt und illustriert Kinder- und Jugendbücher, um Menschen eine schöne Zeit abseits des Alltags zu ermöglichen.*

Vorsicht Geisterbahn?

Die Sonne stand tief am Horizont, als drei Freunde sich vor dem verrosteten Tor des Vergnügungsparks versammelten. Emma mit ihrem kurz geschnittenen braunen Haar und den strahlenden grünen Augen war die Anführerin der Gruppe. Neben ihr stand Timo, der mit seiner Brille und seinem ständig neugierigen Blick aussah, als könnte er jedes Rätsel der Welt lösen. Mia, das jüngste Mitglied der Truppe, beobachtete still ihre Umgebung, ihre bernsteinfarbenen Locken flatterten leicht im Wind.

„Leute, ich kann nicht glauben, dass wir das wirklich tun wollen", sagte Mia zögerlich, während sie das verlassene Gelände betrachtete.

„Komm schon, Mia. Es wird aufregend", erwiderte Emma mit einem breiten Grinsen. „Wir haben schon so viel über diesen Vergnügungspark gehört, es ist Zeit, ihn endlich zu erforschen."

Timo nickte zustimmend. „Und denkt daran, wir machen das zusammen. Niemand wird alleine gelassen."

Mit einem letzten Blick auf das Tor, das sich knarrend öffnete, betraten die drei Freunde entschlossen den verlassenen Park. Vor ihnen ragte die verfallene Geisterbahn auf, ihre zerbrochenen Fenster und rostigen Schienen wirkten wie die Zähne eines schlafenden Ungeheuers.

„Wow, das ist wirklich gruselig", flüsterte Mia.

„Genau deshalb sind wir hier", sagte Emma und legte ihre Hand beruhigend auf Mias Schulter.

Düstere Schatten umgaben die drei Freunde, als sie sich langsam durch den trostlosen Vergnügungspark bewegten.

Timo nickte zustimmend. „Ich bin gespannt, ob wir herausfinden, dass es hier spukt."

Mia blickte sich um, ihre Augen weiteten sich vor Staunen und Furcht. „Aber was ist, wenn hier wirklich Geister sind?"

„Dann werden wir zusammenhalten und uns gegenseitig beschützen. Versprochen."

Timo trat näher und fügte hinzu: „Und vergiss nicht, wir haben auch eine geheime Waffe." Er deutete auf die Taschenlampe, die er in der Hand hielt. „Damit können wir jeden Geist vertreiben."

Ein leichtes Lächeln erschien auf Mias Gesicht, als sie die Taschenlampe sah. „Okay, ich fühle mich schon ein bisschen besser."

Plötzlich durchbrach ein leises Knacken die Stille, gefolgt von einem dumpfen Klirren.

„Hast du das gehört?", flüsterte Mia, ihre Stimme bebte vor Angst.

Emma nickte, während sie sich langsam in Richtung des Geräuschs bewegten. „Komm, wir müssen herausfinden, was das war."

Die Geräusche wurden lauter, und als sie um eine Ecke bogen, erblickten sie eine alte verrostete Tür in einer Wand der Geisterbahn, die sich langsam öffnete und quietschend gegen den Rahmen schlug.

„Lasst uns nachsehen", sagte Timo mit fester Stimme.

Gemeinsam betraten sie den Raum hinter der Tür. Es war dunkel und staubig und ihre Schritte hallten von den verfallenen Wänden wider.

Plötzlich hörten sie ein leises Flüstern, gefolgt von einem dumpfen Schlurfen. Dann tauchten durchscheinende Schemen auf. Die Freunde glaubten, Gestalten von Menschen zu erkennen. Kinder, aber auch Erwachsene. So schnell wie die seltsamen Lichter erschienen waren, so rasch verblassten sie auch wieder, bis nichts mehr an sie erinnerte.

„Was war das?", flüsterte Mia, ihre Stimme kaum mehr als ein Hauch. „Waren das Geister?"

Jäh erklang ein lautes Poltern von der anderen Seite des Raums. Die Kinder wirbelten herum und sahen, wie sich ein alter Schrank von der Wand löste, auf den Boden fiel und den Blick auf ein großes, dunkles Loch freigab. Emma trat einen Schritt vor und betrachtete die bisher verborgene Öffnung genauer. „Da ist ein Gang!", stellte sie fest.

Die Kinder fassten sich bei den Händen. Jetzt ging Timo vor und leuchtete mit der Taschenlampe in die Dunkelheit. Als sie nach kurzer Zeit den Gang verließen, tat sich vor ihnen ein unterirdischer Hohlraum auf. Die Wände waren über und über mit kleinen funkelnden Kristallen übersät, die die gewaltige Höhle in ein gleißendes, warmes Licht tauchten. In der Mitte stand ein knorriger Baum ohne Blätter, und auf einem seiner Äste hockte eine große braune Eule, die die Kinder aus steinalten, weisen Augen ansah.

„So seid ihr endlich gekommen."

Die drei Freunde drängten sich dicht zusammen.

Emma nahm ihren Mut zusammen. „Entschuldigung, aber Sie … sind Sie eine Eule?", fragte sie zaghaft.

Die Eule nickte langsam und erhob ihre raue Stimme. „Ja, das bin ich. Und ich bin die Hüterin dieses Parks gewesen, bevor das Unglück geschah." Die Stimme der Eule brach und sie sah dabei so traurig aus, dass die Kinder keine Angst mehr verspürten. Aber ihre Neugier wuchs und so lauschten sie gespannt, als die uralte Eule ihnen von den glücklichen Zeiten erzählte, als der Park noch voller Leben und Freude war. Doch dann berichtete sie von dem schrecklichen Tag, an dem ein Unfall den Park verwüstete und die Geister der Vergangenheit heraufbeschwor. „Seitdem bin ich allein hier", seufzte die Eule. „Ein einsamer Wächter."

Die Kinder spürten eine Mischung aus Mitleid und Faszination, als sie der Eule zuhörten. Sie erkannten, dass die Geister, die sie gehört und gesehen hatten, dicht mit dem Schicksal der Eule verbunden waren.

„Können wir helfen, das Geheimnis des Parks zu lösen?", fragte Timo eifrig.

Die Eule neigte ihren Kopf nachdenklich. „Ja, das könnt ihr. Denn ich habe vorausgesehen, dass ihr eines Tages kommt, um mir zu helfen, das verlorene Glück wieder zurück in diesen Park zu bringen!"

„Dann bist du eine Hellseherin?", fragte Mia vorsichtig, immer noch etwas ängstlich.

„Ja, das bin ich, liebe Mia", sagte die Eule und zwinkerte dem jüngsten Mitglied der drei Freunde beruhigend zu. „Und nun folgt mir!"

Gemeinsam folgten die Kinder der Eule zu einem verborgenen Raum unterhalb der Geisterbahn. In der Dunkelheit entdeckten sie eine versteckte Tür, die zu einem alten Maschinenraum führte, der seit Jahren verschlossen war.

„Was ist das hier?", flüsterte Mia, als sie die staubigen Schalter und Hebel betrachtete.

Die Eule hob ihren Kopf und sah mit einem Ausdruck der Erkenntnis auf die alten Maschinen. „Das ist der Ort, an dem alles begann … und enden wird", sagte sie feierlich.

Die Kinder tauschten ratlose Blicke aus, als die Eule erklärte, dass der Unfall vor vielen Jahren durch einen mechanischen Fehler in der Geisterbahn verursacht wurde. Die Geister, die seitdem den Park heimsuchten, waren die unglücklichen Seelen derjenigen, die bei dem Unglück ums Leben kamen.

„Also müssen wir die Geister beruhigen, indem wir die Maschinen reparieren?", fragte Emma.

Die Eule nickte. „Genau das. Aber es wird nicht einfach sein. Ihr müsst zusammenarbeiten, um die Maschinen wieder zum Laufen zu bringen."

Die Kinder blickten sich entschlossen an, bereit, die Herausforderung anzunehmen. Mit vereinten Kräften arbeiteten sie daran, die alten Apparate und Vorrichtungen wieder in Gang zu bringen, während die Eule sie mit ihrem Wissen und ihrer Weisheit unterstützte. Und schließlich, mit einem Knirschen und einem Knacken, erwachten die Maschinen zum Leben. Plötzlich war der ganze Vergnügungspark in ein strahlendes Licht getaucht und die Geister, die den Park heimsuchten, verschwanden langsam und stoben davon, als hätte es sie nie gegeben.

Ein Gefühl der Erleichterung erfasste die drei Freunde, als sie sahen, wie der Park sich von seiner düsteren Vergangenheit befreite und zu neuem Leben erweckt wurde. Und die Eule lächelte zufrieden, als sie spürte, dass ihr jahrelanges Warten endlich vorbei war. Die Freundschaft und der Mut der Kinder hatten das Licht zurückgebracht, das den Park einst erstrahlen ließ.

Bernhard Finger (Jahrgang 1971), Pferdenarr, Mittelalterfan und Bogenschütze, setzt sich in seiner Freizeit immer mal wieder gerne an sein altes „Ibook" und schreibt Kurzgeschichten. Schon vor Jahren konnte er einige Geistergeschichten innerhalb der Rubrik „Leserkurzgeschichten" einer bekannten Heftromanserie veröffentlichen. Heute liegt sein Hauptinteresse im Bereich Märchen, Fantasy und Geistergeschichten, aber gern auch mal Science-Fiction. Als Mittelalter- und Römer-Begeisterter wandelt Bernhard Finger gerne gewandet und gerüstet über den ein- oder anderen Szenemarkt und experimentiert mit viel Leidenschaft in seiner Küche beim Nachkochen mittelalterlicher oder römischer Gerichte.

Zahnschmerzen

Thekla war spät dran, darum kürzte sie den Weg nach Hause durch das Waldstück ab. Es wurde schon früh dunkel, so war sie froh, dass sie sich hier recht gut auskannte und ihr Handy dabei hatte. Mit der Taschenlampe am Gerät leuchtete sie ihren Weg aus.

Da hörte sie ein fürchterliches Heulen. Die Haare in ihrem Nacken stellten sich auf, so fürchterlich klang es. Sie beschleunigte ihre Schritte und wollte nur noch so schnell wie möglich nach Hause. Da tauchte vor ihr auf dem Waldweg etwas auf. Zuerst dachte Thekla, es sei ein Busch, doch als sie näherkam, erkannte sie, dass dort jemand ganz klein zusammengekauert hockte, den Kopf in die Hände gestützt.

Und was für Hände das waren! Haarig mit kräftigen Fingern, die in scharfen Krallen endeten. Überhaupt war die ganze Gestalt in dichtes, graues Haar gehüllt.

Thekla zögerte. Sollte sie einfach weitergehen? Dann würde sie direkt an dem Wesen vorbeikommen. Und diese scharfen Krallen sahen furchterregend aus. Sicherlich konnte das Wesen sie damit einfach in Stücke reißen.

Da hob das Ding den Kopf, der in einer lang gezogenen Wolfsschnauze endete und spitze Ohren hatte, und heulte wieder. Der Klang war schauerlich, aber auch irgendwie mitleiderregend.

Thekla beschloss, sich dem Wesen zu nähern. Vorsichtig ging sie weiter und achtete darauf, ja nicht auf einen Zweig oder ein Blatt zu treten. Das war gar nicht so einfach, immerhin war sie mitten im Wald. Aber es gelang ihr, näher an das Wesen heranzukommen, das wieder sein Gesicht in den Händen vergraben hatte und ganz schauerlich weinte.

Da bekam Thekla wirklich Mitleid und trat mutig näher. „Geht es dir gut?", fragte sie.

Das Wesen blickte auf und sah sie kläglich aus leuchtend gelben Augen an. „Ich hab ganz fürchterliches Zahnweh", jammerte es, „ich weiß gar nicht, was ich machen soll." Es sprach etwas undeutlich und Thekla war sich nicht sicher, ob wegen der Zahnschmerzen oder wegen des Raubtiergebisses.

„Warum gehst du denn nicht zum Zahnarzt?", fragte sie unschuldig. „Wenn ich Zahnweh habe, dann gehe ich immer zu Doktor Ulli, der ist wirklich nett."

„Zahnarzt?" Das Wesen riss entsetzt die Augen auf und sah noch fürchterlicher aus. „Ich habe Angst vor Zahnärzten. Kannst du dir vorstellen, was die bei meinem Gebiss alles tun?"

Das wusste Thekla wirklich nicht und konnte sich auch nicht wirklich vorstellen, wie das war. Für einen Zahnarzt würde es sicher auch nicht einfach sein, ein solches Gebiss mit fürchterlich scharfen Zähnen zu behandeln.

„Oh, das tut so weh!", jaulte das Wesen und stieß ein weiteres grausiges Geheul aus.

Thekla überlegte. „Wenn du nicht zum Zahnarzt willst, dann kann ich doch gucken", sagte sie schließlich, nachdem das Geheul verstummt war.

Das Wesen sah sie wieder an. Es wirkte so kläglich, wie es dort hockte, wirklich mitleiderregend. „Aber ich bin doch ein Werwolf", sagte es, „ich könnte dich beißen oder kratzen oder ganz schlimm wehtun."

Thekla überlegte wieder, dann zuckte sie mit den Schultern. „Wenn ich dir helfen soll, dann solltest du mich besser nicht beißen oder kratzen oder mir ganz schlimm wehtun", antwortete sie. Es war ihr erster Werwolf, dem sie je begegnet war. Ihr Vater sagte immer, dass es Werwölfe nicht gab. Nun, da hatte er sich wohl geirrt. Und jetzt erinnerte sie sich, dass Werwölfe nur bei Vollmond zu Werwölfen wurden, sonst waren sie normale Menschen. So hieß es zumindest in den Geschichten. Sie wusste aber nicht, ob gerade Vollmond war. Sie hatte nicht darauf geachtet, was auf dem Küchenkalender stand, da war es nämlich immer mit einem kleinen Gesicht beschrieben. War das Gesicht weiß, war es Vollmond, war es schwarz, dann war Neumond.

„Nun mach schon den Mund auf, dann gucke ich nach, ob ich was sehen kann", sagte Thekla, die befürchtete, ihr Mut würde sie bald verlassen.

Der Werwolf sah sie an, dann öffnete er gehorsam das Maul und Thekla leuchtete mit der Handylampe in seinen Rachen.

Das Gebiss war wirklich groß und sah beängstigend aus. Die Zähne waren so strahlend weiß, dass sie den Werwolf darum beneidete. Umso komischer, dass er Zahnschmerzen hatte.

Thekla leuchtete sehr sorgsam jeden einzelnen der spitzen, scharfen Zähne an und kontrollierte ihn, ob da vielleicht ein dunkles Loch war, aber erst fand sie nichts. Erst als sie genauer hinsah, sah sie einen kleinen Knochen, der zwischen zwei der großen Zähne gerutscht war und dort festsaß. Ein Ende des Knochens steckte im roten Zahnfleisch. Das war wohl der Grund für das Zahnweh.

„Du hast da einen Knochen zwischen den Zähnen", berichtete Thekla, „er steckt fest. Soll ich versuchen, ihn rauszuziehen?"

„Itte", machte der Werwolf.

„Wie bitte?", fragte Thekla, die nicht verstanden hatte.

Da klappte der Werwolf seine Kiefer wieder zusammen und sagte: „Bitte."

„Aber nur, wenn du mich nicht beißt", warnte Thekla daraufhin.

„Ehrenwort", sagte der Werwolf und öffnete den Rachen wieder.

Vorsichtig mit zwei Fingern wackelte Thekla an dem Knochen, doch der saß fest. „Das könnte ein bisschen wehtun", sagte sie und zog fester. Sie musste eine Menge Kraft aufbringen, denn der Knochen saß richtig fest verkeilt zwischen den Zähnen. Aber dann schaffte sie es. Mit einem Ruck, dass der Werwolf vor Schmerz jaulte, riss sie das Knöchelchen heraus und präsentierte dem Werwolf dann die Ursache für die Schmerzen.

„Oh, das ist schon viel besser", sagte der Werwolf, dann betrachtete er das Knöchelchen. „Das ist wohl von dem Dackel, den ich gestern verspeist habe", meinte er dann.

„Der Fitz von den Meiers?", fragte Thekla mit weit aufgerissenen Augen. „Das war ein lieber Hund. Wie konntest du nur?"

„Weil ich Hunger hatte", verteidigte sich der Werwolf, „so richtig biestigen Hunger. Den bekomme ich immer, wenn ich mich verwandle."

„Dann nimm dir was zu essen mit und friss keine harmlosen Tiere!" Thekla war richtig wütend. Sie hatte Fitz gemocht. Er war so lustig gerannt, wenn man Stückchen warf.

„Entschuldigung", sagte der Werwolf verlegen und nahm ihr das Knöchelchen ab. Er betrachtete es und steckte es dann in die zerrissene Hose, die er anhatte.

„Ich gehe jetzt nach Hause", erklärte Thekla, „du erinnerst dich an dein Versprechen?"

Der Werwolf nickte. „Soll ich dich nach Hause bringen?", fragte er freundlich. „Es treibt sich hier im Wald allerlei herum des Nachts, was dich vielleicht als Mahlzeit möchte."

Thekla überlegte, doch es sprach nichts dagegen. Also willigte sie ein und ließ sich von dem Werwolf nach Hause bringen. Schon allein, um ihrem Vater zu zeigen, dass es Werwölfe doch gab.

Ramona Schroller wurde 1971 in Nordrhein-Westfalen geboren und lebt heute in Schleswig-Holstein. Schon immer dachte sie sich Geschichten aus und begann im Alter von 10 Jahren, diese auch aufzuschreiben oder zu zeichnen. 1994 Mitherausgeberin von „Ich fasste mir ein Herz und fragte …" einer Anthologie über Ausländerfeindlichkeit und gegen das Vergessen. Diverse Kurzgeschichten veröffentlicht zwischen 1995 – 2006 in verschiedenen Anthologien. Rezensentin für diverse Online-Portale (u. a. Fantasyguide.de) zwischen 2003 – 2007. Gutachterin für einen Kleinverlag im Jahre 2006 bis zu dessen Schließung. Danach Übersetzerin und Redakteurin für verschiedene Online-Portale, ab 2010 – 2015 Onlineveröffentlichungen größtenteils in englischer Sprache. 2013 veröffentlichte sie den Roman „Der Spuk im Rosen-Haus". 2023 sind mehrere Kurzgeschichten von ihr in Anthologien erschienen. 2024 erscheint der Roman „Die Expedition".

Im Tal der Eulen

Drei Jugendliche beschlossen, an einem Wochenende einen Kurztrip mit ihrem Schlauchboot zu unternehmen, und fuhren auf einem Fluss entlang, der immer wieder kleinere Stromschnellen zeigte, worauf sich die Jugendlichen besonders freuten. Sie steuerten auf eine Stromschnelle zu. Ein leichtes Gefälle erhöhte die Geschwindigkeit des Bootes. Das Boot schwankte so sehr, dass Celina sich an das Boot krallen musste, um nicht hinauszufallen. Das Wasser peitschte an die Kante des Bootes und schwappte über den Rand. Celina bekam eine ganze Ladung Wasser in ihr Gesicht, dabei war sie gezwungen, ihre Augen zusammenzupetzen. Es folgte ein Gefälle und das Schlauchboot fuhr mit rasender Geschwindigkeit hinab. Ihre Herzen klopften, schnell ging der Atem der Jugendlichen. Sie hatten viel Spaß. Das Gefühl ihrer Abenteuerlust hielt jedoch nur für einen Augenblick an. Nachdem sie die Stromschnelle hinter sich gebracht hatten, lachten sie, was das Zeug hielt. Louis, der den Fluss nicht zum ersten Mal befuhr, lenkte mit seinen Paddeln versehentlich falsch ein und sie landeten in einem Nebenfluss, von dem Louis keine Ahnung hatte, dass es diesen überhaupt gab. Die Bäume mit langen Fäden bedeckten das Ufer und erweckten eine geheimnisvolle Atmosphäre. Die Fäden waren miteinander verwoben und bildeten einen Tunnel, durch den die Jugendlichen fuhren.

Selbst Celina ahnte sofort, dass hier etwas nicht stimmte. „Bist du falsch abgebogen?", fragte sie neugierig.

„Irgendwie wurden wir vom wilden Fluss abgetrieben", antwortete Louis sich in der ungewohnten Gegend umblickend.

„Wo sind wir?", wollte Celina wissen.

„Ich weiß es nicht. Ich sehe diesen Ort auch zum ersten Mal", gestand Louis.

Sie fuhren den ruhigen Fluss hinab und bewunderten die Gegend. Es war ruhig. Die Jugendlichen hörten keine zwitschernden Vögel, sie sahen kein Tier am Ufer. Das Wasser, auf dem sie trieben, war dunkel und mit losen Algen bedeckt. Auf der Karte war kein Nebenfluss zu sehen. Louis kam diese Gegend sehr unheimlich vor. Sein Unbehagen ließ er sich von seinen Freunden nicht anmerken und ruderte vorsichtig weiter.

Sie bewegten sich stundenlang vorsichtig auf diesem seltsamen Fluss fort, bis die Dämmerung sich am Himmel ausbreitete.

„Bald wird es dunkel sein. Sollen wir nicht ans Ufer fahren und unser Nachtlager aufschlagen?", fragte Celina.

„Das würde ich gerne tun, aber hier gibt es kein Ufer, an dem wir rasten könnten. Sieh dich hier doch nur um. Das Ufer ist voll von Algen. Ich kann hier auch nicht auf den Grund sehen. Wenn ein großer Stein im Wasser liegt, dann haben wir ein Loch im Boot. Wir müssten dann zu Fuß weitergehen und das, ohne zu wissen, wo wir eigentlich sind. Ich könnte an das Ufer heranfahren, aber dann müssten wir aus dem Boot steigen und durch das dunkle Wasser marschieren", schlug Louis vor.

„Nein, das möchte ich nicht. Aber was machen wir jetzt?", fragte Celina.

„Das weiß ich auch nicht. Wir fahren weiter. Irgendwann wird sich schon eine Möglichkeit ergeben, wo wir an das Ufer fahren können", antwortete ihr Louis.

Plötzlich bewegte sich etwas in dem Wasser. Neben dem Boot tauchten kleine Wellen auf, die Louis sofort auffielen. Louis erwähnte nichts davon, da er Celina nicht beunruhigen wollte. Ihr war das Schaudern bereits ins Gesicht geschrieben.

Es bewegte sich wieder etwas im Wasser. Dieses Mal war der Rücken eines geschlängelten Tieres knapp oberhalb der Wasserfläche zu erkennen. Es hatte Zacken auf dem Rücken und schien enorm groß zu sein. Celina hatte dies nicht bemerkt, da sie in eine andere Richtung geschaut hatte.

Antonio hingegen entging der Vorfall nicht. Er machte sich Gedanken und blickte Louis fragend in die Augen. Dieser schüttelte geschickt seinen Kopf, was Celina nicht mitbekam. Behutsam ruderte Louis weiter in der Hoffnung, das eigenartige Tier, von dem er nicht wusste, was es war, nicht aufzuschrecken. Der Fluss verengte sich plötzlich und das Ufer rückte näher in den Fluss hinein. Louis zog ein wenig die Paddel ein, damit er weiterrudern konnte. Die Gegend veränderte sich und die langen Fäden der mächtigen Bäume schwammen auf der Wasseroberfläche, was den Ort verdunkeln ließ.

Die Spannung in den Jugendlichen wuchs, ihre Herzfrequenz stieg stetig an und keiner von ihnen wagte etwas zu sagen.

Mit zunehmender Dämmerung wurde das Gebiet zu einem gruseligen Ort. Nun war die Sonne endgültig untergegangen und der Mond stand am Himmel. Wolken zogen auf. Die Nacht hatte bereits Einzug gehalten, weshalb Celina ihre Jacke überzog. Während Louis weiterruderte, zog eine dünne Nebeldecke auf, die sich von Sekunde zu Sekunde verdichtete und diesen Ort noch unheimlicher wirken ließ.

In der Mitte des Flusses, der ruhig verlief, fuhren sie weiter und erspähten auf einmal ein Schild im Wasser am Rande des Ufers, an dem sie knapp vorbeifuhren.

„Tal der Eulen", las Louis laut vor.

Verwundert blickten sich die Jugendlichen an.

„Wo sind wir hier gelandet?", fragte Antonio in die Runde.

„Keine Ahnung", antwortete Louis und ruderte, das Ufer beobachtend, weiter.

Die Dunkelheit sorgte für noch mehr Kribbeln in ihren Bäuchen und noch immer hatte Louis keine Ahnung, wo er anlegen sollte. Mit zunehmender Dunkelheit trat ein helles Licht am Himmel auf. Die Jugendlichen blickten nach oben. Sie sahen den Mond, der hinter den Bäumen hervorschien und den Fluss erhellte. Dann hörten sie ein merkwürdiges Geräusch, das von Tieren stammte.

„Was ist das?", fragte Celina so leise, dass sie schon fast flüsterte.

„Das sind Eulen", wisperte Antonio.

„Woher weißt du das?", wollte Celina von ihm wissen.

„Da fliegt eine", antwortete er, als er mit dem Zeigefinger in den Himmel deutete und Celina kurz anblickte.

„Du hast recht. Es sind tatsächlich Eulen. Wenn man in den Himmel hinaufblickt, entdeckt man jede Menge von ihnen. Unglaublich, wie geräuschlos sie fliegen", äußerte Celina, während sie zum Mond blickte.

Der Nebel, der den Fluss bedeckte, verdichtete sich noch mehr.

„Langsam wird es mir unheimlich. Ich fühle mich nicht mehr so wohl in diesem Boot", gab Celina von sich.

Plötzlich flog etwas Großes auf Celina zu. Niemand konnte erkennen, was es war. Es war nur ein Schatten, der sich an ihr bemächtigte. Celina wandte ihren Blick nach oben und sah einen gigantischen

Raubvogel. Dieser packte sie mit seinen Krallen am Kragen ihrer Jacke und zog sie nach oben. Mit ihr flog er dann in Richtung Ufer. Einige Eulen flogen hinterher. Schon sehr bald war von Celina nichts mehr zu sehen.

Das Boot sprang aus dem Wasser, als würde es von unten angestupst werden. Wieder flog ein großer Vogel an und schnappte sich diesmal Louis und Antonio zugleich. Mit ihnen flog er ebenfalls an das Ufer.

Unsanft landeten sie auf dem waldigen Boden, direkt vor Celinas Füßen. Um sie herum waren zahlreiche Eulen versammelt, die sie anstarrten. Dann sahen sie ihn. Den gigantischen Raubvogel – eine große Eule. Langsam trat er auf die drei Jugendlichen zu, stellte sich hinter sie und blickte zum Fluss. Louis war sehr naturverbunden und verstand, was die Eule versuchte, ihm mitzuteilen. Er blickte zum Fluss und erkannte, in welch großer Gefahr sie sich befunden hatten. Ein Ungeheuer hatte sich ihnen genähert und das Boot umschlungen.

„Danke", sprach Louis zu der Eule, die ihm zunickte, als würde sie ihn verstehen und flog anschließend mit ihrem Gleichen davon.

Sonja Haas ist 49 Jahre alt, wohnt im hessischen Lampertheim. Ihre Hobbys sind Lesen sowie das Schreiben von Geschichten. Wenn es ihre Zeit zulässt, zeichnet sie auch Illustrationen zu ihren Geschichten. Mit ihren Kurzgeschichten konnte sie Erfolge in diversen Anthologien verbuchen und nun ist es ihr auch gelungen, ein Buch zu veröffentlichen.

Elaras Fluch

In Altmühlendorf, einer kleinen Ortschaft im Spessart, lebte vor vielen Jahren eine junge Frau namens Elara. Sie war sehr schön und verstand sich auf die Heilkunst. Elara kannte die Wirkung von Kräutern und Pflanzen und hatte mit ihrem Wissen schon so manchem Dorfbewohner geholfen. Zahlreiche Männer begehrten Elara, doch sie wollte keinen Geliebten haben. Die Frauen des Dorfes jedoch waren rasend eifersüchtig auf Elara und wollten sie aus dem Dorfe verbannen. Sie gingen zu dem Dorfältesten und sprachen: „Die Heilkunst Elaras ist ganz gewiss übelste Hexerei! Wer weiß, was sie damit noch anrichten wird. Die Hexe muss aus unserem Dorf verbannt werden, sonst sind wir alle des Todes!"

Der Dorfälteste wollte sich zunächst noch mit den anderen Männern beraten. Unterdessen hetzten die Frauen gegen Elara und so mancher Mann, dessen Avancen Elara abgewiesen hatte, wollte sich nun aufgrund seiner gekränkten männlichen Eitelkeit an der jungen Frau rächen. So kam es, dass Elara der Hexerei bezichtigt und aus dem Dorfe getrieben wurde. Elaras Kummer über diese furchtbare Ungerechtigkeit verwandelte sich alsbald in einen tiefen Hass.

Als sie nachts mutterseelenallein im Walde saß und ihren Hunger notdürftig mit Wurzeln und Beeren stillte, brannten ihre Rachegelüste wie ein höllisches Feuer in ihr. Sie sprang auf und rief mit lauter und unheimlicher Stimme: „Satan, du Herr aller Dinge! Hilf mir, mich an jenen zu rächen, die mir Unrecht getan haben. Dafür gebe ich dir meine Seele und ich werde immer deine treue Dienerin bleiben!"

Da erhob sich ein furchtbarer Sturm. Er peitschte durch die Bäume und fegte die Blätter wie wild umher. Ein schreckliches Gewitter setzte ein, dazu ergoss sich ein sintflutartiger Regen. Doch so schnell wie das heftige Unwetter begonnen hatte, endete es. Elara lag völlig durchnässt auf dem schlammigen Waldboden, doch als sie langsam aufstand, verspürte sie eine unbändige Kraft in sich. Sie fühlte, dass der Teufel ihr die Macht verliehen hatte, Böses leibhaftig werden zu lassen. Elaras unheimliches Lachen klang schaurig durch den dunklen Wald. Ihre Leiche wurde am nächsten Tag von einigen Dorfbewohnern gefunden. Ein Blitz hatte einen Baum getroffen. Dieser war umgestürzt und hatte Elara erschlagen. Ihr Körper war zwar tot, doch Elaras Geist lebte fortan als böse Fee im Walde weiter.

Sie wurde für die Altmühldorfer eine Schreckensgestalt von unermesslicher Grausamkeit. Die böse Fee flüsterte düstere Prophezeiungen in die Träume der Dorfbewohner und ließ auf diese Weise Schreckensvisionen von Tod und Verderben entstehen. Manche der Geplagten hielten dies auf Dauer nicht mehr aus und verfielen dem Wahnsinn. Elaras Zaubersprüche machten aus unschuldigen Haus- und Nutztieren reißende Bestien, welche die Dorfbewohner anfielen und einige von ihnen grausam töteten. Heftige Unwetter verwüsteten die Felder der Bauern, ihre Ernten wurden vernichtet, sodass der Hunger die Menschen zur Verzweiflung trieb. Selbst die Kinder des Dorfes waren vor Elaras Rache nicht sicher. Sie suchte die unschuldigen Wesen im Schlaf heim, stahl ihnen ihre Seelen, sodass die armen Geschöpfe wie lebende Tote im Dorf herumirrten. Die meisten Dorfbewohner suchten ihr Heil in der Flucht und bald lebten nur noch wenige Menschen im Dorf. Sie beteten jeden Tag und jede Nacht, dass die Rache Elaras endlich ein Ende haben sollte. Doch das geschah nicht und niemand wusste, wie er das Unheil bannen konnte.

Eines Tages kam ein junger Bursche ins Dorf, der Lukas hieß. Er wollte sich irgendwo im Spessart als Schmied niederlassen. Altmühlendorf gefiel ihm und er fragte den Dorfältesten nach einer Wohnmöglichkeit.

„Um Gottes willen!", rief der Alte. „Zieht nur schnell weiter! Dieses Dorf ist verflucht!" Und der alte Mann erzählte Lukas die ganze furchtbare Geschichte von Elara, der bösen Fee.

Lukas dachte lange nach. Dann sagte er: „Ich habe ein Buch von meinem Großvater geerbt. Dort ist auch von Hexen- und Feenzauber die Rede. Ich glaube, es stehen sogar etliche Zaubersprüche darin, wie ein Fluch gebrochen werden kann."

„Wenn Ihr das zuwege brächtet, wären wir Euch ein Leben lang dankbar!", rief der Alte mit Tränen in den Augen.

Lukas blieb in der folgenden Nacht im Hause des Dorfältesten und las in dem Buch seines Großvaters viele, viele Stunden lang. Erst als der Morgen graute, schloss er das Buch. Er hatte sich auf zwei Blättern etliches aus dem schweren Buch aufgeschrieben und auswendig gelernt.

„Ich glaube, jetzt kann ich den Fluch dieser bösen Fee brechen", murmelte er vor sich hin. Nach einem kräftigen Frühstück machte er sich beherzt auf den Weg. Als er schon tief in den Spessart eingedrungen war, merkte er plötzlich, dass kein einziger Vogellaut mehr zu hören war. Gräser und Pflanzen lagen verrottet auf dem Boden, die Bäume standen kahl und wie versteinert vor ihm. Kein einziger Windhauch war zu spüren. In der Luft hing ein ekelhafter Gestank nach Tod und Verwesung. Plötzlich erzitterte der Wald von dem unheimlichen Lachen der bösen Fee. Als Lukas sich erschrocken umdrehte, stand Elara dicht hinter ihm.

„Du bist also gekommen, um mich zu vernichten!", spottete sie und lachte noch lauter als zuvor.

Es klang so schauerlich, dass Lukas' Herz vor Angst erstarrte. Doch mutig sprach er die auswendig gelernten Worte: „Elara, einst eine Tochter des Lichts, lasse die Ketten der Vergangenheit frei und erhebe dich aus der Finsternis.

Das Böse hat dein Herz umschlungen, doch in deiner Tiefe ruht immer noch ein Funken des Guten! Diesen Funken rufe ich hervor und bitte ihn um Verzeihung für all das Leid, welches man dir angetan hat. Möge dieses Licht, dieser Funken deine Seele berühren und die Liebe die Finsternis vertreiben! So sei es!"

Bei diesen Worten hatte sich die wutverzerrte Fratze der Fee in ein Gesicht voller Erstaunen verwandelt. Sie fühlte, wie sich Lukas' Worte in ihrem Herzen festsetzten und als sie dort ihre Wirkung entfalteten, brach Elara in Tränen aus. Sie fiel zu Boden und schluchzte bitterlich. Mit den Tränen floss all das Böse aus Elaras Seele heraus und ein vergessenes Gefühl von Barmherzigkeit und Frieden durchströmte ihre Gedanken.

„Oh Gott, verzeihe mir!", rief sie. „Vergib mir all das Böse, das ich getan habe. Jetzt erkenne ich erst, wie schön das Licht und wie schrecklich die Dunkelheit ist!"

Und Gott sah das schöne Mädchen und hatte Mitleid mit ihm. Er wollte Elara zu sich in den Himmel aufnehmen und schenkte ihr einen zweiten, sanften Tod.

Aber Satan wollte auf die Seele der Fee nicht verzichten und rief zornbebend: „Wenn ich die Seele Elaras nicht bekomme, hole ich mir die des Jünglings!"

Da sandte Gott zwei Engel auf die Erde. Der eine hob den Körper Elaras auf und trug ihn in den Himmel empor. Der andere Engel jedoch hielt ein flammendes Schwert über Lukas und brachte ihn so aus dem Wald heraus. „Nun bist du sicher", sagte der Engel zu Lukas. „Und dass es auch so bleibt, versage dich auf alle Zeiten dem Bösen, bleibe fromm und gut, dann kann dir Satan nichts anhaben." Lukas versprach es und der Engel kehrte in den Himmel zurück.

Von nun an gab es wieder fröhliche Tage für die Menschen in Altmühldorf. Lukas blieb im Ort und wurde ein angesehener Schmied. Auf dem kleinen Friedhof des Dorfes aber ließ er einen Grabstein für Elara aufstellen. Und immer, wenn ihm danach zumute war, ging Lukas zu diesem Stein und legte eine weiße Rose für Elara hernieder.

Klaus Enser-Schlag, *geboren in Stuttgart, ist Hörspielautor beim SRF (Schweizer Radio und Fernsehen). Bisher wurden 22 Hörspiele von ihm in Zürich und Basel produziert. Erster Rundfunkbeitrag für den SWR. Veröffentlichung von Gedichten, Songtexten, Kurzgeschichten, Internet-Artikeln und Anthologiebeiträgen. Der Autor lebt heute in der Nähe von Hamburg.*

Jeder verdient Dank

Ein Urlaub in England – oder besser gesagt in Devon – war eine gute Idee gewesen. Ihr Ziel war unter anderem das Dartmoor. Über diesen Ort rankten sich so viele Legenden und Geschichten. Auch der berühmte Autor Sir Arthur Conan Doyle hatte den Ort gekannt und geschätzt.

Ianto, Jack, Robert und Eoin genossen ihren Männerurlaub in England in vollen Zügen. Es war zur Tradition geworden, dass sie einmal im Jahr für eine Woche zusammen Urlaub machten. Sie kannten sich seit der Schule, waren Freunde und unternahmen gerne etwas zusammen. Es war immer lustig, denn sie waren eine bunt gemischte Truppe und gerade Robert schlug dann und wann über die Stränge. Meistens ging es gut aus und Robert konnte sich aus der Affäre ziehen, aber es war nicht eben immer alles perfekt.

„Na gut, Jungs, was machen wir dann heute? Die Whiskey-Verkostung ist erst morgen." Robert klatsche in die Hände und sah die Freunde fragend an.

„Wir gehen heute im Moor wandern. Das Wetter ist gut", erklärte Ianto und holte die Karte aus seiner Tasche. Er breitete sie auf dem Tisch aus und deutete auf das Okehampton Castle. „Dort werden wir hinfahren. Es gibt eine wunderschöne Route durch das Moor. Es ist nicht zu warm, das ist perfekt."

Sofort beugte sich Eoin über die Karte und grinste. „Oh ja, das klingt gut. Dort gibt es eine tolle Ruine und das Castle ist bekannt." Sein Blick wanderte zu Robert, der das Gesicht verzog. So ganz gefiel ihm die Idee nicht. „Ach komm, das wird lustig."

Nur recht widerwillig nickte Robert.

„Ich finde die Idee gut", meinte Jack.

Damit war es beschlossen.

Sie packten ihre Sachen und machten sich auf den Weg nach Okehampton. Das Schloss war eine der Sehenswürdigkeiten und thronte über dem Tal des River Okement. Der Blick war wunderschön und sie machten unzählige Bilder.

Das Bauwerk gab es schon seit dem späten 11. Jahrhundert. Die vorhandenen Reste der Burg, vor allem der Bergfried und die Umfassungsmauern, stammten aus dem 14. Jahrhundert. Ianto konnte sich gar nicht sattsehen. Wind und Sonne wechselten sich ab. Zum Glück gab es aber keinen Regen.

„Lasst uns was essen und danach gehen wir ins Moor", meinte Jack. Er steckte das Handy weg und sah die anderen fragend an.

„Klar, sehr gerne. Ein Kaffee wäre jetzt echt perfekt", gab Robert zurück.

Zusammen wanderten sie zum *The Tor*, ein Ausflugstipp. Dies war ein kleiner, sympathischer Pub am Fuß des Dartmoors. Schon von außen war er schön, aber auch von innen gut eingerichtet. Die Bedienung war freundlich und empfahl ihnen die *Dartmoor Beast*-Doppelburger. Dazu gab es ein Ale-Bier.

Gut gesättigt konnte dann ihre große Runde beginnen. Wie nicht anders zu erwarten, hatte Ianto diese auch bis zum kleinen Detail geplant. Auf dem Handy war die Route gespeichert. Dazu hatte er noch einen Kompass und eine Karte dabei.

„Damit wir uns nicht verirren. Nicht, dass es hier noch Geister gibt", grinste Eoin. Er kontrollierte seine Wanderstiefel und zwinkerte Robert vergnügt zu. Dieser grummelte leise, wollte sich aber nicht beschweren. Die Idee war nicht schlecht und Bewegung tat allen gut.

„Als Nächstes kommen dann die Kobolde vorbei. Du und deine Fantasy, Eoin."

Dieser zuckte die Schultern.

„Dann doch bitte der Leprechaun mit seinem Topf voll Gold."

Es tat gut, so unbeschwert zu lachen und herumzualbern. Einfach mal nicht an die Arbeit und den Alltag zu denken. Dafür war Urlaub ja auch da.

Die ersten paar Kilometer waren noch ganz entspannt und vor allem ruhig und ereignislos. Hier gab es jedoch viel zu sehen. Bäume und Sträucher wuchsen am Wegesrand. Die Landschaft zeigte sich von ihrer wildromantischen Seite. Immer wieder ließ sich die Sonne blicken, bevor sie hinter dicken Wolken verschwand. So ging es eine ganze Weile weiter, bis schwarze Wolken den Himmel verdunkelten. Sekunden später prasselten auch schon die ersten Regentropfen auf die vier Männer herab.

Robert fluchte und zog die Jacke fester um sich, als der Wind auffrischte. Auch die anderen brummten vor sich hin und zogen den Kopf ein.

Regen konnte es hier immer geben. Schnell schlüpften sie in die Regencapes, auch wenn diese nicht viel brachten. Der Wind trieb die Tropfen unter die Kleidung. Jack fröstelte und war versucht, Ianto die Schuld an dem Wetter zu geben. Ihm war jedoch klar, dass es nichts brachte. Eilig rannten sie in den Wald und stellten sich unter. Donner grollte über ihnen und ließ die Erde erzittern. Heftige Windböen wehten ihnen den Regen ins Gesicht und nahmen ihnen die Sicht. Plötzlich war es dunkel und Nebel wallte auf. Unsicher lugte Eoin unter seiner Kapuze hervor und fragte sich, wann der erste Werwolf auftauchen würde.

Genervt lehnte Robert an einem Baum und fluchte wie ein Kesselflicker. „Tolle Idee mit dem Wandern im Moor. Echt super."

Jack warf ihm einen bitterbösen Blick zu, wandte sich dann aber an Ianto. Mit klammen Fingern angelte dieser nach dem Handy, um sich zu orientieren. Allzu weit durfte es nicht mehr sein bis zur Straße, so zumindest seine Hoffnung.

„Und wo lang?", erkundigte sich Jack nach einer Weile.

Ianto zuckte unschlüssig die Schultern. „Keine Ahnung. Das Handy bekommt kein Signal. Ich kann die Route nicht laden."

Ratlos sahen sie sich an und Robert knurrte. Das hatten sie nun davon. Wäre ein Besuch im Fitnessstudio nicht besser gewesen? Vor allem hätten sie sich nicht verlaufen.

Über ihnen grollte der Donner und ein Blitz erhellte für einen Moment die Nacht. Es war finster geworden und Eoin zuckte kurz zusammen. „Was machen wir jetzt?"

Darauf hatte niemand eine Antwort.

„Ich kann euch helfen", sagte eine Stimme.

Die Männer sahen sich überrascht an und Jack drehte sich einmal im Kreis. Zwischen den Bäumen leuchtete etwas. Das Leuchten kam näher. Es war klein und blau und schien über den Boden zu schweben.

„Ich bin ein Irrlicht und kann euch helfen."

Iantos Hand schoss zum Mund und er wusste nicht, was er sagen sollte. „Ein Irrlicht. Aber euch gibt es nicht. Das kann nicht sein."

Das kleine Wesen lächelte. „Folgt mir und ich führe euch zur Straße."

Zuerst wollten sie ablehnen, denn ein Irrlicht konnte es nicht geben. „Bist du echt?" Die Frage kam von Eoin.

Das Irrlicht zuckte die leinen Schultern. „Ihr Menschen glaubt nicht mehr an uns. Ich biete euch nur meine Hilfe an."

Soweit Ianto wusste, waren Irrlichter kleine Naturgeister. „Wir folgen ihm", beschied er. Was sollte schon passieren? Noch mehr konnten sie sich nicht verirren.

Der Regen ließ langsam nach und sie folgte der blauen Flamme. Es ging bergauf und bergab, bis sie zu einer Straße kamen.

„Wenn ihr der Straße folgt, kommt ihr zum nächsten Ort", sagte das Irrlicht. Dann streckte es die Hand aus. „Eine Belohnung für meine Dienste." Auffordernd sah es die Männer an.

Robert lachte und verschränkte die Arme vor der Brust. „Es gibt keine Naturgeister, also auch kein Geld." Frech grinste er das Irrlicht an und ging davon. „Es tut mir leid. Hab vielen Dank", murmelte Ianto und folgte den Freunden.

Das Irrlicht blieb zurück und schüttelte traurig den Kopf.

Am vorletzten Tag des Urlaubes später ging Robert in der Gegend um das Moor herum spazieren – oder besser gesagt, war er auf der Suche nach dem Irrlicht. Dieses zeigte sich ihm und begann, ihn kreuz und quer durch die Wiesen und Gräben zu führen. Erst als der Morgen graute, gelangte er schließlich völlig erschöpft, durchnässt und schmutzig zu seinen Freunden zurück.

Wütend bezahlten Eoin und Ianto das Irrlicht, das nur ein paar Pfennige und etwas zu essen wollte.

Doreen Pitzler wurde 1986 in Sachsen-Anhalt geboren, wo sie auch aufgewachsen ist. Schon früh entwickelte sie eine Vorliebe für gute Geschichten und inspirierende Welten. Zu Schulzeiten verband sie diese Vorliebe mit ihrer eigenen blühenden Fantasie und begann mit den Schreiben eigener Geschichten. Heutzutage ist das Schreiben ein willkommener Ausgleich zu ihrer Bürotätigkeit.

Der Wächter von Moru

Das Hämmern an der Tür zum Wirtshaus wurde vom Grollen des Donners verschluckt. Der Wirt stellte sein Beef Wellington auf den Tisch. Hinter der feuchten Fensterscheibe sah er einen Schatten. Der Alte blickte angestrengt in die Dunkelheit. Ein Blitz erhellte die Nacht und offenbarte die Gestalt. Der Wirt zuckte zusammen und eilte zur Tür. Er hob den schweren Balken an und öffnete.

„Zu so später Stunde?"

Der Fremde trat ein und stellte sich vor. Arthur Jones, Botaniker mit Fachgebiet Bryologie, auf dem Weg nach Moru.

„Moru? Verhext." Der Wirt spukte auf den Boden. „Verflucht ist die Gegend."

Arthur ließ sich nicht abschrecken.

„Sie werden Tage brauchen, dort gibt es nichts."

Seine Ausrüstung war ausgezeichnet. Der Ruhm, der ihn erwartete, wenn er die seltene Hornmoosart finden würde, war reizvoll.

Am nächsten Tag zog er los. Tiefer in die Berge Arrochars. Tagelang wanderte er. Noch ein Berg, dahinter war der Forst Moru. Aufgeregt verstaute er seine Karte. Eine weiße Eule flog über ihn hinweg in Richtung Wald. Sein Herz raste vor Aufregung. Gleich würde er Moru mit eigenen Augen sehen. Grinsend überwand er die letzten Meter. Sein Grinsen verging. Vor ihm sah er zerstörtes Land. Bäume lagen faulend auf dem Boden. Es stank. Das sollte es sein? Er kletterte in die Ebene. Die Erde war modrig. Kein Tier, keine Pflanze, kein Gehölz.

„Verdammt! All die Anstrengung, Zeit und Geld. Für nichts!" Er schrie vor Verzweiflung. Mit hängenden Schultern setzte er sich. In seinen Gedanken erklang das schallende Lachen seiner Kollegen. Arthur hatte geprahlt, dass er die seltenen Moose finden würde.

„Versager", würden sie ihn nennen.

Die Sonne verschwand hinter der Bergkette. Er stand auf, kickte einen Ast weg, der bei der Berührung wie Asche zerfiel. Er bückte sich, zerrieb die Reste des Astes zwischen seinen Fingern.

„Kein Brand, kein Schädlingsbefall. Was ist hier geschehen?"

Ermüdet baute er sein Zelt auf. Verspeiste seinen Proviant und legte sich schlafen. Er wälzte sich hin und her. Mit geschlossenen Augen lauschte er in die Dunkelheit. Grummeliges Brummen hallte durch die Nacht. Etwas knackte. Ein Jaulen erklang. Arthur traute sich nicht, die Augen zu öffnen, und vergrub sich im Schlafsack. Sein Forscherherz drängte neugierig. Er öffnete zögerlich ein Auge. In dem Augenblick kreischte eine Eule über seinem Zelt. Sein Körper zuckte und rutschte tiefer in seinen Schlafsack. Stille. Sein Herz raste.

„Du glaubst nicht an Mythen, reiß dich zusammen."

Angestrengt lauschend steckte er seinen Kopf wieder raus. Seine Uhr zeigte 0:01 Uhr. Vor ihm ertönte ein leises Schnattern, gefolgt von einem *Uhuu*. Warum war es so hell draußen?

Vorsichtig öffnete er das Zelt. Eine kühle Brise wehte ihm entgegen, die ihm bis ins Mark fuhr. Er erstarrte. Vor ihm tauchten schemenhaft unheimliche Gestalten auf. Vom Mond erleuchtete Tiergeister, deren Form unnatürlich nebelhaft war. Eine Hirschkuh stand majestätisch vor ihm. Ein Hase hüpfte an seinen Füßen vorbei. Lautlos angelte ein Bär ein paar schimmernde Früchte. Sie schienen in einer anderen Zeit zu existieren, ihre Körper durchsichtig und doch klar erkennbar.

Arthurs Herz schlug langsamer, sein Atem normalisierte sich. Er verstand, dass sie lange vor ihm hier waren. Prächtige Bäume füllten konturlos leuchtend die Umgebung. Moru war zum Leben erwacht. Die Augen der Geister funkelten mit der Klugheit vergangener Generationen. Arthurs Mund stand offen.

„Ihre Seelen finden keine Ruhe."

Er sprang zurück. Die weiße Eule neigte ihren Kopf. Weisheit und Trauer spiegelten sich in ihren leuchtenden Augen. „Mein Name ist Parsley. Wächter über die Geister der Ahnen und Seele der Natur."

Irritiert schaute Arthur durch den Geisterwald. „Was ist hier geschehen?" Seine Knie schlotterten.

„Das Gleichgewicht ist gestört. Ein Unglück aus Menschenhand."

„Menschenhand? Wie?"

Parsley spreizte seine Flügel und schwebte zu ihm. „Ihr Menschen bekriegt euch seit jeher. Die Natur badet es aus."

Er fröstelte. Ein Wildschwein lief arglos durch ihn hindurch. Die

Hirschkuh trat an ihn ran. Arthur hob seine Hand. Als er sie berührte, löste sie sich in funkelnden Nebel auf. „Was kann ich tun?"

Parsleys Augen fixierten ihn. „Lausche dem Gesang des Windes, dem Flüstern des Waldes." Der Wächter erhob sich und flog davon.

Dem Wind und den Bäumen? Der Geisterbär, der eben noch genüsslich an Phantomfrüchten genascht hatte, brüllte, fixierte Arthur und rannte auf ihn zu.

Er riss seine Augen auf, drehte sich um, stolperte über die Zeltleine. Beim Aufprall schützte er seinen Kopf und Nacken. Der Bär raste durch ihn durch und verschmolz mit dem Geisterwald. Hyperventilierend blieb er auf dem Boden liegen.

Die Geister schnatterten, quietschen, brüllten und rannten wie wild durcheinander.

„Das ist ein Traum, ein Albtraum. Es gibt keine Geister." Er hielt sich die Ohren zu und zog seine Knie an seinen Bauch. Betend und zitternd schlief er in Embryostellung neben seinem Zelt ein.

Als die Sonne ihn weckte, sprang er auf, stopfte alles in seinen Rucksack. Er wollte nur weg von diesem gottverdammten Ort. Kopfschüttelnd verließ er schnellen Schrittes Moru. Als er auf der Anhöhe ankam, blickte er zum ersten Mal zurück. Er bekam ein schlechtes Gewissen.

„Ich bin Wissenschaftler, kein Geisterjäger", brüllte er in die Ebene.

Uhuu.

Arthur schrie auf. „Nein, kusch. Verschwinde." Er versuchte, die weiße Eule mit den Händen zu verjagen. Sie flatterte einmal kurz hoch und setzte sich wieder.

„Okay, sprich!"

Die Eule starrte ihn an.

„Was? Sprichst du nicht mehr? Ja, ich bin ein Mensch, aber das sind Geister! Wilde, verrückte Geister. Sie haben mich angegriffen." Arthur lief vor der Eule hin und her. Sie schwieg. „Lausche dem Wind?" Übertrieben richtete er sein Ohr in den Wind. „Nix. Bryologen sind nicht mutig. Sie lieben Mikrokosmen."

Uhuu.

Er ballte eine Faust.

Uhuu.

Er raufte sich die Haare und setzte sich. Die Eule flog zu ihm rüber.

Uhuu.

Still saßen sie vor der Einöde. Arthur erinnerte sich an die Nacht und wie unglaublich hoch die Bäume waren. Hier würde die nächsten hundert Jahre niemand herkommen. Wütend schulterte er seinen Rucksack. Blieb stehen und lauschte. Ein metallisches Klappern hallte durch die Berge, so leise, dass er es zuvor nicht wahrgenommen hatte.

„Das klingt nach Metall. Hier?"

Beim Herunterklettern versuchte er, dem Geräusch zu folgen. Die ganze Ebene suchte er ab. Stunde um Stunde. Als die Sonne unterging, erwachte der Wald. Die Tiergeister traten wie Nebelschwaden aus der Erde. Er hielt die Luft an. Die Hirschkuh schritt langsam auf ihn zu. Erst jetzt bemerkte er, dass sie ein Junges hatte.

„Oh, nein."

Sie blieb vor ihm stehen. Die anderen Geister traten an ihn heran. Ein Schauer lief ihm über den Rücken. Das beklemmende Gefühl, keinen Fluchtweg zu haben. Der Wind erhob sich, das metallische Klackern erklang wieder. Die Geister öffneten einen Pfad. Arthur folgte, bis er fand, wonach er suchte. Das Heck eines abgestürzten Bombers ragte aus einem stinkenden See hervor. Fässer mit dem Symbol eines Totenkopfes schwammen darin. Im Tümpel sah er lautlos und unheimlich fließend weißsilbrige Fische schwimmen. Alle tot. Parsley kreiste über ihnen. Die Hirschkuh schmiegte sich an ihr Kitz und watete in den See. Alle Tiergeister folgten ihr. Stumm, mit gesenkten Köpfen. Arthurs Augen wurden wässrig.

„Ich Dummkopf. Als ob das hundertvierundfünfzigste Hornmoos wichtig ist." Er wusste, was zu tun war. „Ich befreie den See davon und erlöse die Seelen des Waldes."

Jana Reuter, nahe Berlin geboren, liebte bereits als Jugendliche das Schreiben. Nach einer Pause für die berufliche Karriere, kehrte sie zu ihrer Leidenschaft zurück. Ihr erster Roman ist vollendet, der zweite im Entstehen. Ihre Geschichten öffnen Türen zu faszinierenden Welten.

Ein Abenteuer im Wald

Halloween stand wieder vor der Tür und darauf freuten sich die vier Freunde schon heute. Denn dann gab es nicht nur Süßes, sie durften auch länger aufbleiben und sich verkleiden.

„Ich habe eine Idee, was wir machen können", verkündete Dean. Er war der Älteste der Gruppe und so etwas wie ihr Anführer.

„Was willst du machen?" Neugierig sah Sam seinen Freund an.

Dieser grinste gönnerhaft und auch ein wenig überheblich. So war er eben und es war in Ordnung. „Na, wir fahren in den Wald. Dort gibt es doch das alte, heruntergekommene Herrenhaus, vor dem sich alle fürchten. Da will ich hin. Das ist dann sozusagen unser Vorabenteuer für Halloween."

Die anderen sahen ihn überrascht an. Die blonde Joanna, die alle nur Jo nannten, runzelte die Stirn. Das Herrenhaus kannte sie gut.

„Wir dürfen da nicht hin", mischt sich Charlie ein. Sie war zwar mutig, aber das Haus machte auch ihr Angst.

„Aber wenn Dean es doch vorschlägt", maulte Joanna.

Charlie streckte ihr die Zunge raus und warf Sam einen Blick zu. Dieser bohrte seinen Fuß in die Erde. Jetzt schien es an ihm zu entscheiden.

„Na los, Sammy, lass es uns machen."

Wie konnte Sam da Nein sagen? Also nickte er zustimmend. „Dann fahren wir zu dem Herrenhaus."

Damit war es beschlossen. Die beiden Mädels schienen weniger glücklich, aber sie würden mitkommen.

„Alles klar, dann treffen wir uns in einer halben Stunde auf dem Spielplatz hinter der Schule. Ich bringe die Taschenlampen mit", sagte Dean.

„Ich bringe uns etwas zu essen mit", fügte Jo hinzu.

Die Freunde verabschiedeten sich und gingen nach Hause.

Pünktlich trafen sie sich auf dem Spielplatz. Die Mädels trugen wetterfeste Sachen, während Dean nur seinen geliebten schwarzen Hoodie mit dem Totenkopfmotiv anhatte. An Charlies Fahrrad baumelte eine Tasche, in der eine Thermoskanne Tee befand. Dazu auch noch einige Packungen Kekse.

Dean konnte nur den Kopf schütteln. Das hier war doch kein Familienausflug. „Na, dann können wir ja los. Aufs gehts." Er klatschte in die Hände und warf Sam einen Blick zu. Dieser schwang sich auf sein Rad und dann fuhren sie auch schon los.

Den Weg in den Wald kannten sie alle. Sonderlich weit war es ja zum Glück nicht. Allerdings machte sich Charlie schon Sorgen. Sie und auch Joanna hatten ihren Eltern nichts über ihren Ausflug erzählt.

„Bist du dir sicher, Dean?" Unsicherheit schwang in Joannas Worten mit. Der ältere Junge verdrehte nur die Augen und bremste dann, um mit ihr auf einer Höhe zu sein.

„Ja, ich bin mir sicher. Das wird cool werden, versprochen." Aufmunternd zwinkerte er ihr zu. Joanna seufzte.

Der Weg war breit genug, dass sie nebeneinander herfahren konnten. Die Bäume waren mittlerweile kahl und die Äste bogen sich leicht im Wind. Sam umrundete einige Pfützen, bevor er scharf nach links abbog. Hier wurde er langsamer, als er das Herrenhaus am Ende des Schotterweges erblickte. Dieses lag dunkel und einsam zwischen den Bäumen. Schon von Weitem sahen sie den verwilderten Garten. Ein Teil der Mauer war eingestürzt. Das alte, schmiedeeiserne Tor stand offen. Darauf saß eine Eule und blickte zu ihnen.

Erschrocken zuckten Charlie zusammen und hielt ihr Rad an. In den Bäumen krächzte ein Rabe und sie blickte nach rechts. Der Ort war unheimlich und sie wünschte sich, nicht mitgekommen zu sein.

„Hab dich nicht so, Charlie. Warte nur ab, bis wir drinnen sind. Da wartet ein echtes Abenteuer auf uns. Vielleicht sehen wir auch einen Geist", verkündete Dean. Er fand es spannend hier.

Die Fensterläden klapperten gegen die Fenster, einige Scheiben waren sogar zerbrochen. Die offene Haustür quietschte gespenstisch im Wind, als sie ihre Fahrräder auf dem Rasen ablegten.

„Was passiert, wenn uns jemand erwischt?", wollte Joanna ängstlich wissen.

Aber Dean winkte ab. „Wer soll denn hierherkommen? Hier gibt es nur Geister und Dämonen. Sie werden dich holen", lachte der ältere Junge.

„Sei nicht so gemein", knurrte Sam und stieß seinem Bruder in die

Seite. Dieser warf Sam einen wütenden Blick zu und zuckte dann die Schultern.

„Gehen wir jetzt rein, oder seid ihr alle Angsthasen?"

Damit hatte er die anderen. Beleidigt kniff Charlie die Augen zusammen. Ihre Freundin stampfte mit den Füßen auf und ging dann auf die Haustür zu. Die schwere Eichentür stand bis hinten offen und schaukelte leicht im Wind. Joanna straffte sich und folgte den anderen ins Haus.

Auf dem Boden lagen trockene Blätter und Unrat verstreut. Charlie verzog angewidert das Gesicht und schaltete ihre Taschenlampe ein. Der Strahl erzeugte ein diffuses Licht, während die vier Freunde vorsichtig weiterschlichen.

„Ob es hier wohl Monster gibt?" Sam warf seinem Freund einen Blick zu und dieser zuckte gelassen die Schultern.

„Wenn, dann vielleicht Spinnen oder einen Geist", antwortete Dean gut gelaunt.

„Ich will keine Geister sehen", murrte Joanna. Der Lichtstrahl ihrer Taschenlampe huschte über den Boden, als sie den Flur bis zum großen Saal hinabgingen. Dean konnte sich gerade noch ein „Babys" verkneifen. Vor einem Geist hatte er keine Angst, dennoch fröstelte es ihn und er ignorierte das pfeifende Geräusch.

Der Saal war leer – bis auf einige kaputte Möbel und Laub. Die Fenster waren vernagelt und es roch muffig. Dean schwenkte nach rechts. Hier sollte es doch eine Bibliothek geben. Die Türen fehlten, als er in den Raum trat. Der Lichtstrahl seiner Taschenlampe huschte über den Boden und blieb an etwas hängen. Deans Herz machte einen Satz, er blinzelte. Auf dem Boden lag ein Tuch mit einem Pentagramm darauf. Ringsherum standen mehrere Kerzen. In der Mitte des Tuches befand sich eine Schale, aus der es noch leicht qualmte.

„Was ist das?", piepste Charlie. Sie klammerte sich an Sam, der ebenfalls etwas verstört wirkte.

„Das sieht aus wie Zauberei." Langsam ging Dean näher herab und beugte sich nach unten. Aus der Schale stieg der Duft von Kräutern auf.

„Geh nicht zu nah ran, Dean", bat Joanna.

Aber Dean hörte nicht darauf. Neugierig studierte er die Schale und das Tuch. Gerade als er Sam etwas zeigen wollte, ertönte ein Wehklagen. Das Geräusch war leise und schien von einem Regal zu kommen. Mit klopfenden Herzen sah sich Dean um – aber da war nichts. Plötzlich wurde es kalt und Joanna gab einen spitzen Schrei von sich. Etwas Dunkles huschte über den Boden und strich an ihrem Bein vorbei. Joanna schrie erneut auf und rannte zur Tür der Bibliothek. Aus dem Wehklagen wurde ein Lachen, welches über sie hinweg schallte.

Charlie rieb sich über den Arm und hätte fast ihre Taschenlampe fallen lassen. „Ich will hier raus", kreischte sie.

Wieder ertönte das Lachen und Deans Taschenlampenstrahl hüpfte auf und ab. Panisch sah er sich um, erkannte aber immer noch nichts.

„Dean, ich will nach Hause", bettelte nun auch Sam.

Der Ältere machte einen Schritt, zuckte dann zurück, als eine Stimme sagte: „Verschwindet." Ein gehässiges Lachen ließ ihn einen Satz machen. Schreiend rannte er mit Sam und den Mädels aus dem Haus. Hastig zogen sie ihre Fahrräder aus der Hecke und verließen das Gelände, ohne sich umzusehen. Die einsame Eule sah ihnen mit großen Augen nach, bevor sie sich schüttelte.

„Was für ein Spaß. Das ist doch mal ein Erfolg gewesen", rief Mary. Sie klatschte sich mit John ab. Das Video würde ein voller Erfolg werden.

„Die Knipse hatten echt Panik. Buh, ich bin der Geist und hole dich", lachte John und hob die Arme. Seine Freundin kicherte immer noch.

Keiner der beiden sah den dunklen Schatten in der Ecke, welcher sie im Blick hatte. Er würde den Menschen schon noch das Fürchten lehren.

Doreen Pitzler *wurde 1986 in Sachsen-Anhalt geboren, wo sie auch aufgewachsen ist. Schon früh entwickelte sie eine Vorliebe für gute Geschichten und inspirierende Welten. Zu Schulzeiten verband sie diese Vorliebe mit ihrer eigenen blühenden Fantasie und begann mit den Schreiben eigener Geschichten. Heutzutage ist das Schreiben ein willkommener Ausgleich zu ihrer Bürotätigkeit.*

Sie sind wütend

Wir lebten damals in einem kleinen Ort im Taunus zur Miete in der Mansardenwohnung eines Drei-Familien-Hauses. Ich war seit Kurzem als Busfahrer angestellt, meine Frau putzte in einer Arztpraxis. Meine restliche Familie lebte verstreut in Deutschland, seit wir als Russlanddeutsche aus Kasachstan übergesiedelt waren. Regelmäßigen Kontakt hatte ich damals nur zu meinem älteren Bruder Waldemar, den es mit meinen greisen Eltern nach München verschlagen hatte.

Zu jenem Zeitpunkt war mein Vater schwer erkrankt. Die Ärzte gaben wenig Hoffnung auf Genesung und wir rechneten jeden Tag mit dem Schlimmsten. Am Abend hatte ich noch lange mit Waldemar telefoniert. Ich wollte nach München kommen, doch mein Bruder meinte, wir sollten die Entwicklung abwarten, zumal es nicht gut wäre, wenn ich schon jetzt bei meiner neuen Arbeitsstelle um freie Tage bitten würde. Waldemar versprach, in jedem Fall sofort anzurufen, wenn sich die Situation ändern würde.

Ich ging zeitig zu Bett, da ich früh am Morgen einen Schulbus zu fahren hatte, und meine Frau schloss sich an. Aber die Sorge um meinen Vater trieb mich um, sodass ich lange wach lag. Irgendwann musste ich dann doch eingeschlafen sein, denn ich erwachte von einem fürchterlichen Getöse auf dem Dach. Auch meine Frau neben mir war sofort hellwach. Wir schauten uns an – wie gelähmt vor Schreck. Der Radau war unerträglich. Das ganze Haus erbebte und wir erwarteten, dass jeden Moment ein abgestürztes Flugzeug oder ein Hubschrauber durch die Decke brechen würde.

Stattdessen trat mit einem Mal eine völlige Stille ein. Lange harrten wir aus, lauschten immer wieder auf irgendwelche Geräusche, doch es blieb ruhig.

Irgendwann hörten wir dann Rufe auf der Straße unten. Wir nahmen an, das seien Nachbarn, die, von dem Lärm alarmiert aus ihren Häusern gekommen waren, um nachzuschauen, was passiert war. Als wir uns aber endlich aus unserer Starre gelöst hatten und ans Fenster

traten, war da niemand. Nach wie vor aber hörten wir eine Stimme –
und jetzt verstanden wir, dass es übles Geschimpfe war.

„Ihr Schweine", rief diese Stimme. „Ihr verdammten Schweine!
Lasst mich rein! Lasst mich endlich rein!" Immer wieder.

Wir dachten an einen betrunkenen Nachtschwärmer, der vielleicht
seinen Hausschlüssel verloren hatte, und zogen uns vom Fenster zurück. Der Schreck über den Krach, der uns geweckt hatte, steckte
uns noch immer in den Gliedern.

Da polterte es plötzlich an unserer Wohnungstür. Jemand hämmerte dagegen und schrie: „Lasst mich rein, ihr Schweine! Verfluch-
tes Pack, lasst mich rein!" Die Stimme überschlug sich fast und klang
so hasserfüllt, dass meine Frau sich ängstlich an mich klammerte und
mich beschwor, auf keinen Fall zu öffnen. Zitternd hielt ich sie im
Arm, während ich das Telefon ergriff und den Notruf wählte. Die
Leitung war tot. Ich versuchte es wieder und wieder, während die
Tür von weiteren Schlägen und Tritten erschüttert wurde, begleitet
von immer wüsteren Beschimpfungen und Drohungen.

Nach einer gefühlten Ewigkeit, in der wir darum beteten, dass endlich die Polizei anrücken würde oder Nachbarn uns zu Hilfe kämen,
endete der Angriff auf unsere Tür so unvermittelt, wie er begonnen
hatte. Der Verrückte da draußen musste wohl aufgegeben haben.

In dieser Nacht machten wir kein Auge mehr zu. Als es draußen
hell wurde, trat ich vorsichtig in den Flur. Die Tür war unversehrt
und auch sonst fanden sich keinerlei Spuren von dem nächtlichen
Zwischenfall. Ich fühlte mich wie gerädert, absolvierte aber trotz
der Bedenken meiner Frau den Fahrdienst und war froh, nach der
Schulbuslinie eine längere Pause zu haben. Ich nutzte sie, um unsere
Hausärztin aufzusuchen, da ich meine innere Unruhe kaum noch zu
kontrollieren wusste und Angst davor hatte, mich nachmittags wieder ans Steuer zu setzen. Sie bemerkte sofort, dass mich etwas stark
beschäftigte und fragte, ob zu Hause alles in Ordnung sei. Ich war
so angespannt, dass ich nicht an mich halten konnte. Unter Tränen
erzählte ich ihr von den Ereignissen der Nacht.

Sie zog sich einen Stuhl heran und setzte sich mir gegenüber. Be-
dächtig legte sie ihre Hände auf meine Knie und schaute mir mit-
fühlend in die Augen. „Sie haben alles richtig gemacht", sagte sie zu
meinem Erstaunen und nickte bestätigend dabei. „Man darf nicht
auf sie hören, wenn sie rufen."

Damit verabschiedete sie mich. Ratlos, mit einer Krankmeldung und einem Rezept für ein leichtes Beruhigungsmittel in der Tasche, ging ich nach Hause. Im Hausflur traf ich Frau Lenz, unsere greise Nachbarin vom ersten Stock. Ich fragte sie, ob sie etwas über die Vorfälle in der Nacht wisse.

„Nein", antwortete sie. „Ich habe nichts gehört. Und mein Mann gewiss auch nicht. Er hat einen leichten Schlaf, und wenn es heute Nacht Randale gegeben hätte, hätte er es beim Frühstück sicher erwähnt. Aber was soll denn überhaupt gewesen sein?"

Ich schilderte ihr alles, den Lärm auf dem Dach, das unflätige Geschrei, das Toben vor unserer Wohnungstür.

Fassungslos schüttelte sie den Kopf. „Dass es so etwas noch gibt", sagte sie und nahm tröstend meine Hand. „Aber Sie haben alles richtig gemacht. Man darf nicht aufmachen, wenn sie rufen. Man darf sie auf keinen Fall hereinlassen." Damit wandte sie sich ab und ging zu ihrem Briefkasten.

Ich stieg die Treppe hoch zu unserer Wohnung. Kaum hatte ich aufgeschlossen, hörte ich auch schon das Telefon läuten. Es war Waldemar. Er hatte den ganzen Morgen versucht, mich zu erreichen. Der Vater war in der Nacht gestorben. Er hatte gelitten bis zum Schluss.

Helmut Blepp: geboren 1959 in Mannheim, selbstständiger Trainer & Berater (Arbeitsrecht); lebt in Lampertheim; vier Lyrikbände, zahlreiche Veröffentlichungen in Anthologien und Zeitschriften; Mitglied Gesellschaft für zeitgenössische Lyrik e. V., Joachim Ringelnatz-Verein e. V., Gruppe 48 e. V..

Wie aus vielen Albträumen

Die Drude kommt in tiefer Nacht an Betten.
Kein Schlafender soll sich vor Mahren retten.

Das Untier, das so grässliche und wilde,
führt sicherlich gar Übles nur im Schilde.

Der Höllenhund gar schaurig heult und bellt,
will Menschen zerren in die Unterwelt.

Das Ungeheuer Gift und Galle speit,
erschreckt mit grauenhafter Hässlichkeit.

Die Riesenspinne kommt auf haar'gen Beinen,
um Schrecken einzujagen nicht nur Kleinen.

Der böse Riesenaffe tobt und brüllt,
will seh'n die kleinen Menschen angsterfüllt.

Der Drache faucht und zischt, sich wild gebärdet.
Den Schrecken eures Lebens spür'n ihr werdet.

Der Wassermann zu sich ins Nass will zieh'n.
Die Kinder gruseln sich und fürchten ihn.

Wird der Klabautermann an Bord erblickt,
sogar verwegenster Pirat erschrickt.

Der Troll es liebt, perfiden Spaß zu haben,
will an der Furcht der Menschen stets sich laben.

Der Gnom, gekommen einem zu Gesicht,
erschreckt als hässlicher und böser Wicht.

Die Puppe dreht den Kopf mit fiesem Grienen,
ergötzt sich an vor Schreck erstarrten Mienen.

Die Vogelscheuche lebt, verlässt das Feld
und in so manchem Albtraum Einzug hält.

Seid, Leute, auf der Hut vorm Menschenfresser!
Er kommt und hat dabei oft Beil und Messer.

Der Henker mit dem blutbefleckten Beil
lässt hoffentlich Erschrock'ner Hälse heil.

Gespenstisch wandelnder geköpfter Mann
schlägt ihn Erblickende in grausen Bann.

Die Weiße Frau erscheint und ist kein Trug,
verschwindet jäh als schauerlicher Spuk.

Der Wiedergänger wandelt noch auf Erden
und will den Lebenden zum Horror werden.

Der Mensch, der sich gewandelt zum Insekt,
sorgt für Entsetzen und zutiefst erschreckt.

Des Außerirdischen gar fremd' Gestalt
entsetzt die Erdlinge mit Schreckgewalt.

Der Poltergeist lässt Sinne nicht sich täuschen,
durchfährt's Gemüt mit Lauten und Geräuschen.

Wolfgang Rödig *lebt in Mitterfels. Er hat bislang mehr als 800 belletristische Kurztexte in Anthologien, Literaturzeitschriften, Tageszeitungen, Magazinen und Kalendern sowie den Gedichtband „Punkt – Nach Komma, Strich und Faden" veröffentlicht.*

Colonia – Im Bann der Hexe

Mit Unbehagen blieb Elena stehen und betrachtete die gigantische Ruine, die über die idyllische Bucht ragte. Ihre Mauern waren rissig, der Verputz großflächig abgebröckelt, die Fenster scheibenlos. Die Colonia war einst ein Erholungsheim, welches in den Fünfzigerjahren von einem Bergbauunternehmen für die Kinder der Minenarbeiter erbaut worden war.

„Es heißt, dieser Ort sei verflucht, schon lange, bevor die Colonia errichtet wurde", erklärte Enzo. „Hier soll eine Hexe gelebt haben, die mit dem Teufel im Bunde war. Als vermehrt Kinder verschwanden, machte man sie dafür verantwortlich. Sie benötigte die Kinder für ihre dunkle Magie. Die Hexe wurde erhängt, doch zuvor verfluchte sie die Anwesenden und schwor Rache. Sie würde weitere Seelen sammeln und sobald sie stark genug sein würde, würde sie wiederkommen, um sich an den Nachkommen der Verantwortlichen zu rächen. Ach ja: Angeblich soll sich ihr Körper in Nebel aufgelöst haben, als sie starb. Gruselig, oder?"

„Dann war sie wohl auch für das Verschwinden der Kinder der Colonia verantwortlich", meinte Enzos Freundin Sara. „Eines Nachts zog plötzlich Nebel inmitten des Schlafraums der Kinder auf und eine schattenhafte Gestalt erschien. Danach waren einige Kinder spurlos verschwunden."

„So ein Unfug!", widersprach Elenas Bruder Milo. „Die verschwundenen Kinder fielen der starken Meeresströmung zum Opfer, als sie unerlaubt badeten. Danach wurde das Erholungsheim geschlossen und das Gebäude steht seitdem leer. Sonderbare Unfälle gab es allerdings schon während des Baus. Ein Arbeiter verunglückte tödlich und zwei Kinder fielen beim Spielen in einen Schacht. Der Sohn des Bauleiters entdeckte sie und konnte sie retten, doch kurze Zeit später verschwand er spurlos."

Sie hatten einen verrosteten Maschenzaun erreicht und Enzo betrachtete fasziniert das imposante Gebäude. „Das sehen wir uns von innen an, kommt!", forderte er die anderen auf.

Doch da mischte sich Milo ein: „Elena bleibt hier. Das ist viel zu gefährlich!" Er richtete sich an seine Schwester: „Wir sind bald wieder da, versprochen."

Elena schaute den drei Älteren hinterher, als sie plötzlich jemand an der Schulter packte. Erschrocken wirbelte sie herum.

„Hey, was tust du hier? Hier ist es gefährlich!" Ein schwarzhaariger Junge mit blassem Gesicht musterte sie forschend. „Wie heißt du?"

„Elena, und wer bist du?"

„Salvatore. Ich habe die Aufgabe, hier nach dem Rechten zu sehen. Dieser Ort hat seine eigene dunkle Macht und ..." Ein lautes Krachen unterbrach Salvatore, der wie Elena auf die Ruine blickte.

„Was war das?", fragte das Mädchen besorgt. „Hoffentlich ist Milo und den anderen nichts zugestoßen!"

Alarmiert blickte der Junge sie an. „Es befindet sich jemand im Gebäude?"

Elena nickte. „Mein Bruder Milo, Enzo und Sara. Ich muss zu ihnen!"

Der Junge zögerte, dann aber nickte er: „Ich begleite dich."

So betraten sie die heruntergekommene Ruine. Die Stimmung kippte rasch, je weiter sie ins Innere drangen. Ihre Schritte hallten hohl im Gebäude wider und die Atmosphäre verfinsterte sich, je weiter sie liefen. Elena lauschte. Hatte da jemand ihren Namen geflüstert? Sie betrachtete die Wände, die mit düsteren, unleserlichen Schriftzügen versehen waren. Das Wort *Rache* in blutroter Schrift aber war deutlich erkennbar und wiederholte sich fortwährend. Elena erstarrte, als ein großer Schatten an der Wand erschien.

„Was ist das?", flüsterte sie, doch da war der Schatten bereits wieder verschwunden. „Da war etwas", erklärte sie auf Salvatores fragenden Blick.

„Komm, gehen wir weiter", meinte der Junge beunruhigt.

Als sie die Treppen erreichten, die zu den oberen Stockwerken führten, erklärte er: „Warte hier, ich schaue kurz oben nach."

„Sollten wir nicht zusammenbleiben?", meinte Elena besorgt.

„Ich bin gleich zurück", versicherte Salvatore.

Kaum, dass er gegangen war, wurde Elena plötzlich in Nebel gehüllt. Eine unsichtbare Macht erfasste sie und legte sich wie eine eiserne Faust um ihre Kehle.

„Elena!" Mit einem Ruck wurde sie aus den Klauen dieser düsteren Macht gerissen. Der Nebel verschwand und sie erkannte Salvatore, der sie besorgt betrachtete.

„Da war plötzlich dieser Nebel", erklärte sie. „Etwas hat meinen Hals zugeschnürt. Das war die Hexe, oder?"

„Du weißt von ihr?", fragte Salvatore.

Elena nickte. „Kurz bevor sie starb, schwor sie Rache. Und sie sammelt Seelen, damit sie zurückkommen kann."

„Noch ist ihr dunkles Wesen an diesen Ort gebunden. Doch sobald sie genug Seelen Unschuldiger verspeist hat, wird sie auferstehen, um die Nachkommen jener aufsuchen, die für ihren Tod verantwortlich waren", erklärte Salvatore.

Beide zuckten zusammen, als es plötzlich laut polterte. Einen Moment später kamen drei Gestalten angerannt.

„Milo!", rief Elena erleichtert.

„Elena?", fragte dieser verwundert. „Was tust du hier?"

„Ich war besorgt um euch. Salvatore hat mich begleitet."

„Wer?" Enzo schaute sich um.

Elena tat es ihm nach, aber der Junge war verschwunden. „Er war doch eben noch ...“

Milo unterbrach sie. „Wir müssen hier raus. Ein Teil der Decke ist eingestürzt. Wir suchen den Ausgang, doch anscheinend laufen wir im Kreis. Es ist wie verhext!“ Kaum hatte Milo diesen Satz ausgesprochen, wurden die vier von dichtem Nebel umhüllt.

„Das ist die Hexe!“, rief Sara panisch. „Sie kommt uns holen!“

„Sei nicht albern“, zischte Enzo. „Das ist nur Nebel. Sehen wir zu, dass wir den Ausgang finden.“

Dicht beisammen liefen sie los. Der Nebel verdichtete sich und Elena konnte kaum noch etwas sehen, weshalb sie froh war, die Hand ihres Bruders zu halten.

Plötzlich jedoch wurde sie abermals fest an der Kehle gepackt und ihr entglitt Milos Hand. Erneut wurde ihr schwarz vor Augen, doch da legte sich eine Hand um ihr Handgelenk und der eiserne Griff wich schlagartig von ihr. Auch der Nebel verzog sich, sodass sie die Gestalt vor ihr erkannte.

„Salvatore?“, fragte Elena erstaunt. „Wo warst du, wo sind die anderen?“

„Sie sind draußen. Die Hexe will dich!“

„Mich?“ Elenas Stimme bebte.

„Keine Sorge, das werde ich nicht zulassen. Schließ jetzt deine Augen und vertraue mir. Ich bringe dich hier raus.“ Dann drückte ihr der Junge einen vergilbten Zettel in die Hand. „Lies das später, dann wirst du verstehen.“

Mit diesen Worten packte er Elenas Hand und lief los. Elena bemerkte, dass etwas dicht hinter ihr war. Sie roch kalten, fauligen Atem und hörte die zischende Stimme, die lockend nach ihr rief. Kurz blinzelte sie und erspähte die leeren Augen einer schattenhaften Gestalt, welche versuchte, nach ihr zu greifen. Elena spürte, wie beißende Kälte sie umgab, doch obgleich Salvatores Hand ebenfalls kalt war, so schien sie dennoch Wärme abzusondern, die sich schützend um sie legte. Und dann spürte Elena das Sonnenlicht und öffnete die Augen.

„Elena!“ Erleichtert nahm Milo seine Schwester in die Arme.

„Mir geht es gut“, versicherte Elena. „Salvatore hat mir geholfen.“ Suchend blickte sie sich um, doch erneut war der Junge verschwunden.

Dann fiel ihr der Zettel ein, den sie immer noch fest in ihrer Hand hielt. Erst jetzt erkannte sie, dass es sich um einen alten Zeitungsausschnitt handelte. Neugierig faltete sie ihn auseinander und las.

Salvatore Concas wird immer noch vermisst. Kurz nachdem er zwei Kinder rettete, die während des Baus der Colonia in einen Schacht stürzten, verschwand der Sohn des Bauleiters spurlos.

Ein Blick auf das Foto unterhalb des Artikels genügte, um Salvatore zu erkennen. Elena verstand: „Er meinte, er würde hier nach dem Rechten sehen. Er ist nun der gute Geist dieses Ortes und hat mich beschützt."

__Pamela Murtas,__ 1975 in Frankfurt-Höchst geboren, lebte seit ihrem zehnten Lebensjahr in Italien, wo sie an der Deutschen Schule Mailand ihr Abitur absolvierte. Nach drei Jahren Moskauaufenthalt kehrte sie nach Italien zurück, um in Rom professionellen Reitsport zu betreiben. Seit 2007 wohnt sie erneut in Deutschland. Neben ihrem vierteiligen Abenteuerroman „Destini" hat sie in verschiedenen Anthologien veröffentlicht.

Das Geisterfest

Frauke und Egon sind zwei sehr alte Gespenster. Sie leben in einer alten Ruine in Schottland. Normalerweise fristen sie ihr Dasein damit, Menschen zu erschrecken. Bis jetzt haben sie jeden dazu gebracht, schreiend davonzurennen.

Doch heute ist eine besondere Nacht. Wie jedes Jahr treffen sie sich zum Geisterfest, um mit ihren Erfolgen zu prahlen und sich neue Inspirationen zu holen, wie man Menschen Angst einjagen kann.

Während Frauke ihre Geisterlocken noch mal zurechtrückt, ist Egon dabei, seinen Schnurrbart gerade zu zupfen. Die Turmuhr des Dorfes schlägt elf Uhr.

„So langsam sollten wir uns auf den Weg machen“, meint Frauke näselnd.

„Jap.“

Nach einer kurzen Runde über die alte Burg fliegen sie hoch und kommen ins Geisterloch, das zum Geisterreich führt. Dort halten sie sich links. Die neuen Geister schweben ruhelos hin und hier. Frauke und Egon wissen, dass es so ist, weil ihr Inneres noch nicht verstanden hat, dass sie nicht mehr leben.

„Lang ist es her“, meint Frauke zu Erich.

„Jap.“

Wenn man die beiden so hört und sieht, kann man fast glauben, sie wären in ihrem ersten Leben zusammen gewesen. Aber Egon und Frauke sind nur zur gleichen Zeit gestorben. Als sie sich fürs Erschrecken gemeldet haben, wurden sie derselben Ruine zugeteilt. Geister, die ohne Wut in sich erscheinen, können sich auf der gesamten Welt bewegen. So treiben sie gemeinsam ihren Schabernack schon seit Jahrhunderten, was die beiden Geister zusammengeschweißt hat.

Sie kommen ans Geiserportal, das sie zum Geisterfest führt. Es ist ein altes Schloss in Deutschland, was schon seit Jahrhunderten Besitzer hat, die sich nie haben blicken lassen. Es steht leer und verlassen auf einem zugewucherten großen Grundstück. Wenn sich Frauke richtig erinnert, hat ein König diesen Palast für seine Königin gebaut, die kurz danach verstarb. Der König wollte danach das Schloss nicht mehr betreten, weil es ihn schmerzte.

Sicher ist sich Frauke aber nicht. Doch als sie auf das Gelände zufliegen, ist die Wiese darum sauber gemäht. Auch andere Geister schweben verwirrt am Zaun entlang. „Was ist hier los?", fragt Frauke einen davon.

„Ein Mensch, nein, nicht einer, sondern Hunderte. Sie tanzen zu Musik", japste der angesprochene Geist.

Frauke blickt verwundert zum Schloss. Nichts ist zu erkennen. Die Fenster sind dunkel, kein buntes Licht scheint irgendwo und es herrscht Totenstille, wie sie es kennt. „Bist du dir sicher?"

Wild nicken die Geister vor ihr.

„Egon!"

„Jap", sagt er nur und fliegt los.

„Wir regeln das!"

Freudenrufe begleiten sie, als sie zu einem der obersten Fenster fliegt. Stockwerk für Stockwerk durchsucht sie. Im Erdgeschoss will sie schon wieder zurück, als eine Tür aufgeht und ein torkelnder Mann herauskommt. Bis er die Tür schließt, schallt für Frauke unerträglicher Lärm aus dem Keller. War das etwa Musik?

Egon taucht neben ihr auf.

„Dann lass uns mal diese Menschen aus unserem Schloss jagen."

„Jap." Ein fieses Grinsen kommt über seine Lippen und er lässt sich durch die Decke niedersinken. Aber die Tür geht nicht auf, kein Mensch kommt schreiend hochgestürmt. Niemand, keine Seele, die sie weiterscheuchen kann. Verwundert streckt sie ihren Kopf durch den Fußboden. Egon kreist über ihnen, schneidet Grimassen, schwebt sogar durch sie hindurch, zieht an Kleidung und Haaren, aber die merken das nicht einmal.

Er blickt zu ihr – und das Gesicht, das er zeigt, kennt sie absolut nicht von ihm, vollkommene Verwirrung. Sie sieht umher und entdeckt Menschen mit Instrumenten auf einer Bühne. Sofort flitzt Frauke los, zerrt den Stecker der Lautsprecher, plustert sich auf und gibt das bedrohlichste Brüllen von sich, das sie kann. Nun stimmt Egon mit ein. Manche laufen wirklich, aber die meisten stehen da und rufen: „Macht die Musik wieder an!" Und: „Buh!"

Frauke und Egon verstehen die Welt nicht mehr. Plötzlich dröhnt dieser schreckliche Krach auch wieder aus den Boxen. Sie drehen sich um. Ein Mann steht vor ihnen und hat seine Arme vor der Brust verschränkt. „Leute, was soll der Mist?"

„Das ist unser Schloss für unser Geisterfest!", sagt Frauke voller Unverständnis, wie er reagiert.

„Jap", gibt Egon dazu.

„Also zuerst einmal, ich habe das Schloss gekauft, ergo gehört es mir. Zweitens ihr habt genug Platz oben! Somit können wir drittens auch nebeneinander her existieren."

Frauke schaut zu ihrem Partner, der so aussieht, als wenn er die Idee ganz gut fände. Sie blickt zu den anderen, die erneut tanzen. „Warum haben sie keine Angst?"

„Das Schloss ist bekannt für Spuk. Und mal abgesehen davon seid ihr heute nicht die Ersten, die versuchen, uns zu verjagen." Er grinst. „Aber eure Show war definitiv beeindruckender als die der anderen. Also: Gibt es die Möglichkeit, in diesem Schloss zusammen zu leben? Oder wie auch immer ihr euer Dasein betitelt?"

Egon flitzt nach oben.

„Wir fragen nach", sagt Frauke. Was anderes bleibt ihnen im Grunde ja auch nicht übrig. Diese Menschen sind zu verrückt, als dass man sie verjagen könnte.

Als Frauke zu den anderen Geistern kommt, starren sie Egon an.

„Egon sagt nur ne", meint eines von ihnen.

„Diese Menschen lassen sich nicht vertreiben, zumindest nicht alle. Aber der neue Besitzer sagt, wir dürfen oben im Schloss feiern", erklärt Frauke.

„Jap", kommt von Egon.

„Was für eine Schande der Geisterwelt", hören sie von hinten.

„Nun, uns bleiben zwei Möglichkeiten: Wir feiern mit ihnen oder wir suchen uns einen neuen Ort", redet Frauke weiter.

Einige fliegen hoch zum Geiserportal. Andere schweben zum Schloss. Egon grinst und rast Richtung Keller der Residenz. Was Frauke zum Lachen bringt, denn er liebt es laut. Schlussendlich tummeln sich Geister im ganzen Schloss – und manche sogar unter den Menschen.

Luna Day lebt mit ihrer Familie in Augsburg.

Zum Glück – das neue Haus

Ich wusste, dass etwas nicht stimmte. Vom ersten Moment an.

Das dachte ich mir jetzt, aber das konnte ich ja vor zwei Monaten noch nicht wissen. Aber zurück zum Anfang:

„Nico, komm schon", rief jemand von unten, während ich das letzte Mal die kahlen Wände meines Zimmers betrachtete. Unvorstellbar – zwölf Jahre lang war dies mein Zuhause gewesen, doch jetzt fing ein neues Kapitel an. Für den Job meines Vaters zogen wir in ein ländlich gelegenes Haus am Waldrand. Als ich noch mal unter mein Bett schaute, entdeckte ich meine rote Taschenlampe. Ich robbte unter mein Bett, ergriff sie und rannte dann nach unten.

Wir standen vor dem neuen Haus. Auch wenn es etwas runtergekommen aussah, war es nicht schlecht, sehr viel größer als unser altes. Aber als wir es betraten, spürte ich ein mulmiges Gefühl in meinem Bauch. Als wir zum Eingangsbereich kamen, sah ich überall Holz, knarrende Dielen und merkwürdige Vitrinen. Ich stutzte, als ich kein Knarren der Tür hörte, als mein Vater die gegenüberliegende Tür zu den Zimmern oben öffnete.

„Komisch, alles in diesem Haus knarrte und war uralt, nur diese Tür nicht."

Nachdem wir durch die Tür getreten waren, sah ich das Wohnzimmer. Groß, aber vollgestellt bis oben hin. Ich sah jede Menge Sitzmöglichkeiten: zerkratze Stühle, zerfetzte Sessel, Kissen auf der Erde und einen großen Tisch, der sich am Rand befand. Hier musste definitiv aufgeräumt werden. Wie im ganzen Haus, denn auch mein Zimmer befand sich in einem heruntergekommenen Zustand, aber ein Bett und Schrank standen schon drin. So fing ich an, meine Sachen einzuräumen.

Am Abend war ich müde und ging früh zu Bett. Samstagmorgen wachte ich auf und schlurfte verschlafen aus meinem Zimmer. Ich hielt inne, wo war meine Taschenlampe? Ich hatte sie direkt neben mein Bett gelegt, da war ich mir sehr sicher.

Stattdessen lag auf dem Boden ein Fetzen vom Sessel aus dem Wohnzimmer. Wie konnte das sein? Mir lief ein kalter Schauer über den Rücken.

„Was, wenn jemand in meinem Zimmer gewesen war, während ich geschlafen hatte. Soll ich es Mama und Papa erzählen? Aber vielleicht irre ich mich und halluziniere. Das wäre blöd ... und es ist ja nichts passiert", dachte ich mir.

Die Nächte darauf passierte nichts, aber ich fand nachts keine Ruhe und fühlte mich so beobachtet, dass ich kaum einschlafen konnte. Eine Woche später war ich überzeugt, dass ich mir das Ganze eingebildet hatte. Doch dann kam diese Nacht. Es war schon wieder eine Woche vergangen, es war wieder Sonntag und ich konnte wegen des hellen Mondes nicht schlafen, als ich schließlich ein Geräusch hörte. Ich schreckte auf und saß senkrecht im Bett und erstarrte. Was war das gewesen? Wer oder was war unten?

Ich hörte einige Sekunden lang knarrende Dielen, aber keine Tür öffnete oder schloss sich. Dies konnte nur eins bedeuten: Dieses Monster war auf dem Weg nach oben zu mir. Meine Eltern schliefen nämlich unten. Panik durchflutete mich.

Was war das?

Oder wer?

Ich griff in die Kommode neben meinem Bett und holte meine Socken heraus. Dann stand ich auf, ging geduckt zur Ecke meines Zimmers und schnappte mir einen Besen. Ich positionierte mich an der Tür, als die Schritte immer näher kamen. Ich erschauderte, ich hatte keine Chance, falls das Monster reinkommen und mich auffressen wollte.

Die Schritte stoppten, ich hielt den Atem an. Ein Geräusch der Türklinke verriet mir, dass ich mich nicht getäuscht hatte und das Monster wirklich zu mir wollte. Ich machte zwei leise, schnelle Schritte zurück und kroch unter den Schreibtisch, um wenigstens ein bisschen Schutz zu haben. Ich kauerte mich zusammen.

Die Tür schwenkte auf. Schwarze Hausschuhe betraten meinen Raum und kamen auf mich zu. Plötzlich stutzte ich und traute mich, meinen Blick zu heben.

„Nico, warum versteckst du dich da?", fragte mein Vater.

Ich atmete hörbar aus. Kein Monster in meinem Zimmer. „Puh. Ich dachte, du wärst ein Monster", antwortete ich.

Daraufhin sagte mein Vater verwundert: „Nico, ich wollte nur nach dir sehen. Wieso dachtest du, ich sei ein Monster?"

Ich erwiderte: „Meine Taschenlampe ist verschwunden und dafür lag ein Stoffsofafetzen da. Ich dachte, hier spukt es."

Papa erklärte: „Ich habe mir die Taschenlampe zum Renovieren ausgeliehen. Der Sofafetzen muss mir wohl aus der Tasche gefallen sein."

Ich war erleichtert: „Zum Glück."

Sina Erdelbrauk, 16 Jahre, wohnt in der Nähe von Dortmund und hat bis jetzt noch keine Geschichten geschrieben, die veröffentlicht wurden.

Der nächtliche Ausflug

Es war Nacht und man sah die Hand nicht vor Augen. Das Herz der kleinen Carlotta schlug wie wild. Sie bekam eine Gänsehaut und wollte am liebsten weglaufen. Aber Tristan war so neugierig und wollte unbedingt die alte Ruine erkunden. Dass es ausgerechnet Mitternacht sein musste, hatte er ihr vorher nicht gesagt. Sonst hätte sie nie zugestimmt. Denn im Dunkeln hatte sie Angst. Aber jetzt wollte sie keinen Rückzieher machen. Tristan sollte sie nicht für einen Feigling halten.

Wie im Nebel lag die alte Burg gespenstisch vor ihnen. Der Mond war von Wolken verdeckt. Manchmal blitzte er kurz auf, wenn eine Lücke in der Wolkendecke war. Das machte die Atmosphäre noch unheimlicher.

„Jetzt fehlen nur noch ein paar Fledermäuse, die um die Mauer fliegen", flüsterte Tristan. „Dann könnten wir auch in Transsilvanien auf dem Schloss von Vlad Dracula sein."

„Hör auf!", wimmerte Carlotta fast. „Es ist schon gruselig genug."

Er lachte leise. Aber sie hörte deutlich sein Zittern. Hatte Tristan auch Angst? Wahrscheinlich wollte er es nur nicht zugeben.

„Willst du wirklich da rein?", fragte sie und hoffte, dass er es sich anders überlegt hatte.

„Auf jeden Fall. Nachts soll es hier richtig aufregend sein. Und wir wollten doch ein Abenteuer erleben."

„Du wolltest ein Abenteuer erleben", verbesserte sie ihn. „Mir hätte es auch gereicht, wenn wir am Tag hierhergekommen wären und uns das angeschaut hätten."

„Angsthase."

„Bin ich nicht."

„Lass uns reingehen."

Langsam schlichen sie vorwärts. Warum sie leise waren, wussten sie nicht. Hier hörte sie sowieso niemand. Die Burg lag auf einem Hügel. Als sie den Zaun erreichten, der das Gelände umgab, half Tristan Carlotta mit einer Räuberleiter hinüber. Dann nahm er Anlauf, sprang auf das Gitter, zog sich hoch und kam auf der anderen Seite wieder hinunter.

Ihre Schritte wurden vom Waldboden verschluckt, sodass sie sich wie Gespenster vorkamen. Sie erreichten das Gemäuer und suchten den Eingang.

„Tagsüber sieht alles so anders aus", flüsterte Tristan.

„Das stimmt. Ich glaube, wir müssen da vorne rein."

Und so fanden sie den Zugang. Eine schwere Holztür, die einen Spalt offen stand, führte sie in das alte Gemäuer.

Carlotta rümpfte die Nase. „Es riecht modrig hier."

„Die Burg ist schon einige Jahrhunderte alt und die Feuchtigkeit hat sich in den Steinen festgesetzt", erklärte Tristan.

„Woher weißt du das?"

„Mein Papa hat es mir beim Abendessen erzählt, als ich ihn nach der Burg gefragt habe."

Es war still wie auf einem Friedhof. Nur ihre Schritte hallten dumpf auf dem Boden wider. Kälte kroch in Carlottas Kleidung, sie zog die Jacke fester um die Schultern.

Die beiden erkundeten die Räume, entdeckten aber nichts Interessantes.

„Wie haben die Menschen hier früher gelebt?", fragte Carlotta.

„Das ist eine gute Frage", antwortete Tristan. „Ich weiß nicht, ob ich damals gerne gelebt hätte."

„Warum nicht? Ist es nicht genau das, wovon so viele Jungs träumen? Einmal Ritter zu sein?"

„Ja, viele reden davon. Aber ich glaube, sie wissen nicht, wie gefährlich das Leben als Ritter damals war."

„Das stimmt."

Sie betraten einen kleinen Raum und Carlotta bekam sofort eine Gänsehaut. Hier war es noch viel kühler als im Rest der Burg und ein seltsamer Geruch lag in der Luft. Beide zuckten zurück. In der Ecke stand eine Truhe.

„Ist das ein Sarg?", stieß Carlotta erschrocken hervor.

„Ich glaube schon."

„Aber von wem?"

„Gute Frage."

Zwei Kerzen standen auf einer kleinen Bodenerhebung neben einer Art Kamin. Sie flackerten durch den Luftzug, der in dem ganzen

Gemäuer herrschte. „Was ist das?", fragte Carlotta ängstlich und sah sich im Raum um.

„Das, mein liebes Kind, ist eine Kapelle", ertönte eine männliche Stimme aus dem Schatten der Wand. Sie trug eine Art Gewand mit einer Kapuze, die sie tief ins Gesicht gezogen hatte. Auch ihre Hände, die sie vor dem Körper verschränkt hielt, waren vom Stoff verschluckt. Die Gestalt erinnerte an einen Mönch.

Carlotta und Tristan traten unwillkürlich zwei Schritte zurück. Carlottas Herz klopfte so laut, dass es jeder im Raum hören musste.

„Wer ... wer sind Sie?", fragte Tristan mit zitternder, krächzender Stimme.

„Ich bin nur ein alter Mann, der diese Ruine bewacht. Sozusagen der gute Geist des Hauses."

„Und was machen Sie hier mitten in der Nacht?"

„Die Burg bewachen, junger Mann. Nicht jeder, der hierherkommt, führt Gutes im Schilde." Einen Moment lang schwieg er. „Ihr seid zwei neugierige Kinder auf der Suche nach einem Abenteuer. Doch ihr werdet nichts zerstören. Aber da ihr meinen Ruheplatz gefunden habt, möchte ich euch die Geschichte der Burg erzählen. Wenn ihr sie hören wollt."

„Oh ja", entfuhr es Carlotta, auch wenn sie Angst hatte. Aber sie liebte Geschichten.

In einiger Entfernung von dem Mann setzten sie sich auf den Steinboden. Der Unbekannte ließ sich auf den Vorsprung zwischen den Kerzen nieder. „Diese Burg wurde vor etwa siebenhundert Jahren als Kloster erbaut. Das Gelände hier war früher eine Insel, die der damalige Mönch Siegbertus von den Stadtvätern geschenkt bekommen hatte. Im Laufe der Zeit wurde auf dieser Insel die Burg errichtet. Sie erhielt eine starke Befestigungsmauer, wurde durch einen Erdwall, einen Graben und Palisaden geschützt. So war sie immer besser vor Feinden geschützt. Im Jahre 1688 kam es zu einem Bistumsstreit, in dessen Folge die Burg schwer beschädigt wurde. Sie wurde wieder aufgebaut. Weitere Kriege und Eroberungen folgten und die Mönche wurden aus dem ehemaligen Kloster vertrieben. Doch ein Mönch wollte sich damit nicht abfinden. Er bat den damaligen Herrscher, seine sterblichen Überreste in dieser Burg beisetzen zu dürfen. Da der Kaiser dem Mönch wohlgesonnen war, gewährte er ihm diesen Wunsch und so wurde er an seinem Todestag in dieser

Kapelle beigesetzt. Noch heute befinden sich seine sterblichen Überreste dort ..."

„Carlotta!", rief Tristans Stimme. „Carlotta, wach auf!"
Völlig verschlafen schlug sie die Augen auf. Vor ihr stand ihr bester Freund Tristan. Erst sah sie ihn fragend an, dann schaute sie sich um.
„Wo sind wir?", fragte sie und richtete sich auf. Ihr Körper schmerzte. Der Steinboden war sehr unbequem zum Schlafen.
„Noch in der Burg. Du erinnerst dich doch, dass wir heute Nacht hierhergekommen sind."
„Ja, das stimmt." Suchend sah sie sich um. „Wo ist der Mann?"
„Das habe ich mich auch gefragt. Die Truhe und die Kerzen sind noch da. Aber bei ihm ist es, als hätte es ihn nie gegeben."
Sie gingen zu der Truhe, die aus schwerem Metall zu sein schien. Sie war reich verziert. Ein kleines Messingschild war daran befestigt.

Hier ruht der Mönch Siegbertus. Ein treuer Diener unserer Burg.

Mit offenem Mund sahen sie sich an. Hatten sie heute Nacht mit einem Geist gesprochen?

Beccy Charlatan wurde 1982 in Wuppertal geboren und wuchs dort auf. Mittlerweile hat es sie mit ihrem Lebensgefährten etwas weiter an den Rhein verschlagen, ins schöne Düsseldorf. Schon von Kindesbeinen an schrieb sie gern, geht der Liebe zu den Buchstaben jedoch erst seit circa vier Jahren nach. Sie schreibt unter anderem im Bereich Fantasy. Im Juni 2021 sind die ersten drei Kurzgeschichten in einer Anthologie erschienen. Instagram: @beccycharlatan.

Eine Gruselgeschichte

„Pauline, Ben, Essen ist fertig!", hörte ich Omas Stimme in die zweite Etage des kleinen Schwedenhäuschens dringen. Ben sprang direkt neben mir von seinem Bett auf und polterte die Treppe hinunter. Ich folgte ihm, allerdings mit deutlich weniger Tempo und geringerer Lautstärke.

Oma hatte bereits den Tisch in ihrer gemütlichen Küche gedeckt und das Essen gekocht, das es immer am ersten Tag zu essen gab, wenn wir sie besuchten: Pfannkuchen. Ich ließ mich auf den Stuhl gegenüber vom Fenster fallen, nahm mir zwei Pfannkuchen und bestrich sie dick mit Nutella. Neben mir verdrückte Ben bereits seinen ersten.

„Es freut mich wirklich, dass ihr wieder hier seid", sagte Oma, bevor sie sich ihr erstes Stück in den Mund schob.

Da konnte ich ihr nur recht geben. Ben und ich freuten uns jeden Sommer bereits viele Wochen vor den Ferien, die letzten zwei Wochen bei unserer Oma verbringen zu können. Sie lebt in einem kleinen, typisch rot-weißen Schwedenhaus auf den Scheren vor Stockholm. Jedes Jahr sehen wir sie nur zwei oder drei Mal. Meistens kommt sie uns zu Weihnachten besuchen und Ben und ich kommen sie eben in den Sommerferien besuchen. Wenn sie zwischendurch noch Zeit findet, kommt sie auch manchmal spontan vorbei und bleibt dann bei uns für ein paar Wochen.

Ben und ich haben bereits unsere festen Abläufe, wenn wir Oma besuchen. Bereits seit sieben Jahren fahren wir immer mit dem gleichen Zug, um die gleiche Uhrzeit und müssen auch immer an den gleichen Stationen umsteigen. Auch bei Oma haben wir bereits Gewohnheiten, die wir jedes Jahr fortführen und die einfach dazugehören.

Wenn ich jetzt gerade aus dem Fenster gucke, wird mir aufs Neue bewusst, warum ich es hier so liebe! Der direkte Blick auf das Meer, der blaue Himmel, die vielen kleinen Inseln, die netten Menschen, die hier leben, und eine gewisse Ruhe, die immer herrscht, da nicht allzu viele Leute hier wohnen. Nur alle paar 30 Meter steht ein kleines Häuschen, wie Oma es auch besitzt. Doch es ist völlig ausreichend für eine Person, die einfach nur ihr Leben genießen möchte, nachdem sie über 50 Jahre in der Stadt gelebt hat.

Das erste Abendessen verlief sehr unterhaltsam. Natürlich hatten wir uns nach so einer langen Zeit viel zu erzählen. Ben und ich erzählten von der Schule, unseren Freunden und von unserem normalen Alltag. Oma brachte uns auf den neusten Stand, was alles so im Dorf passiert war und was sie in ihrem Haus und Garten verändert hatte. Jetzt im Sommer baut sie in ihrem kleinen Garten alles Mögliche an Gemüse und Obst an, um sich selbst zu versorgen.

Nach dem Abendessen räumten wir gemeinsam alles weg und verbrachten den restlichen Abend in Omas gemütlicher Stube beim Kartenspiel. Nach einiger Zeit bemerkte ich, wie ich langsam müde wurde, und auch Ben neben mir gähnte bereits die ganze Zeit und probierte, seine Augen offen zu halten. Wir spielten noch die Runde UNO zu Ende und kurz darauf verschwanden Ben und ich über die kleine Treppe nach oben und machten uns im Bad fertig. Die lange Reise hatte bei uns beiden schon Spuren hinterlassen.

Oma kam noch in unser Zimmer, um uns „Gute Nacht" zu wünschen, kurz darauf lagen Ben und ich bereits in unseren Betten.

Wieder kam mir alles in diesem Raum so bekannt und geborgen vor. Die Betten, die Bettwäsche und vor allem der typische Geruch von Omas Waschmittel erinnerten mich an die letzten Jahre, die wir hier verbracht hatten. Ich lag einfach nur da und schwenkte in Erinnerungen über die letzten Sommer.

Kurze Zeit später hörte ich Ben rechts von mir laut und entspannt atmen. Auch bei ihm merkte ich, wie ihm die Zeit hier guttut, dass er einfach mal aus seinem normalen Alltag abtauchen konnte. Ich allerdings konnte irgendwie nicht einschlafen. Also nahm ich mir mein Buch und wollte noch ein wenig lesen, da mich dies normalerweise immer runterbrachte und ich danach besser schlafen konnte.

Aber heute war es anders. Ich las bestimmt noch eine halbe Stunde, doch brachte es nichts. Schließlich gab ich auf, schaltete das Licht aus und probierte, so einzuschlafen. Überraschenderweise ging es auch relativ gut. Ich merkte langsam, wie meine Augen zufielen und alle Gedanken aus meinem Kopf verschwanden.

Plötzlich schreckte ich jedoch aus meinem Halbschlaf auf. Ich hörte irgendein merkwürdiges Kratzen, konnte dieses allerdings nicht zuordnen. Vielleicht lag es auch an meinem Körper, der noch nicht bereit war, wieder richtig zu funktionieren, nachdem er gerade abgeschaltet hatte.

Und da war es plötzlich wieder. Es musste von draußen kommen. Mit etwas Verunsicherung und Ängstlichkeit richtete ich mich zögernd zu dem kleinen Fenster oberhalb von mir auf. Ich musste wissen, was das war. Im fahlen Mondlicht erkannte ich aber nichts Ungewöhnliches. Da war der kleine Steinstreifen mit dem Zugang zum Meer, Omas kleiner Garten mit dem selbst angebauten Gemüse und der geschwungene Weg zu Omas Eingangstür. Alles schien normal, bis sich plötzlich in dem Schilf am Ufer etwas bewegte. So schien es mir zumindest.

Ich wusste nicht, ob ich meinen Augen und meinem Kopf trauen konnte, da ich bis vor zwei Minuten ja noch fast geschlafen hatte. Doch als ich noch mal einen größeren Schatten sah und sich kurz darauf fast das gesamte Schilf bewegte, wusste ich, dass mir mein Kopf nichts vorspielte. Mutig, aber gleichzeitig wirklich ängstlich fasste ich den Beschluss, nachzugucken, was genau da draußen vor sich ging. Mit dem Hintergedanken, dass sich dort draußen irgendetwas bewegte und merkwürdig kratzende Geräusche machte, konnte ich bestimmt nicht schlafen und erst recht nicht in den nächsten Tagen schwimmen gehen.

Also wühlte ich mich aus meinem Bett, zog mir einen Pulli über, den ich im fahlen Mondlicht fand, und griff schließlich nach meinem Handy. Leise probierte ich, die Tür zu öffnen, und schlich mich langsam die kratzende Treppe runter. Ich musste echt vorsichtig sein, denn sonst würden mich die zahlreichen knatschenden Dielen verraten. Und wenn Oma mich hier entdecken würde, wüsste ich nicht so genau, wie sie das finden würde. Endlich hatte ich die Tür erreicht.

Draußen wehte mir ein leichter Wind des Meers entgegen, doch eigentlich war es angenehm warm. Mein Blick wanderte direkt über den schmalen Steinabschnitt hinüber zu dem Schilf am Ufer, wo ich vorhin aus dem Fenster noch die merkwürdigen Schatten und das kratzende Geräusch wahrgenommen hatte. Doch jetzt schien alles ganz normal zu sein. Merkwürdig. Vorsichtig und immer noch mit jeder Menge Angst machte ich schließlich die ersten Schritte auf das Ufer zu. Bis jetzt bewegte sich immer noch nichts. Nur der leichte

Wind wehte durch meine Haare und brachte das Schilf etwas in Bewegung. Ich machte ein paar weitere Schritte auf die Stelle zu, an der ich vorhin noch den großen Schatten gesehen hatte. Mein Herz klopfte wie verrückt und ich merkte, wie sich mein Atem beschleunigte.

Als ich schließlich ungefähr zwei Meter von dem Schilf entfernt war, passierte es plötzlich. Es begann zu rascheln und das Schilf bewegte sich. Ich wich automatisch ein paar Schritte zurück. Doch dann sprang er mir auch schon entgegen. Ein riesiger, schwarzer Schatten. Ein schriller Schrei entwich mir unwillkürlich. Dieses riesige Etwas sprang aus dem Schilf und kam mit riesigen, sprungartigen Bewegungen auf mich zu. Wie angewurzelt blieb ich stehen.

Ich wollte mich bewegen, doch mein Körper wollte oder konnte nicht ...

Karlotta Beier ist 15 Jahre alt und wohnt in Unna. Bis jetzt hat sie noch keine Bücher oder generell Geschichten veröffentlicht. In ihrer Freizeit macht sie viel Sport – zum Beispiel Turnen und Akrobatik. Außerdem spielt sie Klavier und Klarinette.

Trauerweide

14. Dezember 1857 Falling Cross, Sussex, England

Es gibt Dinge, an die ich oft denken muss. Vergangenes. Mein Name ist George T. Hoag. Geboren wurde ich 1814 in London in einer Gegend, die man zu jener Zeit *Waterbridge* nannte und die man nach Einbruch der Dunkelheit besser mied. In den Seitenstraßen gab es Männer ohne Gesicht, die Namenlosen verbotene Dinge verkauften. Eine Fahrkarte ins Traumland oder ein Messer, welches wenig später blutverschmiert mit einem Zettel und einer Nummer versehen auf dem Schreibtisch einer Polizeistation lag.

Als ich acht Jahre alt war, erschoss mein Vater meine Mutter und beging danach Selbstmord. Ein vom Leben enttäuschter Mann, dem Alkohol verfallen und dem Wahnsinn nahe. Meine Tante in Oxford nahm mich bei sich auf. Sie war mir in ihren letzten Jahren eine strenge, aber gute Mutter. Das Dorf, in dem ich von da an meine Kindheit verbrachte, war durchzogen von den Strängen altirischer Kultur. Manche Wohnzimmerwand wurde geschmückt vom Bildnis von Rob Roys, dem wohl bekanntesten irischen Piraten, und es gab wohl kaum eine Seele, die nicht wusste, wie Westerglocken klangen.

Old Wester Vale hieß fortan mein Zuhause – und ich passte ebenso wenig in die Umgebung dieses friedlichen und sympathischen Dorfes wie ein Fuchs in einen Kaninchenbau.

Hierzu muss ich erwähnen, dass die mangelnde Erziehung, welche mir in Waterbridge zuteilgeworden war, mich in eben jenem Dorf rasch zum Außenseiter werden ließ. Die Weiber der Dorfältesten erwiderten keinen meiner doch ernst gemeinten Grüße, wussten sie doch, dass ich es war, der ihre hinter ihren Hütten zum Trocknen aufgehängten weißen Laken mit Dreck beworfen hatte und der die in ihrem Garten ausgestreute Saat bei einem Ritt auf einem Traumschimmel zertrampelt hatte.

Nun, es gab wahrlich genug Scherereien um meine noch ungeformte und vulgäre Person.

Erst als ich widerwillig eingeschult worden war, eröffnete sich mir ein Freundeskreis, welchem ich noch lange danach sehr verbunden war und dessen Glieder mir immer gute und treue Freunde waren.

Doch zu jener Zeit war ich bei den Kindern des Dorfes mehr als nur ein Fremder. Ich war eine Attraktion. Ein schon früh vom Leben geprüfter Junge, dessen Erfahrungen weit über die der Gleichaltrigen hinausgingen.

Peter Jesterfield, Mark Greenway, Robert O'Toole und Timothy Severin waren die Armee, welche von mir befehligt wurde. Wir nannten uns BLACKTREE, denn unser Hauptquartier war die pechschwarze Trauerweide am Rande der Malcolm – Felder, die seit Menschengedenken keine grünen Triebe mehr hervorgebracht hatte. Man sagte sich hinter vorgehaltener Hand, sie sei verhext. Die Weide sei einer der tausend Finger des Gehörnten, welche überall auf der Erdkugel aus dem Boden sprossen und Tod und Verderben gebärten. Sie war von gespenstischer Faszination und ich glaube, bis zum heutigen Tage noch nicht begriffen zu haben, welch bestialische Macht sie über mich hatte – oder immer noch hat.

Manchmal, wenn wir in ihrem alles verdunkelnden Schatten saßen und versuchten, uns mit einem kleinen Feuer der Kälte zu erwehren, die sie immer umgab, fühlte ich mich, als wäre ich nach einem langen Ritt auf meinem Traumschimmel wieder zu Hause eingekehrt, wo die Gesichtslosen mit den Namenlosen verbotene Geschäfte trieben.

Doch ich verliere den Faden. Ich komme besser möglichst schnell auf den Kern dieser Aufzeichnungen, denn die Zeit wartet nicht auf deren Beendigung.

Gregory Imp. Der unscheinbare verunsicherte Junge mit den Segelohren und den ewig durchlaufenen Schuhen.

Ich weiß nicht, wie es dazu kam, aber irgendwie verwickelte ich mich selbst in ein, wie ich es später nannte, Missgeschick, wobei ich einem beleibten, Sprüche klopfenden Jungen, der undies auch noch älter war als ich, einen Arm brach und zwei Zähne ausschlug, als dieser Gregory schikanierte. Greg.

Bis heute wünschte ich, damals nicht eingegriffen zu haben, denn nach diesem Vorfall wurde ich ihn nicht mehr los. Gleich wie oft ich ihn anschrie, gleich wie oft ich ihn verprügelte, er folgte mir wie ein treuer Hund, und wie mir schien – notfalls bis in den Tod.

Es ging so weit, dass er BLACKTREE beitreten wollte, nichts in der Welt konnte ihn davon abbringen. Peter, Mark, Timothy und Robert erhoben keinen Einspruch, waren sie doch wie er nur ziellose Soldaten, welche auf dem Schlachtfeld *Leben* nach ihrem Führer suchten. Ebenso naiv wie unvoreingenommen gegenüber Greg.

Mit einem Male sah ich einen Weg, meinen verhassten Lakaien loszuwerden. Um ein BLACKTREE-Soldat zu werden, musste man eine Mutprobe bestehen. Sie bestand darin, bei Nacht und Nebel in den klauenartigen Ausläufern der schwarzen Trauerweide zu verweilen.

Niemand wagte es mir gegenüber, sein Unbehagen zu zeigen, welches alle meine Kumpane verspürten, denn Greg sollte die Probe allein bestehen, ohne unser Beisein, welches in dazu gezwungen hätte, Mut zu zeigen, dessen war ich mir sicher. Sollte er doch in der Nacht mit durchnässten Hosen und weiberartigem Geschrei über die Malcolm-Felder in Richtung Dorf zurückgeeilt kommen, sodass er mich und meine Mannen in Zukunft meiden würde. So ließen wir ihn allein zurück, an jenem von den Dorfbewohnern und jetzt auch von mir verfluchtem Ort.

Ohne Schlaf wälzte ich mich in meiner Kammer auf dem Boden, krank vor Gewissensbissen, krank von der offensichtlichen Tatsache, selbst ein Namenloser geworden zu sein, und der lähmenden Gewissheit, die Weide kalt und gesichtslos geifern zu spüren. Lange bevor der Hahnenschrei durch Old Wester Vale schallte, hatte ich mich mit meinen Lumpen bekleidet und war auf dem Weg zu der Trauerweide auf meine Armee gestoßen, die anscheinend dasselbe Unbehagen gespürt hatte wie ich.

Gemeinsam liefen wir durch die Seitengassen, passierten den Dorfplatz und überquerten die Malcolm-Felder, an deren Ende die Weide thronte, dunkel und unheilvoll.

Man konnte kaum die Hand vor Augen sehen, denn der Nebel, der sich in amorphen Massen geräuschlos schleichend, einem Leichentuch gleich, über das Land legte, ließ uns erblinden. Bis zum Anbruch des nächsten Morgens suchten wir und stellten, nachdem der Nebel sich gelichtet hatte, fest, nur im Kreis gelaufen zu sein. In einem deformierten Oval um die Weide, als hätte sie versucht, uns zu halten oder Schlimmeres.

Gregory Imp war verschwunden. Am Fuße des verhassten Baumes

lag ein zerfetzter Schuh, der zweifellos Greg gehört hatte. Von Wut und Entsetzen gepackt, liefen wir dorfeinwärts zu unseren Häusern und bewaffneten uns. Greg war von den anderen akzeptiert worden, und wenn ich auch gegen ihn gewesen war, wir mussten ihn rächen. Ohne uns abgesprochen zu haben, erschienen wir alle fünf bei der Teufelsweide, jeder eine Axt oder ein Beil mit sich tragend.

Eine Weile schien es, als wären die Klänge der Natur verstummt, als hätte die gigantische Kugel, auf der wir leben, aufgehört sich zu drehen. Die Zeit schien still zu stehen, als es begann.

Ich schlug als Erster zu. Meine Axt traf auf verwittertes, steinhartes Holz, konnte jedoch eine tiefe Furche in den Stamm reißen, aus der sofort Harz quoll wie vergiftetes, geronnenes Blut.

Äste begannen, nach uns zu schlagen, und mir war, als hätte sich die Luft verändert. Es roch nach Untergang. Leise obskure Schreie drangen aus dem Erdreich gen Oberfläche, die aus mehreren Kehlen, jedoch nur aus einem Munde zu kommen schienen.

Ich war wie von Sinnen und bemerkte zuerst nicht einmal, dass ich auf einmal alleine vor der Weide stand und mit meiner Axt auf ihren Körper einschlug. Um mich herum wirbelte die Erde auf, wie von unsichtbarer Hand bewegt. Vögel fielen tot vom Himmel. Das Harz benetzte mich wie eine zweite Haut, als ein kräftiger Ast mich am Kopf traf.

Ich muss bewusstlos gewesen sein, denn als ich erwachte, standen alle Bürger und Bürgerinnen von Old Wester Vale um mich herum und redeten aufgeregt miteinander. Robert, Timothy, Peter und Mark waren ebenfalls bei mir, bandagiert und blau an Gesicht und Armen. Wo die Weide hätte stehen müssen, zeugte nur noch ein tiefes, grob geschlagenes Loch im Boden davon, dass hier einmal die Wurzeln und Triebe eines Baumes das Erdreich durchzogen hatten. Wir mussten unsere Tat nicht rechtfertigen, denn alle wussten, was geschehen war. Mit Ausnahme der Tatsache, dass wir Gregory Imp in den Tod hatten gehen lassen.

Ich will dieses Geheimnis nicht mit ins Grab nehmen, wie meine Armee es tat. Robert O'Toole verblich Januar 1854 an einem plötzlichen und sehr starken Nervenfieber.

Peter Jesterfield verschwand 1855 im Norgia-Forest bei Canterbury, ebenso wie Mark Greenway, der im Herbst vergangenen Jahres von einer Studienreise nach London nicht zurückkehrte.

Und Timothy Severin erlag im November 1856 einem Herzleiden, welches ebenso plötzlich auftrat wie jene pechschwarzen Weidentriebe im Vorgarten meines Landhauses.

__Alexander Klymchuk:__ Jahrgang 1979, lebt mit Familie in der Nähe von Bad Nauheim. Vater, Ehemann, Erzieher, Tischler, Musiker, Autor, Literaturpreisträger. Instagram: www.instagram.com/alexander_klymchuk_autor.

Nebelgeist –
eine Handvoll Fragen

Entlang der Hauptstraße rauchten die Schornsteine der Bauernhäuser. Nebel kroch um die Ecken. Er verschluckte den Kirchturm, bis aus der Ferne nur noch seine Glocken zu hören waren.

„Brr, ist das kalt." Alia zog die Ärmel ihrer Jacke über die Finger. Eilig trat sie in die Pedale. Sie musste vor ihren Eltern wieder zu Hause sein. Nie hätten sie ihr erlaubt, in dem verfallenen Haus nach dem Album zu suchen. Warum war es ihrer Großmutter so wichtig?

Wenn sie nach Hause kam, würde sie warm duschen, es sich mit Flipp, ihrer Ratte, und dem Album im Bett gemütlich machen. Morgen würde sie es zu ihrer Großmutter bringen und sie mit Fragen löchern. Sie liebte es, die alten Geschichten von früher zu hören. Sie summte Großmutters Lied: „Leuchte kleines Licht. Durch deinen Geist in Sturm und Dunkelheit den Weg uns weist."

Die Umrisse der Fachwerkhäuser verschwanden hinter dem kleinen Wäldchen, während sie weiter die alte Landstraße entlangfuhr. Vor dem Einsiedlerhaus am Friedhof stoppte Alia. Hatte sie am oberen Fenster menschliche Umrisse gesehen?

„Unsinn. Der alte Nachtgesell ist schon lange tot."

Shit. Die Eingangstür war vernagelt.

Wind riss die letzten Blätter der Bäume mit sich. Ein lautes Knarren ließ Alia aufschrecken. Die Stalltür war nur angelehnt. Sie schob die Tür auf und zwängte sich hinein.

Rabenschwarze Dunkelheit schlug ihr entgegen. Modrig stand die Luft in den alten Stallgemäuern.

Wo war ihr Handy? Hastig wischte sie über die Tastatur. Der Schein der Handytaschenlampe wanderte durch den Stall. Er blieb an ein paar leeren Futtertrögen hängen, glitt weiter zu einer rostigen Axt in einem abgenutzten Holzblock. Etwas tropfte von der Decke und landete in ihren Haaren. „Igitt!"

Plötzlich war es dunkel. „Nicht jetzt!" Alia und schüttelte ihr Handy. Alles An- und Ausschalten half nichts. Der Akku war leer und würde es bleiben.

Eisige Luft streifte ihren Nacken. Sie drehte sich um. Was war das? Langsam gewöhnten sich ihre Augen an die Dunkelheit. Die Tür zum Treppenhaus stand offen. Ein Lichtstrahl fiel auf die Treppe. Sollte sie umkehren? Sie schüttelte den Kopf. Es war die letzte Chance, das Album rauszuholen, bevor das Haus abgerissen wurde. Wenn es hier war, dann sicher nicht im Stall. Die Stufen knarrten bei jedem Schritt, den sie hinauf stieg.

Der Flur im ersten Stock wirkte wie aus einem alten Film. Vergilbte Blümchentapeten lösten sich von den Wänden. Durch ein Loch im Dach konnte sie die vorbeiziehenden Wolken sehen. Vor dem Spiegel mit dem gusseisernen Rahmen blieb sie stehen. Für einen Moment hatte sie das Gefühl, ihre Großmutter schaute ihr entgegen. Dichte Locken, hohe Stirn, grüne, ausdrucksstarke Augen, beinahe wie sie.

„Geister gibt es nur in Großmutters Geschichten", machte sie sich Mut, bevor sie weiterging. Wirklich sicher war sie sich da nicht mehr.

Die Tür neben dem Spiegel stand einen Spalt offen. Alias Blick wanderte durch den Raum. Mondlicht erhellte ihn schemenhaft. Der Wind spielte mit dem kaputten Fenster und ließ die zerschlissene Gardine tanzen. Ein metallenes Bettgestell stand verlassen in der hinteren Ecke. Als Alia näher kam, fiel ihr Blick auf ein rot glänzendes Büchlein unter dem Bett. Sie zögerte. Durch ein Loch in den morschen Dielen konnte sie nach unten in den Stall sehen.

Das rote Ding zog sie magisch an. War es das Album?

Auf Händen und Füßen glitt sie über die knarzenden Bohlen. Am Bett angekommen, griff sie nach dem Büchlein. *POESIE* stand auf der Vorderseite. Es war in der Mitte mit einem Leuchtturm verziert. Sie strich über die Wellen, die sich um den Leuchtturm erhoben. Als sie die Metallbügel der Buchschließe öffnete, fiel die Schlafzimmertür mit einem lauten Knall ins Schloss. Shit.

Sie las, was auf der ersten Seite stand. *Klara Großmann.* Der Name ihrer Großmutter. Bingo! Sorgfältig hatte ihn jemand in Schreibschrift und mit Verzierungen darauf geschrieben.

Ein markerschütterndes „Klara" durchdrang das ganze Haus. Das da draußen atmete hörbar schwer. Es klang überhaupt nicht menschlich. Alia schlug das Buch zu. Ihr Herz klopfte schneller. Mit dem Album kroch sie zurück zur Tür.

„Komm schon." Die morschen Dielen ächzten unter ihr. Nur noch ein kleines Stück. Puh. Geschafft. Mit schweißnassen Händen rüttelte sie an der rostigen Klinke. Keine Chance. Sie trommelte auf das Holz ein, warf sich mit aller Kraft dagegen. Die Tür gab keinen Millimeter nach.

„Ich sitze in der Falle." Sie ließ sich auf den Boden fallen. Abwechselnd wurde ihr heiß und kalt.

Kalter, grauer Nebel quoll unter der Tür hervor und griff nach ihrer Hand. Sie wich zurück. Alia versuchte, sich zu beruhigen, aber es wollte ihr nicht gelingen. Als sie um sich schaute, erschrak sie. Mehr und mehr Nebel kroch am Boden entlang. Langsam baute er sich vor ihr auf, nahm klare Konturen an. Zwei rot glühende Augenhüllen funkelten sie an. „Endlich bist du zurückgekommen, Klara."

Hielt der Geist sie für ihre Großmutter? So lange der Geist sie für Klara hielt, würde er ihr nichts tun, redete sie sich ein.

„Ich hab so lange auf dich gewartet." Verzweiflung schwang in seinen Worten.

„Warum hast du auf mich gewartet?" Alia klang gelassener, als sie sich fühlte.

„Um dich um Verzeihung zu bitten."

„Wieso sollte ich dir verzeihen?"

„Ich wünschte, ich könnte alles ungeschehen machen", grollte es lieblich düster.

„Was hätte es denn geändert?", fragte sie.

„Wenn wir uns nicht gestritten hätten, wärst du nicht weggelaufen", zischte er. Ein Schwall kalter, grauer Nebel stob aus seinem Mund.

Alia wich zurück. „Ich hatte allen Grund, sauer auf dich zu sein", sprudelte es aus ihr heraus.

„Versteh doch, das mit uns ging alles so schnell. Wovon hätte ich uns drei ernähren sollen?"

Drei? War Oma schwanger?

„Wir hätten bestimmt einen Weg gefunden", sagte sie.

„Mein Herz zerbrach, als du gegangen bist. Viele Jahre hab ich nach dir gesucht."

War das der Grund, warum Großmutter damals von hier weggezogen war? Vor Kurzem – der Hauskauf ihrer Eltern, oben im Dorf. Oma war dagegen.

„Nun hat das Warten ein Ende. Wir können gemeinsam von hier

fortgehen", riss der Geist sie aus ihren Gedanken. Alia schüttelte den Kopf. Fortgehen wohin? Der Nebel legte sich um sie, wie ein grauenflüsternder Mantel.

„Nein!" Orientierungslos taumelte sie durch den Raum. Je dichter der Nebel wurde, umso schwerer fiel ihr das Atmen.

Unerwartet stolperte sie und fiel auf etwas Metallisches. Die Federn des Bettgestells quietschten wie Hyänen, die ihre Beute in die Enge getrieben hatten.

„Circum Verte – sei mein Gefährte", murmelte der Geist. Mit einem Mal begann das Bett sich zu drehen.

„Aufhören!" Alia hielt sich am Rahmen fest. Es drehte sich immer schneller.

„Circum Verte – sei mein Gefährte."

Unter ihr öffnete sich der Boden. Sie starrte in den dunklen Abgrund, der sich wie ein riesiger Strudel drehte. Ihr wurde schwindelig. Nur der Gedanke an ihre Oma ließ sie nicht ohnmächtig werden. Alia fiel Großmutters Lied ein. „Leuchte kleines Licht. Durch deinen Geist in Sturm und Dunkelheit den Weg uns weist."

Aus dem Leuchtturm des Albums erschien ein Lichtstrahl. Er fiel auf das Fenster. Das Bett drehte sich daran vorbei. Mit einem Satz erhaschte sie den Griff, zog sich mühsam am Rahmen hoch. Die Hauswand bröckelte. Einzelne Steine wurden vom Strudel herabgerissen. Das Bett war in die Tiefe gestürzt und verschwand im nebelgrauen Abgrund. Alia zögerte nicht lang. Hinter ihr der Geist und der Abgrund. Vor ihr der nächtliche Garten. Raus hier. Sie sprang. Beim Aufprall wurde ihr schwarz vor Augen.

Als sie wieder zu sich kam, war es still. Umständlich befreite sie sich aus dem widerspenstigen Gestrüpp, das ihren Aufprall abgefangen hatten. Der Nebel hatte sich aufgelöst. Am Himmel funkelten die Sterne. Fest umschlungen hielt sie das Poesiealbum. Sie hatte es geschafft. Anstelle des Hauses klaffte ein tiefes Loch. Nichts war übrig geblieben, außer dem Album und einer Handvoll Fragen.

„Leuchte kleines Licht. Durch deinen Geist in Sturm und Dunkelheit den Weg uns weist", summte sie auf dem Nachhauseweg. Das Licht des Leuchtturms zeigte ihr den Weg.

Kathleen Scholz: *Jahrgang 1976. Autorin und Erzieherin aus NRW. Liest und schreibt gern Geschichten und Gedichte.*

Bis der Sternenhimmel der Sonne wich

Dunkelheit legt sich über die Stadt,
Das Schilf am Ufer schillert matt,
Die letzten Lichter spiegeln sich
Im See, der schwarzem Blute glich,
Ausgehöhlt, die Grube, wie mit Krallen,
Die Seerosenblätter längst verfallen,
Auf der morschen Brücke schimmert
Eine blasse Frau, die leise wimmert,
Ein Gewand aus schwachem Licht,
Das sich in der Finsternis bricht,
Im flachen Wasser rührt es sich.
„Hier bist du. Ich erwarte dich",
Weint die Frau. Sie seufzt: „Auweh."
Ein Mann steigt aus dem fahlen See,
Seine Haltung und Nase krumm,
Die Frau schaut sich hastig um.
„Gut, endlich Frieden", sagt der Mann.
„Wir brauchen vor lästigen Menschen Ruhe dann und wann",
Erwidert die Frau und setzt sich,
Bis der Sternhimmel der Sonne wich.

Charlotte Jelinek ist 12 Jahre alt, wohnt in Berlin und hat einen Pudel. Ihr größtes Hobby ist das Schreiben von Geschichten und Gedichten.

Der Teich
der verlorenen Kinder

Es klingelte an der Tür und Berti sprang freudig auf, um ihrer besten Freundin Mausi zu öffnen. Berti, eigentlich Alberta, war vor Kurzem 18 Jahre alt geworden und durfte nun endlich allein mit dem Auto ihrer Mutter fahren. Mausi, eigentlich Franziska, hatte so ein niedliches Mausgesicht, dass ihr der Spitzname schon seit dem Kindergarten anhing. Berti war groß und sportlich und hatte eine leicht gewellte, weißblonde Mähne, die bis unterhalb ihres Pos reichte. Mausi war eher kurz geraten, dafür ein wenig pummelig mit schwarz gefärbtem Stoppelschnitt und Lippenpiercing. Berti zog gerne weite, gemütliche, kunterbunte Klamotten an und Mausi trug ausschließlich Schwarz. Ein spezielles Paar.

Der Sommer ging allmählich dem Ende zu. Die Blätter an den Bäumen veränderten bereits ihre Farben, die Sonne stand tief. Berti und Mausi fuhren mit offenem Verdeck im alten Golf Cabrio von Bertis Mutter, hatten das Radio laut gedreht und sangen falsch, aber fröhlich: „36 Grad und es wird noch heißer …" mit. Mausi lag mehr in ihrem Sitz, als sie saß, hatte die winzigen Füße auf dem Armaturenbrett liegen und die Arme hinter dem Kopf verschränkt. Es war Freitagnachmittag und das ganze Wochenende lag vor ihnen.

„Berti, halt da vorne an!", rief Mausi plötzlich und Berti erschrak so sehr, dass sie fast das Lenkrad verriss.

„Was ist denn? Hab' ich was überfahren?" Berti sah sich ängstlich um.

„Nein, Quatsch. Das würdest du doch wohl hoffentlich selbst merken?" Mausi musterte Berti argwöhnisch von der Seite.

„Was soll das Geschrei dann?" Berti war stinkig.

„Hier soll in der Nähe ein ganz uriger Teich sein. Den wollte ich mal suchen. Ist wohl recht versteckt und ein wenig unheimlich."

„Echt jetzt?" Berti konnte es nicht fassen. „Ich denke, du willst fahren üben? Das hier ist ein Auto und kein Tretboot!"

„Ach komm, sei keine Spaßbremse, Madame Alberta." Mausi wusste immer genau, wie sie zu Berti durchkam.

Jetzt reichte ein kleiner Blickkontakt und schon prusteten beide los vor Lachen. „Na dann, Pater Franziskus, gehen wir mal Dämonen aus dem trüben Gewässer fischen."

Da es hier keinen sichtbaren Waldweg gab, schlugen sich die beiden einfach durch die Büsche, bis sie eine kleine Lichtung fanden. Der Wald war um diese Tageszeit sehr stimmungsvoll. Schwache Sonnenstrahlen brachen noch durch Laub und Äste und tauchten den Wald in ein unwirkliches Zwielicht.

„Bist du sicher, dass wir hier auf dem richtigen Weg sind?" Berti sah sich zweifelnd um.

„Klar, Schnecke. Atze hat mir den Weg erklärt. Es kann jetzt nicht mehr weit sein." Mausi lief entschlossen los.

„Atze? Atze, der Rattenmann?" Berti erinnerte sich noch gut an Atze und seine zwei schwarzen Farbratten namens Dark und Night. Er war kein übler Kerl. Nur immer etwas schmuddelig und leicht zugekifft. Aber im Grunde ein sehr fröhlicher Charakter. „Mit dem warst du hier?" Berti starrte Mausi prüfend an.

„Quatsch, was du gleich wieder denkst." Sie musste selbst kichern, als sie das aussprach. „Nein, im Ernst, ich war hier noch nie. Wir wollten immer mal hierherfahren. Keine Ahnung, irgendwie hat es nicht mehr geklappt."

Und urplötzlich, ohne dass einer von ihnen bewusst war, wie sie dorthin gelangt waren, lag der Teich in seiner vollen Pracht vor ihnen. Und das war keine Übertreibung. Es lag ein leichter Nebel über dem Wasser, was für diese Tageszeit und Witterung eher ungewöhnlich schien. Es gab einige Seerosen. Libellen in allen Größen und Farben flogen über das Wasser. Es war ein wunderschöner Anblick. Bis auf …

„Hör mal!"

Berti sah sich um und versuchte, ein Geräusch wahrzunehmen. „Ich höre nichts, Mausi, was meinst du?"

„Ja eben. Nichts. Keine Frösche, keine Vögel. Man hört nicht mal die Geräusche, die Libellen normalerweise durch ihren Flügelschlag machen. NICHTS!"

Mausi hatte recht. Unheimliche Stille. Auf Bertis Haut machte sich Gänsehaut breit. Die beiden jungen Frauen starrten auf die Wasseroberfläche und versuchten, Leben in diesem Gewässer zu finden.

„Oh Gott!", rief Mausi laut.

„Was hast du?", rief Berti ebenso laut zurück.

„Da war ein Gesicht. Hast du es nicht gesehen?" Mausi zeigte mit ausgestrecktem Finger auf das Gewässer.

„Quatsch, hier spukt es nicht."

„Doch, da war ein Kind."

„Mausi, du hast nicht alle Latten am Zaun."

„Ich verarsche dich nicht." Mausi war sichtlich verängstigt und starrte wieder auf die Wasseroberfläche.

Aber Berti konnte beim besten Willen nichts erkennen. „Komm, Mausi, wir sollten langsam los. Es wird dunkel." Sie zog ihre Freundin am Hosenbund, aber die blieb wie angewurzelt stehen.

„Moment." Mausi ging in die Hocke und berührte mit einer Hand das Wasser. „Fühl mal, Berti, das fühlt sich nicht an wie Wasser."

Noch während Berti in die Hocke ging, versuchte Mausi, ihre Hand wieder vom Wasser zu lösen. Aber die Oberfläche dehnte sich aus und haftete an ihrer Hand wie Kaugummi.

„Oh Gott, was ist das?" Mausi bekam es mit der Angst zu tun.

Jetzt hörten die beiden leise Flüstergeräusche und ein leichter Wind kam auf.

„Berti, mach das weg, bitte", flehte Mausi ihre Freundin an. „Das brennt wie Feuer auf der Haut." Mausi standen die Tränen in den Augen.

Unter der Teichoberfläche stieg ein grünes Leuchten auf und die Flüsterstimmen wurden lauter. Man konnte nicht verstehen, was sie sagten. Berti und Mausi starrten gebannt auf den Teich – aus dem grünen Leuchten zeichneten sich Konturen ab. Erst verschwommen, dann nach und nach immer schärfer kamen die Gesichter zum Vorschein. Kindergesichter mit großen Augen und leerem Blick. Man sah, dass sich die Lippen der Kinder bewegten, aber sie waren nicht zu verstehen. Die beiden jungen Frauen standen am Ufer wie erstarrt und hatten wahnsinnige Angst. Was hier passierte, war einfach ungeheuerlich. Während Mausis ausgestreckte linke Hand immer noch in Verbindung mit der Wasseroberfläche war, klammerte sich ihre rechte Hand felsenfest in Bertis linke. Sie klammerte so fest, dass das Blut aus Berties Hand wich.

„Heelft uuunsss, bitteee …"

Das hatten die beiden nun deutlich verstanden. Die Stimmen der Kinder hallten heiser von den Bäumen zurück und es war, als lägen die Worte schwer in der Luft. Auf der Oberfläche versuchten kleine Hände durchzudringen, aber die Masse war zäh und riss nicht. Berti und Mausi zitterten vor Angst und wussten gerade beide nicht, ob sie träumten oder das wirklich erlebten. Sie klammerten sich aneinander. Ihnen war plötzlich eiskalt.

„Wir müssen sie da herausholen, Berti. Es sind Kinder, hörst du? Kinder!"

Die Wasseroberfläche kam in Wallung, da sich die kleinen Körper dicht aneinanderpressten und versuchten, ihrem Gefängnis zu entkommen. Aber nicht einmal ein kleines Händchen schaffte den Durchbruch. Mausi versuchte indes erneut, ihre Hand von der Oberfläche zu trennen, aber blitzschnell umschlangen kleine Kinderhände ihren Unterarm und zerrten sie mit einem Ruck ins glitschige Nass.

„Mausi!", rief Berti noch, aber die war bereits untergetaucht und in der Menge der Kinder verschwunden. Berti traute ihren Augen nicht. Sie zitterte am ganzen Körper. Als sie auf das Gewässer schaute, waren die Kinder nicht mehr zu sehen. Lediglich Libellen, die lautlos ihre Kreise zogen und in schillernden Farben leuchteten.

Berti rannte los. Sie rannte, stolperte und fiel, rappelte sich wieder auf. Nur noch weg hier. Sie bekam keine Luft mehr, die Panik schnürte ihr die Brust zu. Dann verlor sie das Bewusstsein.

Als Berti wieder zu sich kam, lag sie zu Hause in ihrem Bett. Sie wusste nicht mehr, wer sie war, wie alt sie war oder wo sie sich befand. Sie war eine leere Seele – gefangen in einem Körper, den sie nicht mehr kannte.

Monika Schillinger, geboren am 1969 in Bonn-Beuel, veröffentlichte bereits mit 14 Jahren ihre erste Kurzgeschichte in der Schülerzeitung. Sogar aus ihrem Praktikumsbericht gestaltete sie eine Satire. Dennoch schlug sie beruflich zunächst einen anderen Weg ein. Von der Einzelhandelskauffrau zur Vorstandssekretärin entschied sie sich 2007 für die berufliche Unabhängigkeit. Als Mobile Sekretärin konnte sie mehr Raum für das Schreiben schaffen, bekam aber auch durch das wechselnde Arbeitsumfeld ganz neue Eindrücke und Ideen. 2008 machte sie als Standfotografin bei Dreharbeiten erste Erfahrungen am Set. An der ARD- und ZDF-Medienakademie machte Monika Schillinger 2009 den Abschluss als Drehbuchautorin. Der erste Kurzkrimi „Schutt und Asche" erschien im Frühjahr 2010.

Kurti spukt wieder

Hoch oben auf einem Plateau sieht man von der Straße her die Mauern eines alten Schlosses traumversunken liegen. Manch einen Reisenden lockt es, hier eine Weile anzuhalten und nach einem ausgedehnten Waldspaziergang in alte Zeiten einzutauchen. Kurti hat diese Zeiten noch erlebt, ihn gab es vor vielen Hundert Jahren schon, als das Schloss noch in vollem Glanze erstrahlte. Gerne dachte er daran zurück, wie es war, wenn er nach langen Bällen die Gäste nachts erschreckte. Diese schönen Zeiten waren schon lange vorbei.

Kurti gab es zwar immer noch, nur seinen Dienst als Gespenst vom Schloss konnte er schon lange nicht mehr wahrnehmen. Geisterzeit war nach wie vor um Mitternacht, doch kein Wanderer verirrte sich zu dieser Zeit auf das alte Schloss. Traurig beobachtete Kurti die seltenen Tagesgäste und dachte zurück an so manch guten Streich, den er gespielt hatte. So verging Jahr für Jahr. Wie sehr sehnte sich Kurti nach den Zeiten, wo sich die Menschen noch vor ihm gegruselt hatten. Doch sollte für Kurti bald ein besonderer Tag kommen, von dem er noch nichts ahnte.

Tim kam gegen Abend in diese Gegend und sah, wie viele vor ihm die Schlossruine in der Abendsonne leuchten. „Eine kleine Pause kann mir nach langer Fahrt nicht schaden", dachte er und stieg aus seinem Auto aus, um sich die Füße zu vertreten. Er stellte sein Auto am Waldrand ab und machte sich auf den Weg zum Schloss. Oben angekommen, genoss er erst einmal den herrlichen Ausblick in die Landschaft.

Tim dachte daran, wie es wohl früher einmal hier gewesen war. Er ging durch die Reste der alten Ruine, stellte sich die Räume vor, wie sie wohl einst ausgesehen hatten. In Gedanken versunken rutschte er plötzlich weg, unter seinen Füßen hatte der Boden nachgegeben. Der junge Mann konnte sich gerade noch zur Seite fallen lassen, um nicht in der Versenkung zu verschwinden. Er fand keinen Halt. In großem Umkreis gab der Boden mehr und mehr nach, sobald er sich bewegte. Langsam setzte die Dunkelheit ein. Tim versuchte, sich im

Kriechen der Gefahrenstelle zu entziehen, da merkte er, dass er mit einem Fuß festhing. Tim sah keine Chance, sich selbst hieraus zu befreien. „Das wird eine lange Nacht", dachte er bei sich, bemüht, seine Lage so bequem wie möglich zu gestalten.

„Hui, ein Mensch, endlich ein Mensch, der heute Nacht bei mir bleibt", freute sich Kurti. Er konnte es kaum erwarten, dass seine Stunde kam. Endlich schlug die Turmuhr Mitternacht. Nun war es so weit. Kurti schwebte leicht wie eine Feder zu Tim. „Hui, hui", rief er, „jetzt ist Gespensterzeit, halte dich zum Spuk bereit. Froh und lustig gehts hier zu, heut Nacht kommst du nicht zur Ruh."

Verträumt rieb sich Tim die Augen, selbst in seiner Lage war er nach dem langen Tag ein wenig eingenickt. „Was ist los, träume ich?"

Um Tim drehte Kurti seine Kreise, in grellen Neonfarben leuchtend. Jetzt war Tim munter wie am frühen Morgen. Er entsann sich, dass er sich auf einem verfallenen Schloss befand und bemüht war, nicht für alle Zeiten ins Verlies hinunterzurutschen.

„Hey, Schlossgespenst, komm doch mal her!", rief Tim Kurti zu. „Kannst du mir nicht helfen und mich befreien? Sieh, ich habe mir den Fuß eingeklemmt."

„Du wagst es, mich anzusprechen?", grollte Kurti, kam jedoch näher.

„Ja", meinte Tim, „dir muss es doch recht langweilig hier sein. Ich mache dir einen Vorschlag. Du befreist mich und ich nehm dich mit."

„Ich kann hier nicht weg, ich gehöre zum Schloss." Kurti kam näher und setzte sich auf einen Stein.

„Bei mir hast du auch ein Schloss. Es war einmal ein Schloss, heute ist es ein Hotel. Du könntest jede Nacht die Gäste erschrecken."

„Jede Nacht? Wie in alten Zeiten?" Kurti konnte es kaum fassen.

„Wie in alten Zeiten! Zuvor musst du mich aber hier befreien, sonst sterbe ich!"

„Wenn das stimmt, was du sagst, helfe ich dir!" Kurti hatte schnell das Bein freigelegt und zog Tim von dem Rande des Verlieses fort. Tim hielt sein Versprechen und nahm Kurti mit ins Hotel. Beide wurden gute Freunde. Kurti lebte sich schnell bei Tim ein und erfreute die Gäste täglich zur Geisterstunde.

Christina Telker schreibt seit 2010 Texte in Lyrik und Prosa.

Benno muss mit

Mein Handy klingelt. Ich schrecke zusammen, obwohl ich längst wach bin. Noch eine halbe Stunde bis Mitternacht. Leise stehe ich auf, ziehe mich an. Mein Rucksack liegt gepackt unter dem Bett. Kurz gehe ich die Sachen noch mal durch. Wasserflasche, Plätzchen, Schokolade, alles da. Einen Moment zögere ich. Dann nehme ich Benno vom Kopfkissen, meinen Hund. Eigentlich bin ich schon zu alt für ein Stofftier, aber heute Nacht möchte ich nicht allein sein. Ich schiebe Benno ganz unten in den Rucksack, den müssen die anderen nicht sehen, und schleiche am Schlafzimmer meiner Eltern vorbei, die Treppe runter ins Erdgeschoss und bin zur Terrassentür raus, bevor ich es mir anders überlegen kann.

Draußen weht ein nasskalter Wind und ich muss mich erst orientieren. Der Mond ist nur eine Sichel. Aber den Weg zum Spielplatz habe ich mir eingeprägt, dort ist unser Treffpunkt. Ob sie wirklich kommen? Vielleicht haben sie sich mit mir einen Spaß erlaubt. Aber nein. Mein Herz macht einen Luftsprung. Mirco, Jonas und Kilian sind schon da. Und jetzt kommen Jan und Enno um die Ecke, die ganze Spiegelbande, wohnen wir doch alle in der Straße mit diesem Namen. Und da ich jetzt auch hier wohne, darf ich bei ihrer Bande mitmachen, haben sie gesagt, aber erst muss ich mich bewähren. Deshalb die Mutprobe heute Nacht.

„Kommt mit", sagt Jonas, der so etwas wie der Anführer der Spiegelbande ist, aber das ist mir egal, weil ich dazugehören möchte, denn ich kenne sonst niemand an diesem Ort – und bis zum Ende der Ferien sind es noch fast vier Wochen.

Wir folgen einem Feldweg in den nahen Wald und gelangen zu einem windschiefen Holzhaus mit kaputten Fenstern und Löchern im Dach.

„Zeig mal deinen Rucksack", sagt Jonas. Bevor ich protestieren kann, greift er hinein und zieht mein Handy heraus. „Das brauchst du heute nicht", sagt er. „Aber Wasser und Proviant, das ist gut. Falls sie dich klauen." Er gibt mir den Rucksack zurück. „Damit du Bescheid weißt. In dem Haus spukt es und nicht jeder, der reingeht, kommt wieder raus, eigentlich gar keiner. Also überleg es dir."

Ich versuche, lässig auszusehen. „Wie lange soll ich dortbleiben?"

„Du gehst um Mitternacht rein. Sobald die Geisterstunde vorbei ist, kannst du wieder rauskommen. Wenn du dann noch lebst. Wir warten hier draußen."

„Woher weiß ich, dass die Stunde vorbei ist?"

„Siehst du hinter den Bäumen den Kirchturm?"

Ich schüttele den Kopf, es ist zu dunkel.

„Das macht nichts", sagt Jonas, „du kannst ihn hören. Komm jetzt."

Ich muss durch das Fenster einsteigen, denn die Haustür ist mit dicken Balken verrammelt – wegen Einsturzgefahr. Aber das kümmert uns nicht, denn das Fenster ist für mich groß genug. Jonas hat eine alte Decke dabei, die er auf die Fensterbank legt, damit ich mich an den Resten der Scherben nicht schneide. Dann bin ich drin. Im selben Moment höre ich die Glocke des Kirchturms, zwölf dumpfe Schläge. Ich drehe mich zu den anderen, will noch was fragen, aber vor Schreck bleibt mir der Mund offen stehen. Sie sind weg.

Ich trete ans Fenster und schaue hinaus. Aber eine Wolke schiebt sich vor die Sichel des Mondes und der Wald vor dem Haus wird zum rauschenden Schatten vor dem Dunkel der Nacht.

Na gut. Ich bin ja kein Kleinkind. Ich taste mich zur hinteren Ecke des Raumes, wo ich mich auf den Boden setze und Benno aus meinem Rucksack krame. Ich kann nur hoffen, dass mich keiner der Jungen so sieht. Aber als ich Benno fest an mich drücke, geht es mir besser.

Eine Weile sitze ich auf dem Boden und lausche auf das Ächzen des Hauses im Wind und warte darauf, dass die Stunde vorbeigeht. Als die Sichel des Mondes hinter den Wolken hervorkommt, haben meine Augen sich an die Dunkelheit gewöhnt. Links von mir, an der Wand, steht ein Sofa mit Tisch und zwei Sesseln. Die andere Seite des Raumes füllt ein großer verschnörkelter Schrank. Die Zimmertür, geradeaus, ist aus dem Rahmen gebrochen. Sie lehnt an der Wand und sieht aus, als könne sie bei der kleinsten Berührung umfallen. Der Flur dahinter ist ein dunkles Loch. Dann begreife ich. Nur der Stützpfeiler in der Mitte des Raumes steht noch. Zwei andere, weiter hinten, sind längst zerbrochen. Die Reste liegen verstreut auf dem

Boden. Ich schiele hinüber. Im Flur ist die Decke heruntergekracht. Das Gewirr zersplitterter Balken und Schutt reicht bis zur Haustür.

Der Wind frischt auf, das Haus ächzt immer stärker. Als die Sichel des Mondes erneut hinter den Wolken verschwindet, springe ich auf. Im hinteren Teil des Raumes hat sich etwas bewegt. Ein Schatten kommt auf mich zu. Ich will abhauen, kann aber nicht. Meine Nackenhaare richten sich auf. Ich spüre den Sog. Das Etwas will mich, zieht mich Schritt für Schritt aus der Ecke. Ich strecke dem Schatten Benno als Schutzschild entgegen, obwohl ich weiß, dass das nichts nützt. Jetzt greift der Schatten nach mir, nein, nicht nach mir, der Schatten greift Benno. Ich höre noch, wie der Pfeiler in der Mitte des Raumes durchbricht. Dann geht alles ganz schnell. Das Haus kippt zur Seite, fällt knirschend zusammen. Staub wallt auf, Balken knallen herunter, einer erwischt mich am Kopf und ich stürze zu Boden.

Als die Sichel des Mondes hinter den Wolken hervorkommt, ist es längst still und ich blicke mich um. Ich liege im Rahmen des Fensters, durch das ich eingestiegen war. Um mich herum türmen sich die Reste des Hauses. Ich sehe noch, wie die Spiegelbande auf mich zustürmt, dann wird mir schwarz vor Augen.

Als ich aufwache, liege ich zu Hause in meinem Bett. Einen Moment bin ich verwirrt. Mama sitzt auf der Bettkante, Papa hat sich einen Stuhl herangezogen.

„Habt ihr Benno gefunden?"

Meine Eltern sehen sich erst an, schütteln dann den Kopf. „Hattest du ihn in das Haus mitgenommen?"

Ich nicke.

„Dann wird er da irgendwo sein." Papa verspricht, sich darum zu kümmern.

Ich habe eine Gehirnerschütterung und muss ganz viel liegen. Nach einer Woche darf ich Besuch empfangen und ich freue mich riesig, als die ganze Spiegelbande durch die Tür kommt. Erst drucksen sie ein bisschen herum, aber dann zieht Jonas ein Päckchen hinter dem Rücken hervor und hält es mir hin.

„Von uns."

Als ich das Päckchen auspacke, bin ich überrascht. Sie haben mir einen Stoffhund geschenkt, etwas kleiner als Benno, aber flauschig und mit lieben Augen. „Kein Ersatz für Benno", sagt Jonas und schaut verlegen.

„Vielleicht ist Benno verletzt und braucht einen Freund", sagt Enno.

Jan grinst mich an. „Wir haben doch alle ein Stofftier."

Die Aufräumarbeiten dauern ewig. Nach drei Wochen ist klar. Unter den Trümmern ist Benno nicht. Jedenfalls hat keiner Benno gefunden, obwohl Papa mit allen gesprochen hat.

Inzwischen bin ich gesund genug für die Schimpfe. „Wenn du nicht genau in der Fensteröffnung gestanden hättest, wärst du jetzt tot", sagt Papa und sieht mich streng an.

Aber Mama legt ihm die Hand auf den Arm und sagt: „Du musst einen Schutzengel gehabt haben. Anders ist das nicht zu erklären."

Ich hoffe, dass das Thema damit erledigt ist, und frage: „Was war mit dem Haus?"

„Total baufällig", sagt Papa. „Vor einem Jahr ist der ganze hintere Teil eingestürzt. Die Besitzerin, eine alte Frau, saß im Wohnzimmer auf dem Sofa. Das war ihr Glück. Aber ihr Hund muss die Gefahr gespürt haben und wollte raus. Da hat ein Balken im Flur ihn erschlagen. Er war sofort tot."

„Was ist aus der Frau geworden?", frage ich.

„Die alte Frau kam danach ins Heim. Ihr Haus war ja kaputt und ohne ihren Hund wollte sie dort nicht mehr leben. Vor drei Wochen, in der Nacht des Sturms, ist sie dort gestorben."

Wolfgang ten Brink ist verheiratet und hat drei Kinder. Sein Interesse gilt Zukunftsfragen der Menschheit, verpackt in spannende Geschichten. Außerdem schreibt er gesellschaftskritische Kurzgeschichten, gern aus dem besonderen Blickwinkel von Kindern und Jugendlichen. Wolfgang ten Brink ist Mitglied der Braunschweigischen Landschaft - AG Literatur, der Gruppe 48 und der regionalen Schreibgruppe WOBBS.

Hinaus, hinaus

Eine einzige Hölle ist dieses Dunkel,
es bohrt an mir wie ein böses Furunkel,
mein Fundament ist niedergebrannt,
in jener Festung hab' ich mich verrannt.

Ich bin gebückt, ich geh' jetzt zur Neige,
von meinem Ausguck seh' ich jedoch Zweige,
wie ein Mahnmal rieche ich noch ihr Grün,
jeder späte Atemzug will sich um Düfte bemüh'n.

Hinter den Zinnen abgeschottet und verschanzt,
ist es die Todesmelodie, die mich umtanzt?
Bei all der Obhut fühle ich mich zersplittert,
eingepfercht, verwaltet und restlos vergittert.

Ist es Verbitterung, auf der ich throne,
weil ich in meiner Burg so abseits nun wohne,
ein Rückzug als reine Vorsicht um mein Leben,
wird mein Drang nach Freiheit das je mir vergeben?

Die Büsche unter mir sind aufgeplusterte Gespenster,
außerdem schlendern Flaneure vor meinem Zellenfenster,
würde gern selbst einer der Menschen sein,
notfalls ohne Habe, wenigstens draußen im Frei'n.

Oliver Fahn *wurde März 1980 im oberbayerischen Pfaffenhofen an der Ilm geboren. Unter anderem wurden seine Texte bei DUM, Poets of the New World, & Radieschen, eXperimenta, etcetera, von der Stadt St. Pölten und der Friedrich-Naumann-Stiftung veröffentlicht. Zudem nimmt Fahn mit der Autorin Polina Jäger mit gemeinschaftlichen Projekten an Wettbewerben teil.*

Verwandte Geister

In meinem Elternhaus lebt, solange ich denken kann, ein Geist. Es ist mein Urgroßvater Fritz Dopadka. Als Bergmann verlor er unter Tage bei einem Unglück ein Bein und die großzügige Unfallrente ermöglichte ihm den Bau des Hauses. Ein makabres Startsignal, mit dem er dem Haus unfreiwillig auch eine Art Fluch verpasste und der für ewigen Unfrieden sorgt. Statt einer heimeligen Familienidylle stritten schon die grobschlächtigen Schwiegersöhne seiner Töchter, die mit ihren Kindern ebenfalls das Haus bewohnten, ohne Unterlass.

In der Hoffnung, die Dinge zum Guten zu wenden, wanderte Fritz durch das Haus und sein Krückstock und die Prothese schlugen auf der Holztreppe den Takt dazu. Trotz dieses Protestes weigerte sich das Haus, den Fluch loszulassen, und seine Bewohner entwickelten sich zu rabiaten Erzfeinden. Fritz gab und gibt nicht auf und steigt auch nach seinem Tod die Treppen auf und ab. Nun hat er, nachdem seine Töchter und deren Ehemänner auf dem nahe gelegenen Friedhof beigesetzt worden waren, immerhin einen brüchigen Frieden erreicht, den er verteidigt.

Nachts höre ich Fritz nach wie vor im Treppenhaus und einmal konnte ich sogar den Schatten der humpelnden Gestalt erhaschen. Vermutlich will er das Haus vor den boshaften Verwandten schützen, denn die praktizieren ihren Streit zwischen ihren Gräbern. Nachts poltert es unter in der Erde und wenn die Auseinandersetzungen besonders schwerwiegend ausfallen, präsentiert die riesige Familiengruft am nächsten Morgen spitze Erdauswürfe, die an Maulwurfshügel erinnern.

Auch mein Vater wurde eines Tages in der Familiengruft bestattet. Ich pflanzte dort ein paar Frühlingsblumen in die lockere Erde und hielt unerwartet einen Knochen in der Hand, ein bleiches Stück Nackenwirbel, der mich wie ein hellwaches, böses Auge anschaute. Der Kanal, durch den einst das Rückenmark verlief, verkörperte dabei die Pupille. Obwohl ich das Teil sofort wegwerfen wollte, verkrampfte sich meine Hand, umschloss den Fund und ließ ihn nicht mehr los. Es war, als ob eine innere Kraft in dem Knochen wohnte, als ob all die böse Energie, die meine Vorfahren freisetzen, sich hier bündelten. Da mein Vater auf den sterblichen Überresten seines Vaters, also meines Großvaters, beerdigt worden war, handelte es sich zweifelsfrei um dessen Rückenwirbel, ein kleiner knöcherner Kobold, der unter der Erde sein Unwesen trieb und sich nun in meiner Hand festbiss. Ich ging nach Hause, den Knochen krampfhaft umschlossen.

Opa Gustav war ein übler Zeitgenosse, der gerne trank, seine Umwelt schikanierte und seine Tobsuchtsanfälle besonders an meiner Oma ausließ. Nun kehrte er heim, denn erst als ich die Wohnküche betrat, lockerten sich meine Finger und ich ließ Gustav in ein leeres Einmachglas fallen, das ich mit einem Glasdeckel verschloss. Verstohlen äugte der fahle Knochen heraus und ein leichter Geruch nach billigen Zigarren stieg mir in die Nase. Angewidert schob ich die Requisite nach hinten ins Küchenregal und wandte mich anderen Dingen zu.

In der Nacht hörte ich Fritz die Treppe runtertoben. Die Prothese schlug hart auf die Stufen, der Krückstock wurde in kurzen Abständen wie bei einem absurden Tanz in die Treppe gerammt. Ein solches Spektakel hatte ich noch nicht erlebt. Das Schlagen und Klopfen nahm kein Ende, dann hörte ich den Deckel des Einmachglases, der auf- und zuschlug. Ich schlich in die Küche, der Knochen fluoreszierte grünlich und sein Auge folgte meinen Bewegungen.

Draußen im Treppenhaus tobte Fritz Dopadka. Ein ohrenbetäubender Lärm, der nichts Gutes verhieß. Kurz entschlossen griff ich das Einmachglas und lief damit zu unserem winzigen Gartenhäuschen. Dort stellte ich das Glas in eine Ecke, verschloss die Tür und der Lärm verstummte auf beiden Seiten.

So lebe ich nun mit zwei Geistern zusammen. Im Haus ist es Fritz Dopadka, der das Haus schützt und regelmäßig Patrouille geht, was des Nachts nicht zu überhören ist. Gustav Naroska, mein boshafter Großvater, treibt sein Unwesen in unserem Garten und dem Land drumherum. Sein Wohnsitz ist das Gartenhäuschen, das auch nach Tabak stinkt, wenn er mal wieder ausgeflogen ist. Dann klappert zuvor das Einmachglas, der Deckel steht offen und vom Knochen fehlt jede Spur. Einmal gingen mit einem Schlag am Morgen nach seinem Ausflug alle Blumen im Nachbarsgarten ein. Unser Birnbaum trägt mittlerweile so üppige Früchte, dass ein schwerer Ast in den Morgenstunden nach einer Tour des Knochens donnernd zu Boden ging.

Aber Gustav scheint auch den weltlichen Gelüsten nicht abgeneigt zu sein. Hatte er zu Lebzeiten eine Geliebte im Nachbarhaus, so wohnt dort heute eine schlüpfrige Person, deren Dekolleté die Zahl ihrer Schamhaare offenbart. Nach einigen Ausflügen des Knochens, über deren Inhalt ich nicht spekulieren möchte, kam der Krankenwagen, um der Frau bei einer Sturzgeburt zu helfen.

Ich bin gespannt, welche bizarren Blüten dies alles noch treiben wird. Sicher ist indes, ich hänge tief mit drin. Weder Fritz noch Gustav werde ich je wieder loswerden. Und ausziehen kann ich leider auch nicht, denn ich kann die beiden doch nicht allein lassen.

Ellen Norten, geboren 1957 in Gelsenkirchen ist promovierte Biologin. Als freie Wissenschaftsjournalistin arbeitete sie zunächst bei verschiedenen Hörfunksendern, danach folgte eine mehrjährige Tätigkeit bei der Fernsehsendung „Hobbythek", auch vor der Kamera. In dieser Zeit entstanden ein Dutzend Sachbücher und Ratgeber. Seit 2010 tourt sie zusammen mit ihrem Mann Zaubi M. Saubert mit dem Wohnmobil durch die Welt und beschreibt ihre Reiseerlebnisse in dem ungewöhnlichen Reisebuch „Conni Mainzelmann – wie ich die Welt sehe". Sie schreibt Kurzgeschichten und Gedichte, die in diversen Anthologien und Zeitschriften veröffentlich werden. Außerdem verfasst sie Rezensionen für Kultura-Extra, beteiligt sich an Science-Slams und arbeitet als Herausgeberin von humoristischen Science-Fiction Anthologien. Passend zum Science-Slam zeichnete und textete sie ihr Buch „Mein süßer Parasit". Seit 2022 gibt sie mit Michael Siefener und Andreas Fieberg den fantastischen Storyreader „daedalos" heraus, der von ihrem verstorbenen Ehemann Hubert Katzmarz gegründet wurde. 2023 erschien ihr Debütroman „Jamila tanzt", in dem der Orient aus 1001 Nacht mit fantastischen Abenteuern spannend und geheimnisvoll verbunden ist. 2024 trat sie erstmals mit Grafiken, Malerei und Objekten in ihrer Ausstellung „Grenzenlos" in Schköna an die Öffentlichkeit.

Rosas seltsame Erlebnisse

In der alten Standuhr raschelte es. Schon wieder! Seit einiger Zeit kamen um Punkt 20 Uhr keine tiefen Gongschläge aus der Uhr, sondern merkwürdige Raschelei. Beim ersten Mal hatte Rosa gedacht, die Uhr sei alt und würde langsam den Geist aufgeben. Das Rascheln hielt meist nur wenige Minuten an, danach kehrte Ruhe ein und hauseigene Geräusche erklangen. Und diese Geräusche, wie zum Beispiel das Knarzen einzelner Treppenstufen und das Rumpeln des Kühlschranks, all das war ihr mittlerweile nicht mehr so unheimlich wie zu Beginn, als sie zu ihrer Oma gekommen war. Dort musste sie bleiben, bis ihre Eltern wieder nach Hause kamen. Papa war beruflich in Paris und Mama begleitete ihn. Die Geschäftsreise würde zehn Tage dauern und Rosa sollte in der Zeit bei Oma Lotte bleiben. Doch dann hatten die Eltern auf dem Weg zum Flughafen einen Autounfall gehabt. Nicht lebensgefährlich, doch so schlimm, dass beide eine Weile im Krankenhaus bleiben mussten. Daher verlängerte sich Rosas Aufenthalt bei Oma Lotte. Das wäre in Ordnung, wenn es nicht seit einigen Tagen diese Merkwürdigkeiten im Haus gegeben hätte. Und es wurde von Tag zu Tag gruseliger. Zuerst war nachts das Radio angegangen, später rauschte die Klospülung, ohne dass jemand sie betätigt hatte. Seit Anfang der Woche raschelte es abends in der Standuhr. Meist nur wenige Minuten. Seltsam war es trotzdem. Waren hier Geister am Werk? Rosa hatte sich vorgenommen, abends in die Standuhr zu schauen, sollte es darin erneut rascheln.

Oma Lotte war zum Kartenspielen zu den Nachbarn gegangen und Rosa wollte bei Chips und Cola einen spannenden Film schauen, als die Standuhr 20 Uhr anzeigte. Erst raschelte es leise, dann immer lauter – so, als ob jemand wütend eine Brötchentüte zusammenknüllte. Mit einem Ruck riss Rosa die Tür der Standuhr auf und traute ihren Augen nicht. Dort saß eingezwängt ein zotteliger Hund – mit scharfen Zähnen und mit – das gab es doch nicht – mit dem Gesicht ihres fiesen Sportlehrers. Hier saß ein Monster – halb Hund, halb Mensch! Der Hund hatte tatsächlich einen Fahrplan in der Pfote und knurrte Rosa giftig an: „Ich hab dir schon tausend Mal gesagt, dass du ständig zu spät in den Unterricht kommst. Kennst du die Abfahrtszeiten deines Busses nicht? Du bist so trödelig. Aber lassen wir das. Mensch, hab ich 'nen Hunger. Gib mir deine Chips!"

Rosa knallte die Tür zu. War ihr Lehrer in Wahrheit ein Hund? Unmöglich! Oder? War das sein Geheimnis? Herr Wolters war ein Wachhund. Verrückt! Was bildete sich dieser blöde Hund ein? Aber Hunde durften keine Chips fressen. Wieso konnte der sprechen? Irgendetwas stimmte hier nicht. Rosa öffnete die Standuhrtür einen Spalt. Nur das Pendel war zu sehen, der Hund war verschwunden. Sie riss die Tür auf, schaute hinein. Nichts! Rosa guckte sich im Wohnzimmer um, aber kein Hund war zu sehen. Auch kein Herr Wolters. Zum Glück!

Was war hier los?

Oma Lotte war nicht wie andere Omas. Sie saß nicht schnarchend im Lehnstuhl. Sie stopfte Rosa weder mit Süßigkeiten voll, noch bot sie ihr ständig Unternehmungen an. Oma Lotte hatte keine Zeit, sich um ihre Enkelin zu kümmern. Von morgens bis abends hatte sie Termine und Verabredungen: Chorprobe, Schwimmen, Englischkurs, Kartenspielen, Yoga, Kinobesuche, Literaturklub und einiges mehr. Darauf wollte sie nicht verzichten. Rosa konnte bei ihr wohnen und wurde mit Essen versorgt. Wenn noch Zeit übrig war und Oma Lotte Lust hatte, konnten beide zusammen etwas machen, ansonsten gab es im Haus spannende Bücher, den Fernseher und ab und zu was zum Knabbern oder Süßes. So sah es aus! Rosa musste allein klarkommen. Das war super! Niemand nörgelte rum, sie solle ihr Smartphone beiseitelegen, endlich aufräumen, Hausaufgaben machen und früh ins Bett gehen. Nein, Rosa konnte alles selbst bestimmen. So weit, so gut! Aber sowie es am Abend dunkel wurde und Rosa allein war, passierten komische Sachen.

So auch wieder am Abend nach der Begegnung mit dem Hund oder ... mit Herrn Wolters – wie auch immer. Der Zeiger sprang auf 20 Uhr und das Rascheln setzte ein. Rosa legte ihr Brot auf den Tisch, lief zur Standuhr. Oma Lotte hatte mal erzählt, dass sie sich als Kind beim Versteckspiel in eben dieser Uhr verkrochen hatte. Weil die Tür sich verklemmt hatte, hatte sie nicht mehr allein herauskommen können. Erst als sie um Hilfe geschrien hatte, war sie befreit worden. Seit dieser Erzählung fand Rosa die Uhr bedrohlich.

Trotzdem riss sie jetzt die Tür auf. Kein Hund, sondern eine dürre Katze hockte dort. Das Tier hatte das Gesicht von Eva, der launischen Mitschülerin.

Sie fauchte: „Du dicke Kuh, niemand will was mit dir zu tun haben. Bring mir Käse und Wurst! Das fress ich auf, sonst wirst du noch fetter. Na los! Wenn du dich nicht sputest, werde ich …" Weiter kam sie nicht.

Mit einem Knall schlug Rosa die Tür zu. Nun schlug ihr Herz wie verrückt. Was waren das für unverschämte Tiere! Tiermenschen? Menschentiere? Nisteten sich hier ein und stellten Forderungen! Die spannen doch! Nach fünf Minuten war der Spuk vorbei. Rosa blickte noch mal in die Uhr. Nichts zu sehen! Sollte Rosa ihrer Oma von diesen Begebenheiten erzählen? Würde sie ihr glauben? Mal schauen.

Kurz vor Mitternacht wurde die Haustür aufgeschlossen. Oma Lotte kam vom Kino zurück. „Hallo Rosa, mein Schatz! Ist alles in Ordnung? Du siehst blass aus."

„Alles in Ordnung! Du, Oma, gestern, als du drüben bei den Hansens warst, da war ein Hund in der Standuhr und heute eine Katze – also nicht zusammen. Beide hatten Gesichter. Menschengesichter! Vorher hat es immer …"

„Also, Rosa, du solltest nicht so schaurige Filme anschauen. Auch die ewige Glotzerei auf dein Handy – da kommt man auf dumme Gedanken. Oder … du warst doch wohl nicht beim Wein?

„Ooh, Oma, ich bin doch noch ein Kind! Ich trinke keinen Alkohol!"

Während Oma Lotte ihren Mantel auszog, schüttelte sie den Kopf und murmelte: „Da versteh einer die Kinder!" Und schob lauter hinterher: „So, nun ab ins Bett! Ich hör mir noch ein bisschen Musik an. Ein wunderbares Trompetenstück. Auf Schallplatte! Wenn du weißt, was das ist."

Rosa verdrehte die Augen, musste dann aber auch lachen.

Nächsten Abend ging das Poltern und Rascheln wieder los. Oma Lotte war natürlich wieder unterwegs. Rosa hatte sich in die Nähe der Standuhr gehockt, um reagieren zu können, sollte etwas passieren – egal, was es sein mochte. Zu sehen war bislang nichts. Nur die Geräusche wurden lauter. Rosa öffnete die Tür. In der Uhr saß eine Ratte mit dem Gesicht des Nachbarsjungen Timo, der Rosa seit einigen Wochen auf dem Heimweg von der Schule ärgerte und ihr das Taschengeld abgeknöpft hatte. Er presste hervor: „Gib mir dein Geld oder das Haushaltsgeld der alten Dame. Sie versteckt es doch in der alten Zuckerdose, oder? Hahaha! Na los, rück die Kohle aus!"

Rosa bekam Angst. Woher wusste Timo von Omas Versteck? Sie durfte doch nicht das Geld ihrer Großmutter herausgeben. Würde Timo sie schlagen, um an das Geld zu kommen? Wie letztes Mal, als sie ihm ihre fünf Euro nicht geben wollte? Da hatte er ihr eine Ohrfeige verpasst. Worauf sie ihm das Geld ausgehändigt und zu weinen angefangen hatte. Sie wusste nicht, ob dies wegen der Ohrfeige passiert war oder vor Wut, weil sie nicht mutiger gewesen war.

In diesem Moment schlug Rosa die Tür der Standuhr so heftig zu, dass das Fenster darin zerbrach. Was war hier los? Der fiese Herr Wolters, die gehässige Eva und der gemeine Timo, was wollten die alle von ihr? Warum kamen sie ins Haus?

Eilig rannte Rosa die Treppe hoch und warf sich ins Bett, zog die Bettdecke über den Kopf. Sie fing an zu schluchzen. Das Gepolter nahm kein Ende, verfolgte sie bis vor ihre Zimmertür. Der Türgriff wurde hinuntergedrückt. Wer würde eintreten? Was würde passieren? Die Tür quietschte …

„Neiiin! Lass mich in Ruhe! Hilfe! Hilfe! Oma Lotte!", schrie Rosa und verkroch sich tiefer in ihre Bettdecke. Die wurde zurückgezogen.

„Nein! Neiiin! Lass mich!"

„Hallo Rosa, mein Schatz. Ich bin es, deine Mama! Papa und ich sind aus Paris zurück."

„Mama?"

„Oma Lotte hat uns erzählt, dass du seit Tagen Fieber hast und viel schläfst. Du sollst fantasiert und geschrien haben. Du musst keine Angst haben. Oma Lotte ist zu Haus und auch wir sind jetzt bei dir. Hier, Oma Lotte hat Tee gemacht, der lässt dein Fieber und die schlimmen Bilder verschwinden. Trink!"

Rosa trank den Tee, konnte nichts sagen. Sie schaute ihre Eltern verwirrt an. „Schön, dass ihr so schnell aus dem Krankenhaus entlassen worden seid."

„Wieso Krankenhaus?" Rosas Vater war irritiert.

„Ihr hattet doch einen Autounfall."

„Süße, wir hatten keinen Unfall! Jetzt schlaf erst mal und morgen erzählst du uns in Ruhe, was du geträumt hast und was dir Angst gemacht hat. Wir erzählen dir dann von Paris. Gute Nacht, schlaf schön!" Die Eltern küssten Rosa auf die heiße Stirn. Rosa hörte die beiden die Treppe runtergehen. Die Stufen knarzten. Rosa war plötzlich sehr, sehr müde. Mama und Papa waren zurück. Das war gut!

Bevor Rosa einschlief, vernahm sie noch ein leises Rascheln. Kam das aus ihrem Schrank? Aber dann schlief sie ein und träumte von Abenteuern mit ihrer besten Freundin.

Sonja Dohrmann, *1961 geboren, wuchs mit vier Geschwistern unweit des niedersächsischen Teufelsmoores in einem kleinen Dorf auf. Später zog es sie nach Hamburg, wo sie unter anderem Germanistik studierte und als Berufsschullehrerin arbeitete. Vor knapp zehn Jahren entdeckte sie das literarische Schreiben für sich, seitdem wurden schon einige ihrer Texte veröffentlicht. 2019 erhielt sie den Gerd-Lüpke-Preis (1. Platz), 2020 den Nordhessischen Literaturpreis „Holzhäuser Heckethaler" (1. Platz), 2023 den Klaus-Groth-Preis (2. Platz) sowie beim Landschreiber-Wettbewerb in der Sparte Mundart auch den 2. Platz. Sie ist seit 2017 ehrenamtlich in der Redaktion des „Quickborn – Zeitschrift für plattdeutsche Sprache und Literatur" tätig. Mit ihrem Mann lebt sie im Süden der Hansestadt Hamburg.*

Der Raub
in der Sankt Stephanie

Die Kirche Sankt Stephanie markiert den Eingang beziehungsweise den Ausgang der Altstadt in Neu Blaven, je nachdem, ob man die Altstadt von Süden oder von Norden betritt, und wird jährlich für Ausstellungen genutzt.

Dieses Jahr jährt sich der Tod der Künstlerin Fleurette Marcelle Lamontagne zum 80. Mal. Deswegen ist die diesjährige Ausstellung ihr gewidmet. Caro findet diese Künstlerin sehr faszinierend. Nicht nur ihre Bilder, sondern auch ihren Tod. Es heißt, dass Fleurette 1930, neun Jahre vor Ausbruch des Zweiten Weltkrieges, von einem jungen Mann ermordet wurde, den sie abwies und der sich aus diesem Grund an ihr rächte. Eindeutig bewiesen wurde diese Vermutung bis heute nicht.

Gerade bewundert Caro ein Gemälde von Fleurette, auf dem eine Seerose von Rosen umgeben ist. Dieses Gemälde steht neben einem Chorpfeiler. Plötzlich lässt eine Bewegung sie zusammenzucken. Eine Bewegung am Chorpfeiler. Obwohl die Sonne stark auf diese Stelle scheint, glaubt Caro, einen Mann zu sehen, der einen Kelch an sich nimmt. Sofort kommt ihr ein Mann in den Sinn: Jacques Viger, der während der Bau der Kirche den Becher von Stephanie Laflamme entwendete und zusammen mit seiner Geliebten Hilda Guston versuchte, den Becher zu verhökern.

Hat Caro soeben den Geist von Jacques Viger gesehen, wie er den Becher entwendete? Sie schüttelt den Kopf. „Wahrscheinlich hat mir die Sommerhitze einen Streich gespielt. Seit paar Tagen ist es sehr warm", sagt sie und zuckt mit den Achseln.

Sie schaut sich die anderen Gemälde von Fleurette an. Nachdem sie sich die Ausstellung angesehen hat, geht sie zu einer Bank am Silver Swan River, so heißt der Fluss, der durch Neu Blaven fließt, und denkt über diese komische Erscheinung nach. Sie fasst einen Entschluss.

„Mein Papa kümmert sich um die Ausstellungen in der Sankt Stephanie. Also besitzt er die Schlüssel für diese Kirche. Kommende

Nacht werde ich in die Kirche gehen und schauen, ob ich wirklich den Geist von Jacques Viger gesehen habe, der versucht, den Kelch zu stehlen", sagt sie.

Sie schaut zwei Schwänen zu, die vorbeischwimmen. „Hm, soll ich meine Eltern anlügen und kommende Nacht zur Geisterstunde in die Sankt Stephanie gehen? Nein, das bringe ich nicht übers Herz!", steht für sie fest.

Ihr fällt was ein. Aufgeregt eilt sie zur Kirche. „Papa ist noch in der Kirche und wollte schon immer einen echten Geist kennenlernen! Kommende Nacht ist die Gelegenheit für ihn!", sagt sie.

Sie findet ihren Vater vor dem Gemälde mit den Sonnenblumen und den Rosen, die Hand in Hand auf einem Regenbogen tanzen. „Papa, ich glaube, ich habe vorhin den Geist von Jacques Viger gesehen, wie er versuchte, den Kelch zu stehlen. Kommende Nacht will ich zur Geisterstunde in die Sankt Stephanie und schauen, ob ich wirklich den Geist von Jacques Viger gesehen habe", erzählt sie ihm.

„Wirklich? Da komme ich doch mit. Du weißt ja, wie sehr ich einen Geist kennenlernen will!", sagt ihr Vater und ist vor Freude total aus dem Häuschen.

„Deswegen wollte ich dich fragen, ob du mitkommen willst, Papa", erwidert Caro.

Ihr Vater drückt sie lächelnd an sich, streicht ihr übers Haar und gibt ihr einen Kuss auf den Kopf. Caro drückt sich lächelnd an ihren Vater.

Um Punkt Mitternacht stehen Vater und Tochter vor der Sankt Stephanie. Die Mutter war nicht so begeistert, als die beiden ihr von ihrem Vorhaben erzählten. Aber da Vater und Tochter jetzt Urlaub haben, sah die Mutter das nächtliche Vorhaben der beiden nicht so streng.

„Ein bisschen bedrohlich wirkt die Kirche schon ...", murmelt Caro, drückt sich an ihren Vater und schaut mit bangem Blick auf die dunkle Fassade der Kirche.

„Du kannst ruhig nach Hause gehen oder hier draußen warten, wenn du Angst hast, Liebes. Ich gebe ehrlich zu, dass auch mir bange ist, mitten in der Nacht die Kirche zu betreten, die im Dunkeln bedrohlich wirkt. Aber meine Neugier auf den Geist von Jacques Viger ist größer und ich habe Mut", sagt ihr Vater.

Caro stemmt die Hände in die Hüften und streckt die Brust raus.

„Nein, ich bin kein Hasenfuß, Papa. Ich komme mit. Auch meine Neugier auf den Geist von Jacques Viger ist größer als meine Angst", sagt sie mutig und mit fester Stimme.

Ihr Vater lächelt. „Also betreten wir die Kirche", erwidert er. Er schaltet die Taschenlampe ein, sperrt das Portal auf und geht hinein. Seine Tochter klammert sich an seinem Arm. Die beiden gehen den Mittelgang entlang zum Altar.

Das Innere von der Kirche sieht wirklich bedrohlich aus. Besonders die Orgel. Caro hat schon Angst. Plötzlich bleibt ihr Vater stehen. „Hast du das gehört? Ich glaube, das Portal ging auf", flüstert er. Schnell huschen er und seine Tochter in die Bankreihe zur Linken und machen sich klein. Caros Vater macht schnell die Taschenlampe aus, damit er sich und seine Tochter nicht verrät. Schritte sind zu hören. Jemand kommt den Mittelgang entlang.

Ein Mann summt vor sich hin. „Gleich gehört der Kelch mir, gleich gehört der Kelch mir ...", singt er.

Vorsichtig schauen Vater und Tochter auf. Sie erblicken einen Mann, der hell leuchtet und ... durchsichtig ist. Er stellt eine altmodische Lampe, auch sie ist durchsichtig, auf dem Altar ab und öffnet am Altar ein Geheimfach. Vater und Tochter können einen Kelch sehen, welchen der Mann hochhält.

„Endlich, der Kelch!", ruft er laut.

„Jaques, brüll doch nicht so!", ermahnt ihn eine Frau streng. Sie kommt eilig den Mittelgang auf ihn zu. „Willst du, dass wir erwischt und wegen Diebstahls gehängt werden?", zischt sie den Mann an.

An dieser Stelle schaltet Caros Vater die Taschenlampe ein und richtet sie auf die beiden Diebe. Diese erschrecken sich sehr. Für einen Moment starren die vier sich an.

„Jaques Viger? Und Hilda Guston?", stammelt Caros Vater und schaut die beiden beinahe ehrfürchtig an.

„Wer sind Sie?", fragt Hilda scharf. Es liegt in der Luft, dass sie diesen fremden Mann vor sich für jemanden von der Polizei oder Ähnliches hält.

Caros Vater steht räuspernd auf, die Taschenlampe weiterhin auf die beiden Diebe gerichtet. „Ich bin Jacob Graeff. Das ist meine Tochter Caro Graeff", stellt er sich und seine Tochter vor. Jetzt steht Caro auf. Jaques und seine Geliebte schauen die beiden weiterhin misstrauisch an.

„Wie wär's, wenn wir uns setzen und uns unterhalten? So können wir uns besser kennenlernen und Missverständnisse aus dem Weg schaffen", schlägt Jacob vor und deutet auf die Bank vor sich.

Das Paar schaut sich an. Für einen Moment schaut es aus, als würde es seinen Vorschlag annehmen. Plötzlich stopft Jaques den Kelch in einen Sack, den er dabei hat. Das Paar rennt aus der Kirche. Vater und Tochter schauen den beiden verwirrt hinterher.

„Diese Reaktion habe ich erwartet", sagt Jacob.

„Wenigstens haben wir Jaques Viger und seine Geliebte Hilda Guston gesehen", meint Caro. Ihr Vater stimmt ihr zu.

Catamilla (eigentlich Natalie Camilla Katharina) **Bunk** *wurde 1989 in Niederbayern geboren, wo sie heute noch wohnt. Wegen jahrelangen Mobbings in der Schule beschloss sie 2012, ihren dritten Vornamen Katharina anzunehmen, und wird weiterhin von Familie und Freunden Katharina genannt. Catamilla ist eine Mischung aus den drei Vornamen. Von Kindheit an hat sie eine blühende Fantasie. Das Interesse am Schreiben von Geschichten entwickelte die Autistin (die Diagnose Autismus erfuhr sie mit 21 Jahren) langsam ab der Hauptschule. Seitdem hinderte sie sich jahrelang daran, die Geschichten aus sich rauszulassen und aufzuschreiben, weswegen sie heute mehr Ideen, angefangene Geschichten und Textauszüge hat als aufgeschriebene Geschichten und noch keine Geschichte veröffentlicht hat. 2023 fasste sie den Mut und machte bei einigen Schreibwettbewerben mit. Ihre Geschichten spielen in einer komplexen Fantasywelt, die sie langsam genauer ausbauen will. Neben dem Schreiben von Geschichten gehören das Lesen von Büchern und das Ausmalen von Mandalas zu ihren Hobbys.*

Die Ballade vom Weidenmann

Siehst du dort den Weidenmann?
Kennst du die Geschichten?
Hör', was ich erzählen kann,
lass mich dir berichten.

Weidenmann, oh Weidenmann,
draußen auf der Wiese,
stumm und starr, der Weidenmann,
Tags ein sanfter Riese.

Schwingt die Finsternis die Fahnen,
ist die Dunkelheit erwacht,
zieht ein Schatten seine Bahnen,
schwärzer als die tiefste Nacht.

Seine Augen, nur ein Glimmen,
Überreste alter Zeit,
um ihn seiner Opfer Stimmen
bleiben stets ihm zum Geleit.

„Weidenmann, oh Weidenmann,
höre unser Flehen,
lass uns doch, oh Weidenmann,
in die Stille gehen."

Grausam sucht er immer weiter,
zieht sie mit in seinem Schweif,
und es bleibt vom Weidenreiter
seine Spur, ein Nebelstreif.

Suchst du ihn, bleib an der Pforte
zwischen Dämmerung und Nacht,
harre aus an diesem Orte,
bis zum Antritt seiner Wacht.

„Bist du es, der Weidenmann,
der aus den Geschichten?
Hör, was ich dir bieten kann,
wirst du für mich richten?"

Sprichst du Recht, wird er dich hören,
lässt ihn walten, seinen Griff,
steuert unter Geisterchören
durch die Nacht sein Weidenschiff.

Flechtet eine neue Seele
in sein dichtes Astgewand.
Legt sodann um deine Kehle
seine dürre Weidenhand.

„Hat er nun, der Weidenmann,
seinen Dienst gezollt.
Quid pro quo, der Weidenmann
fordert seinen Sold."

Rufst du ihn, den Weidenmann,
so ruf ihn mit Bedacht.
Sonst halt dich fern vom Weidenmann
im Finsteren der Nacht.

Annabell von Stern wurde 1992 in Bielefeld geboren und hat Gartenbauwissenschaften sowie Fish Biology, Fisheries and Aquaculture in Berlin studiert. Aktuell arbeitet sie in Detmold. In ihrer Freizeit schreibt sie Glückskekstexte für ihre Liebsten und lässt zum beruflichen Ausgleich Unkraut in den Ritzen ihrer Sonnenseitenterrasse wachsen. Von ihren Texten erschienen zuletzt zwei Gedichte in „Sternenblicks kleine Lyrikbibliothek Bd. 3 - Schmetterlinge" sowie eine Kurzgeschichte in „Sagenhaftes - Alte Sagen neu erzählt Bd. 2".

Der Leuchtturmwärter

Auf einem verlassenen Eiland, über blanken Felsen und steilen Klippen, die in der Wiege der Gezeiten in einem schier endlosen Schlaf verharrten, thronte ein Leuchtturm. Inmitten einer Neumondnacht legte sein Richtfeuer einen fahl schimmernden Schleier über die ruhige See. Einige Meilen entfernt, wo sich die mächtige Ule in die Nordsee ergoss, blinzelte das Licht des Schwesternfeuers vor dem wolkenverhangenen Himmel. Am Fuße des Turms kämpfte sich der Schein einer einzelnen Kerze durch die groben Fensterläden einer einsamen Hütte.

Im einzigen Zimmer der spartanischen Unterkunft des Leuchtturmwärters gab es nicht viel mehr, als er während seiner Zeit auf der Insel brauchte – Nahrung, Kleidung, Licht. Ein Bett, ein Tisch mit einem Stuhl. Ein Fenster in jede Himmelsrichtung. Auf dem Tisch lagen neben der Kerze seine einzigen persönlichen Gegenstände: ein hölzernes Kreuz. Eine leere Schatulle, deren feines Relief eine Vielzahl grotesker Wasserwesen zeigte. Ein schmutziger Beutel, in dem sechs glänzende Münzen darauf warteten, zu seiner Familie getragen zu werden.

Die Flamme der Kerze begann zu tanzen, als der Leuchtturmwärter in das Zimmer trat und eine salzige Brise mit sich führte. Momente zuvor hatte er die blassen Umrisse einer Karavelle erspäht, die sich auf ihrem Weg nach Baalfeld, der aufblühenden Seehandelsmetropole am Rande der Ule, in Richtung Küste orientierte. Nervös blickte er in die leere Schatulle. Dann löschte er die Kerze, schloss die Schatulle und schaute gebannt auf das finstere Meer hinaus. Der Mond stand günstig, doch es war nicht das Schiff, dem die Nachtseite des Trabanten Glück versprach. Dem Wärter wurde es schwer zumute, als sich weit vor dem Bug das Wasser regte.

Hastig stürmte er aus seiner Hütte und stieg den Turm empor, wo in einem eisernen Korb Dutzende brennende Holzscheite das leitende Licht in die Ferne entsandten. Eimer mit Wasser standen um den Korb und der Leuchtturmwärter begann, das Feuer zu löschen.

Als das letzte Glimmen in Rauch überging und die Finsternis endgültig ihren rechtmäßigen Platz eingenommen hatte, lehnte sich der Wärter über das Geländer und lauschte. Über die sanfte Brandung wehten die Stimmen der verwirrten Schiffsleute zu ihm herüber. Immer weiter schwollen ihre Rufe an, wurden aber bald übertönt von einem Rauschen, dessen Ursprung sie nicht sehen konnten. Irgendwann ging das Rauschen in ein Tosen über und die Rufe wichen dem Schallen entsetzter Schreie. Holzbohlen stöhnten, Segel rissen, Körper schlugen auf dem Wasser auf und wurden unbarmherzig in die Stille gerissen. Dann, so schnell wie es aufkam, legte sich das Tosen wieder. Der Wärter tauschte die Scheite aus und entzündete das Feuer neu. Als sich die See wieder in ihren schimmernden Schleier gehüllt hatte, war von der Karavelle nichts mehr zu sehen.

Im Zimmer des Leuchtturmwärters flammte die Kerze auf, tauchte die Schatulle in warmes Licht und zeichnete mit tiefen Schatten die Umrisse der bizarren Wesen nach. Der Wärter öffnete die Schatulle. Eine einzelne Münze blitze ihm entgegen. Schweren Herzens nahm er sie heraus und warf sie in den schmutzigen Beutel, wo nun sieben glänzende Münzen darauf warteten, zu seiner Familie getragen zu werden.

Adrian van Schwamen, geboren 1992, lebt seit 2012 in seiner Wahlheimat Erlangen. Er schreibt über das Phantastische, das Unheimliche und das Komisch-Absurde. Bisher veröffentlicht wurden der dystopische Roman „Protokoll 46" (2018) sowie erzählerische Kurzformen, unter anderem in „Der Maulkorb. Blätter für Literatur und Kunst" (2020), in „apostrophe. Zeitschrift für Literatur" (2022/23), in „Phantastisches, Merkwürdiges und Alltägliches" (2022) sowie in „etcetera Literatur und so weiter" (2023).

Plagegeister

Wir bestreiten ein Zeltlager inmitten im mittlerweile tiefdunklen, sehr gruselig wirkenden Wald. Es ist bereits spätabends und schon ziemlich frisch, gar recht kalt. Müde und erschöpft sitzen wir ums Lagerfeuer herum, wärmen uns ein bisschen auf und sehen den Flammen beim Tänzeln zu. Rauch steigt kontinuierlich auf. Plötzlich irgendwelche fremden, unbekannten Geister über den Flammen hin- und herspringen. Sie sind sehr jähzornig. Doch irgendwann verschmelzen sie auf einmal mit den Flammen und verbrennen einfach. Ihre Überreste zischen mit den Rauchschwaden ab und versinken in den Nebelschwaden auf Nimmerwiedersehen.

Erleichtert atme ich zunächst auf und erhole mich rasch von diesem kurzen Schreck. Doch zumeist folgt ein Schreck auf den nächsten Schreck. So wie jetzt. So fällt mir doch gerade erst so richtig bewusst auf: Hinter uns sind ja viele abgestorbene, sehr gruselig anmutende Bäume, also sehr viel Totholz. Aber auch Totholz lebt! Es kreucht und fleucht nämlich ziemlich ... Da sind unheimlich viele kleine Krabbeltierchen und Insekten. Diese allerschlimmsten Geister der Nacht sind ab der Dämmerungszeit natürlich ruckzuck erwacht und in besonderen Maßen aktiv. Mysteriös anmutende Insekten schwirren nun geheimnisvoll durch die Nacht und verwirren uns und vor allem auch unsere Begleithunde sehr. Mücken, die im Stockdunkeln nahezu unsichtbar sind, quälen und peinigen uns. Sie drangsalieren uns grausam und verärgern uns immens. Sie sind einfach entsetzliche Plagegeister! Etliche Mücken fliegen um uns herum, piesacken uns penetrant und piksen uns dabei immer wieder. Arme und Beine schwellen deutlich an. Es juckt bestialisch, nahezu unaufhörlich. Ein quälend beißender Juckreiz! Zombie-Gefühle kommen in mir auf. Gefühlt ein widerliches Geistertreiben im eigenen Körper.

Daher nun urplötzlich: unwillkürlich schreiend Aufspringen! Ungestüm umherspringen, ganz außer mir sein. Wie bekloppt wild wedeln mit den Armen und Beinen, um die vielen bösen Plagegeister zu vertreiben! Und sich dabei dummerweise auch noch ungewollt selbst

verletzen. Voller Unachtsamkeit bezüglich des Drumherums im tiefdunklen Wald unkontrolliert in ein paar stachelige Disteln hinein-
gesprungen bzw. -getreten. Dann noch unglücklich eine Dornenhe-
cke gestreift und die Haut blutig aufgekratzt. Und aus Versehen mit
nackter Hand zudem auch noch Brennnesseln touchiert. Was für ein
Brennen! Und sowieso bereits ja schon ein entsetzlicher Juckreiz am
ganzen Körper vor allem infolge der vielen unfreiwilligen Mücken-
kontakte. Es ist einfach fürchterlich hier inmitten des tiefen Waldes.
Plagegeister ohne Ende! Vollends ungebeten. Von der Natur erbar-
mungslos in Beschuss genommen. Keine Chance, all den Pflanzen-
waffen und vor allem dem vielen Mini-Getier zu entkommen. Kleine
Spinnentierchen krabbeln einfach über mich. Auch Ameisen flitzen
noch über meine Füße und hinterlassen dabei ihre unangenehmen
Grüße. Es ist ein grauenvoller Aufenthalt hier im Wald. Hoffentlich
hat das alles hier bald ein Ende! Es ist einfach nicht mehr auszuhalten, wenn die vielen verschiedenen Insekten hier im Wald walten
und gnadenlos über uns herfallen.

Viele kleine, entsetzlich rotzfreche Plagegeister einem den Aufenthalt in der freien Natur zur Hölle machen. Es juckt, es brennt,
es zwickt. Auch irgendein kleines Vögelchen mich noch zu allem
Überfluss noch recht frech pikt. Und die ganze Zeit dann diese sehr
nervenden Geräusche um die Ohren: ein Surren und Summen, ein
Brummen. Daher wohl auf einmal einer unserer Hunde kurz knurrt.
Mehrere Kinder wie aber auch Erwachsene beginnen immer mehr zu
murren. Was für ein Gemurre! Denn es ist eine sehr nervende Her-
umschwirrerei, Stecherei und Beißerei. Mücken stechen und beißen.
Auch Zecken beißen. Ameisen pinkeln. Ein unsägliches Brennen
und Jucken. Unsere von den Fliegen sehr genervten Hunde beginnen jetzt auch noch zu jaulen. Und aus der Ferne ertönt anscheinend
sogar Wolfsgeheul. Auch ich jetzt heul! Denn ich will nur noch nach
Hause! Ganz schnell aus dem tiefen, dunklen Wald heraus! Doch es
ist jetzt noch mitten in der Nacht. Daher keine Sicht, keine Orientie-
rung, kein Entkommen aus der Situation. Hier bleiben müssen am
Lagerfeuer, das immer kleiner wird und bald zu erlöschen scheint. Es
ist so entsetzlich dunkel …

Denn es ist in der Zeit um Neumond. Es gibt kein Licht. Auch
den Sternenhimmel sieht man nicht. Denn es ist stark bewölkt, die
Wolken nehmen so die Sicht. Auch wird es im Laufe der Zeit immer

stärker neblig. Der Nebel verdichtet sich immer mehr und kommt immer tiefer zur Erde hinunter. Himmel und Baumspitzen versinken recht schnell im Nebel. Bald sieht man fast gar nichts mehr vor dem Gesicht. So nimmt der Nebel irgendwann auch noch das letzte bisschen Sicht. Ausgerechnet ein Waldkäuzchen ruft jetzt plötzlich auch noch den legendären Geisterruf: „Huu hu huhuhuhuu!"

Ein unwillkürliches Zucken durchfährt nun meine Glieder und ein eiskalter Schauder läuft mir den Rücken runter. Ich ängstige mich immerzu. Krieche in meinen Schlafsack im Zelt und mache die Äuglein kurz zu. Doch dann sehe ich auf einmal leuchtende Augen im Stockdunkeln einige Meter von mir entfernt. Vielleicht ein Fuchs? Mein Herz beginnt zu klopfen, mein Puls rast. Warmer Atem ist alsbald zu spüren. So wie auch ein sanftes, weiches und kuschelig warmes Fell. Doch es ist nur mein eigener Hund! Große Erleichterung, alle Aufregung umsonst. Mein über alles geliebter Hund: Er wacht glücklicherweise auch hier über mich, will mich beruhigen und gibt mir noch einen Gutenachtkuss. Seine feuchte Zunge fährt dabei, wie auch sonst so üblich, durch mein Gesicht.

Doch es ist kein Licht. Man sieht einfach nichts. Feuer geht aus, glimmt nur noch ein bisschen. Es riecht aber trotzdem immer noch nach viel Rauch. Qualm weht mir ins Gesicht, kleine Rauchschwaden fegen über uns hinweg. Narkotisierend wirkt der Rauch. Er hilft mir ein bisschen, aus der Realität zu entschweben und vielleicht in einer neuen Welt aufzuleben. Ich schlafe bald auch. Erschöpft, fix und fertig, schlafe ich ein und träume in dieser Nacht heute auch noch eine Menge dummes Zeug. Mein Hirn macht nämlich aus all meinen vielen heutigen Erlebnissen und Eindrücken einfach mal Eintopf und mengt alles durcheinander. Die Geister tanzen so weiter sehr wild und äußerst ungestüm in meinem Kopf ...

Beim Aufwachen am nächsten Morgen bin ich zwar noch ganz wirre im Kopf, aber das gibt sich allmählich. Ich stelle jetzt jedenfalls fest: Das Feuer ist längst erloschen. Die schlimme, erste Nacht ist endlich überstanden – auch wenn unsere Hunde noch schlafen. Der Nebel löst sich allmählich auf. Die Bewölkung lichtet sich. Man sieht wieder den Wald vor sich. Und hat einen neuen Tag mit neuen Abenteuern im Zeltlager inmitten des tiefen Waldes vor sich ...

Juliane Barth, Jahrgang 1982, lebt im Südwesten Deutschlands.

Der rote Fleck

In einem fernen Lande stand vor langer Zeit einmal ein altes Schloss, dort wohnte schon so lange niemand mehr, dass sich kaum noch jemand an die ehemaligen Besitzer erinnern konnte. Langsam verfiel es, die Ratten und Mäuse und allerlei zwielichtiges Gesindel nisteten sich dort ein, aber keiner hielt es lange dort aus. Denn wie sich die Alten noch hinter vorgehaltener Hand erzählten, sollte es in dem Schloss spuken. Niemand hatte den Geist jemals gesehen, doch musste wohl etwas nicht mit rechten Dingen zugehen. Denn wer immer eine Nacht in dem Schloss zubrachte, berichtete von einem roten Fleck wie von Blut an einer der Wände, den konnte man abwischen und abwaschen, so oft man wollte, er erschien immer wieder und ließ sich nicht entfernen.

Die wildesten Geschichten machten die Runde, und wer etwas auf sich hielt, munkelte von einem Mord, der dort einmal begangen worden sein sollte. Einer der Vorfahren des Schlossherrn war vor Eifersucht ganz krank gewesen, und weil er geglaubt hatte, seine Frau sei ihm untreu, wann immer er auf Reisen war oder für den König in ruhmreichen Schlachten kämpfte, so berichteten die verhaltenen Stimmen, soll er sie in einer Kammer eingesperrt und die Tür zugemauert haben. In ihrer Verzweiflung soll die Frau den Verstand verloren haben und qualvoll umgekommen sein. Tatsächlich hatte man auch nie die Gebeine der Schlossherrin gefunden, aber kurz nachdem sie verschwunden war, hatte sich der Schlossherr das Leben genommen. So erzählte man sich und wusste doch nicht, ob auch nur ein Fünkchen Wahrheit in dieser Geschichte lag.

Nach Jahren und Jahrzehnten des Verfalls kehrte eines Tages der junge Schlossherr auf den Stammsitz seiner Ahnen zurück. Er war in der Fremde aufgewachsen, war oft auf weiten Reisen unterwegs, hatte sich Ansehen und Verdienste erworben und auch ein ansehnliches Vermögen geschaffen. Nun aber hatte es ihn wieder in die Heimat seiner Vorfahren gezogen und er gedachte, sich im Schloss seiner Vorväter einzurichten. Die wilden Geistergeschichten glaubte er nicht, mochten ihm die Leute auf seiner langen Reise auch noch so viele erzählen.

Als er auf dem Schloss eintraf, fand er aber doch den Fleck wie von rotem Blut an einer der Wände vor. Sogleich machte er sich daran, ihn zu entfernen, um allen Gespenstergeschichten ein für alle Mal Einhalt zu gebieten. Mit Wasser und Bürste rückte er ihm zu Leibe und schon nach kurzer Zeit war die Wand so sauber wie eh und je. Kein roter Fleck war mehr zu sehen, bald würden auch die Stimmen, die Geistergeschichten erzählten, verstummen.

Als er aber am nächsten Morgen erwachte und sein Weg ihn an dieser Wand vorbeiführte, siehe, da war der Fleck wie von rotem Blut wieder erschienen. Der junge Herr bekam einen gehörigen Schrecken, als er erkennen musste, dass in den Spukgeschichten wohl doch ein Körnchen Wahrheit liegen sollte.

Da ging er in die Stadt und wollte Farbe kaufen, um den Fleck zu übermalen. Der Händler ahnte auch sofort, was der junge Schlossherr vorhatte, und er ahnte auch, was er zuvor versucht hatte. Seine Worte gaben dem jungen Herrn noch eine Weile zu denken, denn er sagte: „Eine Schuld lässt sich nicht einfach abwaschen."

Aber jetzt gab sich der junge Schlossherr erst recht kämpferisch. Als er im Schloss zurück war, machte er sich sofort an die Arbeit, nahm Pinsel und weiße Farbe und strich die ganze Wand, dass sie im hellen Licht leuchtete. Kein Stäubchen verunzierte sie mehr – und ein Fleck wie von rotem Blut war erst recht nicht mehr darauf zu sehen. Zufrieden legte er sich schlafen und war sich sicher, dem Spuk damit ein Ende bereitet zu haben.

Der nächste Morgen belehrte ihn eines besseren. Sogleich lief er vor die Wand, um sich zu überzeugen, dass er recht behalten würde, aber was musste er da sehen – der Fleck war wieder erschienen. Und nicht nur das, das Rot schien dunkler und frischer denn je, so als wollten ihm die Geister zeigen, dass sie sich von ihm nicht vertreiben ließen. Fast meinte er sogar die Stimme des Händlers in der Stadt zu hören, als ob er neben ihm stünde und sagte: „Eine Schuld lässt sich nicht einfach übertünchen."

Da musste der junge Schlossherr einsehen, dass die Geschichten wohl alle wahr waren. Und er begann zu zweifeln, ob er im Kampf gegen die Geister der Vergangenheit bestehen würde. Verzweifelt überlegte er, was er noch tun konnte, um diesen Fleck von seiner makellos weißen Wand zu entfernen. Schließlich kam ihm ein Gedanke in den Sinn, dass er die Mauer wohl einreißen musste. Wenn die Wand zur Gänze fehlte, konnte schließlich kein roter Fleck auf ihr mehr erscheinen.

Also nahm er Hammer und Hacke und machte sich an die Arbeit. Schlag für Schlag trug er die Mauer ab, riss einen Ziegel nach dem anderen heraus. Der Schweiß rann ihm von der Stirn und seine Hände schmerzten von der harten Arbeit. Aber was musste er sehen, als sein Blick einmal auf einen Haufen Ziegel fiel, den er zur Seite tragen wollte? Auf jedem einzelnen der Ziegel war ein roter Fleck erschienen, nicht so groß wie der auf der Wand, aber von derselben Form und von einem Blutrot, das nun so dunkel und bedrohlich war, als wollte es ihm vor Augen führen, wie vergeblich sein Bemühen war.

Auch die Stimme des Händlers in der Stadt meinte er wieder zu hören, als stünde er neben ihm und sagte: „Eine Schuld lässt sich nicht einfach abtragen wie eine Ziegelwand."

Der Schweiß, der ihm nun auf der Stirn stand, rührte nicht mehr nur von der harten Arbeit her, sondern er war kalt vor Angst. Ein Schlag mit dem Hammer und der Hacke noch, so meinte der junge Herr, und die Scharen der Geister und Horden der Dämonen mussten durch die Wand fahren und über ihn herfallen.

Aber es war bereits zu spät. Als wäre seine Hand selbst zum Leben erwacht, führte sie den letzten Schlag aus und endlich brach die Mauer zur Gänze zusammen. Hastig sprang der junge Schlossherr davon, weniger aus Angst, ein herabfallender Stein mochte ihn treffen, sondern mehr aus Furcht, der Teufel mochte hinter der Mauer lauern und ihn packen.

Als das Poltern aufgehört hatte, der Staub sich legte und die Sicht wieder klarer wurde, sah der junge Herr, dass er noch lebte. Kein Geist hatte sich seiner bemächtigt, kein Dämon war über ihn hergefallen, und kein Teufel hatte ihn mit sich gerissen. Dafür war die Mauer nun zur Gänze eingestürzt und gab den Blick auf einen kleinen Raum frei, der dahinter lag. Kaum drei Schritte maß er in jeder Richtung und es gab nur ein kleines Fenster knapp unter der Decke, durch das ein wenig Sonnenlicht hereinfiel und das schaurige Bild beleuchtete, das sich ihm da bot. In einer Ecke der Kammer lagen Gebeine und ein Totenschädel, die nun wie vom Glanz Gottes erhellt wurden und sich nach ihrer Erlösung sehnten.

Da wusste der junge Herr, dass all die Geschichten wahr sein mussten. Rasch holte er den Kaplan und der ließ die Gebeine in allen Ehren bestatten und in geweihter Erde begraben. So hatte der junge Schlossherr nach Jahrhunderten endlich den ruhelosen Geist der gepeinigten Frauenseele erlöst. Er ließ die Kammer wieder zumauern, strich die Wand weiß, hängte ihr zu Ehren einen Kranz an die Stelle, wo zuvor der rote Fleck geprangt hatte, und seitdem ist der Fleck wie von rotem Blut nie wieder erschienen.

Und sicher wäre auch die Geschichte um ihn bald in Vergessenheit geraten, wenn ich sie euch jetzt nicht erzählt hätte.

Adrian Schwarzenberger, *geboren 1982 in Bautzen, arbeitet als Autor und Übersetzer.*

Das Schlossgespenst

Es war eine laue Sommernacht in einem kleinen Dörfchen. Der Mond stand hoch am Himmel und Ida war mit ihrem Onkel auf dem Weg zu einer alten Burgruine ganz in der Nähe – umgeben von Wald. Seit Wochen schon freute sie sich auf diesen Ausflug. Der Himmel war sternenklar, die Temperatur richtig angenehm, alles war perfekt für ihr Vorhaben.

Langsam, um nicht zu stolpern, erklommen sie die Stufen des alten Gemäuers. „Darf ich es diesmal selbst ausrichten?", fragte Ida.

„Natürlich, ich werde dich heute einfach mal machen lassen", war die Antwort.

Die Rede war vom Teleskop. Samuel hatte sie für Astronomie begeistert und Ida schon vieles beigebracht. Heute Nacht war es so weit. Samuel hatte endlich seine Schwester davon überzeugt, dass unter seiner Aufsicht nichts passieren konnte und das Phänomen wirklich etwas ganz Besonderes war. Deshalb durfte Ida heute mit ihm auf die alte Festung, um den bestmöglichen Blick darauf zu erhaschen. „Weißt du noch, was wir uns heute anschauen wollen?", fragte er seine Nichte.

„Heute Nacht können wir einen Supermond betrachten", antwortete sie begeistert.

„Ganz genau. Und was ist daran so besonders?"

„Der Mond ist der Erde dann besonders nah und wirkt viel größer."

„Richtig. Und was wollen wir noch versuchen zu erblicken?", wollte Samuel wissen.

„Die ISS soll in etwa einer Stunde vor dem Mond vorbeifliegen. Und kurz bevor die Sonne aufgeht, willst du mir zeigen, warum die Venus auch Morgenstern genannt wird."

„Super, du weißt ja ganz genau Bescheid. Weißt du auch, wo wir dafür hingucken müssen?"

„Nein, von meinem Zimmer aus schon, aber wir sind um so viele Kurven gelaufen, keine Ahnung. Wohin denn?"

„Dort", sagte Samuel und zeigte mit seinem Finger in die Richtung, als ein schauriges Jammern ertönte.

„Was war denn das?", wollte Ida wissen.

„Ich weiß nicht, das hab ich noch nie gehört", gestand ihr Onkel.

„Vielleicht ein Gespenst?"

„Aber du weißt doch, Gespenster gibt es gar nicht."

„Man hielt Pluto auch mal für einen Planeten, oder nicht? Vielleicht wurden Gespenster nur noch nicht entdeckt", warf Ida ein.

„Hast du Angst?", wollte Samuel wissen.

„Nein, das klang nicht wie etwas, wovor man Angst haben müsste. Eher traurig."

Beruhigt, seine Nichte nicht davon überzeugen zu müssen, nicht in Gefahr zu sein, begann Samuel damit, das Teleskop aufzubauen. Wie versprochen, überließ er die Ausrichtung des Teleskops ihr.

Uuuuuuhhhhhhh!

Wieder ertönte das Klagen und weil sie beide in ihre Arbeit vertieft waren, schossen sie beide erschrocken in die Luft.

„Okay, jetzt finde ich es doch ein wenig unheimlich", gab Ida zu.

„Hallo? Ist hier jemand?", fragte Samuel in die Dunkelheit hinein.

Uuuuuuhhhhhhh!

„Geben Sie sich zu erkennen, was soll denn dieser Blödsinn? Das ist nicht lustig."

Uuuuuuhhhhhhh!, ertönte es von Neuem, gefolgt von einem schmatzenden Geräusch.

Samuel wollte sich vor seiner Nichte nichts anmerken lassen, aber auch sein Herzschlag beschleunigte sich. Normal war dieses Geräusch nicht. Kein Tier machte so. Aber wenn jemand sich verletzt hätte, würde der doch antworten, oder nicht? Spielten ihnen ein paar Kinder aus dem Dorf einen Streich? Das Schmatzen verstummte ebenso plötzlich, wie es begonnen hatte.

„Ich glaube, das kam von da unten", flüsterte Ida aufgeregt.

Vorsichtig beugte sich Samuel über die Brüstung des Mauerwerks und rief hinunter: „Egal wer ihr seid, hört mit dem Quatsch auf!"

Tatsächlich folgte Stille und sie konnten gemeinsam den Mond beobachten, verschiedene Krater benennen und sogar das Vorbeifliegen der ISS erwischten sie. Bis plötzlich, als sie schon gar nicht mehr an das seltsame Geräusch dachten, ein ohrenbetäubendes Schnarchen einsetzte.

„Das hörst du auch, oder?", versicherte sich Samuel bei Ida.

„Mhm. Hier ist irgendwer", flüsterte sie zurück.

„Du bleibst hier oben, ich geh unten nachsehen", beschloss Samuel und versuchte, so lässig wie möglich zu wirken.

Sehr langsam schob er sich die Treppe herunter, bis ihn Ida nicht mehr sehen konnte. Sie setzte sich deshalb zusammengekauert an eine Wand, immer mit dem Blick zur einzigen Treppe, dem einzigen Zugang zu diesem Ort.

Eine ganze Weile hörte sie bis auf das Schnarchen und ein seltsames Schmatzen nichts mehr. Nach ihrem Onkel zu rufen, wagte sie nicht. Dann wüsste ja ein jeder, wo sie war und dass sie alleine da saß. Außerdem sollte niemand gewarnt sein, dass ihr Onkel sich heranpirschte. Die Warterei machte Ida schon ganz wahnsinnig, als sie ein sehr vertrautes und noch viel beruhigenderes Geräusch hörte. Ihr Onkel lachte.

„Komm runter, Ida, das musst du sehen!", rief er.

Eilig rappelte sie sich auf und stürmte die Treppe hinab. Was würde sie dort unten erwarten? Auf jeden Fall nichts Gefährliches, sonst würde ihr Onkel sie ja nicht runter rufen.

„Da hast du dein Schlossgespenst", sagte er, als sie ankam, und deutete in eine dunkle Ecke.

Dort im Schatten hatte sich ein geradezu umwerfend hübscher Rottweiler breitgemacht und schmatzte genüsslich im Schlaf.

„Der muss beim alten Fritz ausgebüchst sein, weißt du noch, wie er heißt?", fragte Samuel.

„Nein, weiß ich nicht mehr. Aber kann er nicht mit uns auf die Venus warten? Bestimmt wollte er einfach nicht allein sein."

„Natürlich kann er das. Und morgen, wenn wir zurückgehen, schauen wir bei Fritz vorbei."

Nico Haupt begann 2023 mit dem Texten und hat bereits mehrere Bücher im Selfpublishing herausgegeben. Darüber hinaus nimmt er auch mit Erfolg an Ausschreibungen teil. Für nähere Informationen schauen Sie gerne auf seiner Webseite *www.scrollforge.de* vorbei.

Es war einmal ein Geist ...

Es war einmal ein Geist. Herr Nudel hatte ihn in eine Flasche eingesperrt, weil er es für sehr dumm hielt, dass ein Geist frei umherflog und Schrecken verbreiten konnte. Die Flasche stand auf einem Dachboden in einem verlassenen Haus. Eines Tages kamen ein paar neugierige Kinder in das verlassene Haus. Es waren drei Jungs und drei Mädchen. Die Kinder hießen übrigens Bella, Marie, Pia, Leo, Gregor und Vito. Sie hatten von dem alten Haus gehört und sie hatten auch gehört, dass Herr Nudel einen echten Geist in eine Flasche gesperrt hatte. Herr Nudel war inzwischen weltberühmt, er war im Fernsehen, in der Zeitung und er wurde ständig interviewt. Die Kinder wollten den Geist erforschen und ihn freilassen. Aber sie hatten nicht damit gerechnet, wie bösartig der Geist war.

Bella öffnete die alte Tür des alten Hauses. Sie quietschte ganz schön gruselig. Die Jungen betraten langsam das Haus. Die Mädchen folgten ihnen. Sie kamen in einen alten Flur. In dem Flur lagen ein paar Gerippe herum und es war stockdunkel. Pia tastete vorsichtig an den Wänden nach dem Lichtschalter. Aber sie fand keinen. Die Kinder tasteten sich langsam vorwärts. Auf einmal stolperte Marie über etwas Hartes, dabei traf ihre Hand den Lichtschalter und danach ging das Licht an. Marie erschrak, als sie sah, über was sie gestolpert war. Jetzt sahen es die anderen auch. Es war eines der Gerippe.

„Oh Himmel", entfuhr es Pia und Bella wie aus einem Mund. Auch die Jungs schauten mit weit aufgerissenen Augen auf die Gerippe. Es sah wirklich grauenhaft aus.

„Kommt, lasst uns weitergehen", drängte Marie, die sich als Erste von dem Schreck erholt hatte.

„Ja, du hast recht", sagte Gregor.

Alle stimmten ihm zu – bis auf Leo, dem das Haus nicht ganz geheuer war. „Sei kein Angsthase!", sagte Vito zu ihm und sie gingen weiter. Da entdeckten sie eine Treppe, die ihnen vorher noch nicht aufgefallen war. Bella wollte gerade einen Fuß auf die Treppe setzen, als Vito sie zurückzog.

„Ahhh!" Bella schrie auf und drehte sich um. „O Mann, du hast mir einen richtigen Schrecken eingejagt."

„Ich wollte dich doch nur warnen", verteidigte sich Vito, „weil die Treppe sehr morsch ist."

Im Hintergrund hörten die Kinder den Wind durch die Fensterritzen pfeifen. Die Fensterläden klapperten. Marie traute sich als Erste auf die Treppe. „Na kommt schon!", rief sie den anderen zu. „Wenn die Treppe mich aushält, wird sie auch euch aushalten. Oder seid ihr zu feige?"

Die anderen folgten ihr mit weichen Knien. Leo ging als Letzter. Plötzlich merkte er, dass irgendwas an seiner Jacke zog. Mit klappernden Zähnen schaute er sich um. Er war an einem rostigen Nagel hängen geblieben. Erleichtert löste er seine Jacke vom Nagel. Durch das Ziehen am Nagel öffnete sich die Wand an der Stelle.

Leo staunte. Dann rief er die anderen. Aber die waren schon zu weit oben. Leo wollte nur mal nachsehen, was sich hinter der Wand wohl verbergen mochte, ging einen Schritt hinein und wollte dann schnell den anderen nachlaufen. Doch als er sich umdrehte, war die Mauer hinter ihm schon wieder verschlossen.

„Hilfe! Hilfe! Hört mich denn keiner?", schrie er, so laut er nur konnte. Aber niemand antwortete. Er hörte nicht einmal mehr den Wind und die Fensterläden. Leo schaute sich ängstlich in der Kammer um. Er sah ein altes staubiges Regal voller Spinnenweben. Dahinter stand eine ebenso staubige Flasche.

„Ob das wohl die Flasche mit dem Geist ist?", fragte er sich. Vorsichtig nahm er die Flasche aus dem Regal. Er wollte den anderen beweisen, dass er kein Feigling war, und zog mit zitternden Fingern am Korken. Der Korken löste sich mit einem *Plopp* aus der Flasche. Auf einmal kam ganz viel Nebel aus der Flasche und eine bleiche Gestalt stand plötzlich vor ihm. Sie war etwa so groß wie ein Menschenbaby und hatte vier Arme mit kleinen Fingern. „Der Geist", dachte Leo und ihm lief ein Schauer über den Rücken.

Plötzlich sagte der Geist „Sie haben drei Wünsche frei, mein Herr."

„Wa...wa...warum?", stotterte Leo.

„Weil du mich aus der Flasche freigelassen hast", antwortete ihm der Geist.

Leo überlegte kurz, dann sagte er: „Ich wünsche mir mein Lieblingsbuch."

Der Geist sagte: „Dein Wunsch soll mir befohlen sein." Er schnipste nur einmal mit den Fingern und dann lag ein Haufen Asche vor Leo. Der Geist lachte böse: „Hahaha. Hast du etwa vergessen, dass dein Vater dein Lieblingsbuch in den Kamin geworfen hat?", sagte er böse.

„Mein zweiter Wunsch ist, dass ich zu meinen Freunden zurückwill."

Seine Freunde hatten inzwischen bemerkt, dass Leo weg war, und sie suchten ihn auch. Plötzlich rief Marie „Ich habe etwas gefunden!" Alle kamen zu ihr gelaufen. Ein Bindfaden hing aus der alten Gemäuerwand. Jetzt zog Gregor an dem Bindfaden. In diesem Moment öffnete sich die Wand. Die Kinder staunten nicht schlecht. Sie gingen leise hinein und schauten sich vorsichtig um. Es gab nur Stroh und einen Galgen. Ganz grausam sah das aus.

„Das muss das alte Verlies sein."

Auf einmal ging die Mauer wieder zu. „Oh nein!", klagte Pia.

Jetzt bemerkten es auch die anderen.

„Dein Wunsch soll mir befohlen sein", sagte der Geist gerade wieder zu Leo. Und er schnipste auch wieder mit den Fingern. Alle erschraken, als Leo plötzlich wieder bei ihnen war.

„Wo kommst du denn jetzt her?", fragte Vito.

„Der Geist hat mich hierher gezaubert."

„Der Geist, der von Herrn Nudel in der Flasche eingesperrt worden ist?", fragte Bella.

„Genau der", sagte eine Stimme im Stroh.

Die Kinder fuhren herum, sie waren so auf Leo konzentriert gewesen, dass sie gar nicht bemerkt hatten, dass der Geist es sich im Stroh gemütlich gemacht hatte.

„Na, das war dein zweiter Wunsch. Und übrigens, ich habe noch viel zu tun, zum Beispiel die Rache. Also, morgen komme ich wieder und du kannst mir dann deinen dritten Wunsch verraten. Ihr müsstet hier schlafen, also bis morgen." Und damit verschwand er.

„Zu blöd, unsere Eltern werden sich furchtbare Sorgen machen und die Polizei informieren", sagte Leo.

Die anderen stimmten ihm zu. So beschlossen sie, einen Ausgang zu suchen. Sie fanden nichts – bis auf einen engen Lüftungsschacht. Auf einmal riss Vito das Gitter von dem Lüftungsschacht weg und versuchte, sich hindurchzuzwängen.

„Was machst du denn da?", fragte Pia.

„Ich gucke, ob man vielleicht durch den Lüftungsschacht hinaus-kommt."

Der Lüftungsschacht war sehr schmal, aber wenn sie hintereinan-der hindurchkrochen, konnten sie es schaffen. Der Lüftungsschacht endete an einer rostigen Tür. Zum Glück war sie nicht verschlos-sen. Vito öffnete sie und sah dahinter einen verwilderten Garten. Er staunte, ging zu den anderen zurück und erzählte ihnen, was er gesehen hatte.

Bella sagte „Wir gehen nacheinander, erst Vito, weil der sich dort am besten auskennt. Danach ich, dann Marie, Pia und zum Schluss Leo und Gregor."

Der Lüftungsschacht war recht staubig. Marie musste heftig nie-sen. Endlich gelangten sie an die rostige Tür, dann sahen alle den verwilderten Garten. Leo rief: „Jetzt weiß ich, wo wir sind, in dem Garten des verlassenen Hauses!"

Inzwischen war der Geist im Tonstudio, wo Herr Nudel gleich ein wichtiges Interview vor sich hatte. Der Geist versteckte sich hinter ein paar Kisten, in denen ein paar alte Aufnahmen lagen.

Das Interview begann und der Geist streckte seinen Kopf neben der Kiste heraus. Herr Nudel hatte ihn noch nicht gesehen, aber einer der Reporter schrie erschrocken auf. Herr Nudel drehte sich zu der Kiste um, wohin der Reporter entsetzt blickte. Herr Nudel erkannte den Geist sofort und bekam Panik. Der Geist schnipste einmal mit den Fingern und Herr Nudel hatte auf einmal einen kit-schigen Damenhut auf. Alle lachten – außer ihm.

Wieder schnipste der Geist mit den Fingern und plötzlich fanden sich der Geist und Herr Nudel in einem Vulkangebiet wieder. Dort unten brodelte die heiße Lava und heiße Dämpfe stiegen auf. Der Geist murmelte: „Ich wünsche mir, dass dieser Herr hier in die Lava fällt."

Gerade setzte er an zum Schnipsen, als Herr Nudel brüllte: „Nein, nein, nein!"

„Hahaha, das hättest du wohl gerne?"

Die Kinder waren inzwischen zur Polizeistation gerannt und hat-ten dort alles berichtet. Und sie hatten auch erklärt, dass der Geist sich an Herrn Nudel rächen wollte. Herr Nudel schwebte in größter Gefahr. Die Polizei sagte daraufhin, es gäbe ein Mittel gegen Geister, das bewirkte, dass Geister unschädlich würden. Ganz Europa wurde nach Herrn Nudel abgesucht. Schließlich fanden sie ihn genau in dem Vulkangebiet, in das der Geist ihn verschleppt hatte. Ein Rettungshubschrauber kam ins Vulkangebiet genau in dem Augenblick, in dem der Geist schnipste, um seine Rache zu verwirklichen.

Herr Nudel wankte und fiel dann in den Abgrund, er konnte sich noch an einem Felsvorsprung festhalten und drohte abzustürzen in die Lava. Über ihm ließ der Rettungshubschrauber seine Strickleiter herunter und Herr Nudel konnte sich an ihr festklammern und vorsichtig hochklettern.

Die Polizei hatte dem Geist das Mittel, das ihn unschädlich machen sollte, mit einer Spritze verabreicht. Dem Geist wurde schlecht, er wurde grün und sagte mit heiserer Stimme: „Meine Flasche, ich brauche meine Flasche."

Die Kinder erklärten sich bereit, die Flasche aus dem Raum zu holen, in dem Leo den Geist freigelassen hatte. Leo rannte als Erster in das Haus und ging zur Treppe. Dann ließ er seine Jacke absichtlich an dem Nagel hängen bleiben und die Wand schob sich wieder zur Seite. Die Kinder betraten den Raum.

„Einer muss draußen bleiben", sagte Leo, „sonst schließt sich die Mauer wieder und wir kommen von innen nicht hinaus."

„Ich bleibe draußen", sagte Gregor.

„Hier warst du, als du an dem Nagel hängen geblieben bist?", fragte Bella.

„Genau hier", antwortete ihr Leo und schnappte sich die Flasche.

Die Mauer hatte sich wieder geschlossen, jetzt blieb Gregor absichtlich mit der Jacke an dem Nagel hängen und die Freunde konnten den Raum durch die offene Mauer verlassen. Sie rannten ins Vulkangebiet zurück.

Der Geist fragte mit schwerer Stimme Leo nach seinem letzten Wunsch. Leo sagte: „Ich wünsche mir, dass deine Flasche nie gefunden wird."

Der Geist kletterte in die Flasche und Gregor setzte den Korken drauf, drinnen in der Flasche konnte man ein Schnipsen hören, dann verschwand die Flasche.

Und so lebten alle von diesem Tag an glücklich und zufrieden und Herr Nudel musste nie mehr ins Radio, Fernsehen oder in die Zeitung.

Nun wollten die Reporter die Kinder befragen, aber die Polizei setzte sich für die Kinder ein und drohte jedem, der die Kinder interviewen wollte, ihn festnehmen zu lassen.

Der Geist wurde nie wieder je gesehen.

Friederike ist 10 Jahre alt, spielt sehr gerne Klavier und liest gerne. Sie kommt aus Berlin Pankow. Ihre Lieblingstiere sind Katzen und sie hat zwei Kater zu Hause.

Der Gruselwald

Der Wald ist grausam, wie es scheint,
Niemand wagt dort hinzukommen in den seelenlosen Wald.
Wo die Nacht grausam erscheint.
Wo die Geister wirren und irren in dem Wald
der grausamen Gruseligkeit.

Der Grusel und das Gewusel und die leisen Geisterstimmen
hört man sich in dem dunklen Wald verirren.
Und auch jedes BUH und jeder Schreck im dunklen Wald erweckt,
Ja, jede Stimme im Wald sich verirre.

Um Mitternacht jedoch
kommen die Hexen aus ihren Hexenloch.
Angst und Schrecken kommt über die Menschen herbei.
Jede Geisterstimme sich verirre, jede Hexenstimme kommt.
Jedes BUH und jeder Schreck den dunklen Wald erweckt.

Ja, hört ihr diese Stimmen im Wald sich verirren?
Doch um Mitternacht kommen Gruseligkeiten
aus dem dunklen Loch.
Gruseligkeiten aus dem dunklen Loch
fliegen auf die Menschen zu,
Die Menschen erschrecken sich vor diesen Gruseligkeiten.

Da schreien sie, da kreischen sie,
Die Tiere wittern laut und sie hören niemals auf.
Aber in jeder dunkle Nacht kommen seltsame Kreaturen
aus dem dunklen Loch heraus und das Herz erwacht
mit einem großen Krach.

Emily Mehrabi *wohnt im Bezirk Pankow. Sie geht in die Schule Eins.
Ihr Hobby ist, Geige zu spielen. Ihr Lieblingstier ist der Tiger.*

Die andere Welt

„Oma? Omaaaaa!", rief Clara, als sie ihre Oma sah. Clara freute sich schon seit Wochen darauf, zu ihrer Oma zu fahren. Sie sahen sich nur selten, aber da vor ein paar Wochen Claras Geburtstag gewesen war, hatte sie eine Fahrt zu ihrer Oma geschenkt bekommen. Es war ein ruhiges Städtchen, in dem ihre Oma lebte. Greenhill hieß es.

„Oh Clara, sieh dich nur an! Wie groß du geworden bist!" Das sagte Claras Oma immer, wenn sie sich sahen. „Komm, wir gehen nach Hause. Du bist bestimmt ganz müde, so lang, wie du gefahren bist."

„Oh ja", antwortete Clara mit einem Gähnen.

Kurze Zeit später saßen die beiden am Esstisch und aßen Abendbrot.

„Oma, ich leg mich hin. Ich bin zu müde, um irgendwas zu machen", sagte Clara wirklich müde ihrer Oma.

„Okay. Hmm, Clara?"

„Ja, was ist?"

„Dein Zimmer ist jetzt ganz oben. Unter dem Dach."

„Ja", rief Clara gerade noch so hörbar. Sie ging also nach oben, auf der Suche nach ihrem Zimmer.

Quietsch ... Die alte Tür zum Dachboden, die anscheinend schon lange nicht mehr geöffnet worden war, ächzte und quietsche beim Öffnen. Clara ging ein paar Schritte. Beim Abbiegen fiel ihr der alte Spiegel ins Auge, der ihr schon immer etwas gruselig vorgekommen war. Darin sah sie eine bleiche Gestalt mit einem langen, schwarz-roten Kleid. „Bestimmt nur Einbildung", dachte sich Clara.

Der Dachboden war zwar nicht wirklich hoch, dafür aber ziemlich breit. Endlich fand Clara ihr Zimmer, das durch einen Zettel mit der Aufschrift *Clara* gekennzeichnet war, geschrieben in der wie immer etwas unordentlichen Handschrift ihrer Oma.

Auch diese Tür quietschte.

Das Erste, was Clara ins Auge fiel, war die Dachschräge. Kurz darauf sah sie ihr Bett. Sie erkannte, dass dieses Zimmer früher einmal ihrer Mutter gehört hatte. Sie hatte es ihr bei ihrem ersten Besuch bei ihrer Oma gezeigt.

Clara betrat das Zimmer und ihre Socken versanken im sehr weichen und flauschigen Teppich, der den ganzen Boden bedeckte. Sie ging ein paar Schritte nach vorn, ans andere Ende des Zimmers, und öffnete die Türen des Schrankes. Sie sah viele Fotos von ihrer Mutter, aber auf einem sah sie sehr blass und düster aus. Sie trug ein langes, bis zum Boden reichendes Kleid mit kurzem Umhang und blutroten, funkelnden Ohrringen. Dazu trug sie eine passende Kette, die aus denselben Steinen gemacht war wie die Ohrringe.

„Ah!", rief Clara leise. Sie hatte für einen kurzen Moment den Eindruck gewonnen, dass sich die Mundwinkel ihrer Mutter hochgezogen hätten und zwei spitze Zähne zum Vorschein gekommen waren. „Ich bilde mir schon Dinge ein, so müde bin ich." Und ohne Zähne geputzt zu haben, legte sie sich schließlich hin. Sofort fielen ihr die Augen zu.

Sie träumte, dass sie sich in einem weißen, leeren Raum befand. Plötzlich hörte sie Geräusche hinter sich. Sie drehte sich langsam um und sah zwei Gestalten: Die eine sah aus wie ein riesiger Grizzlybär, die andere war fast durchsichtig und schien ein wenig über dem Boden zu schweben.

„Clara. Clara!", rief ihre Oma.

„Oh, noch fünf Minuten bitte!", antwortete Clare.

„Gut, aber die Pfannkuchen werden dadurch nicht besser!"

„Was?!", fragte Clara. Die Pfannkuchen ihrer Oma waren einfach himmlisch! Vier Minuten später saß Clara mampfend in der Küche, als ihre Oma diese ebenfalls betrat. Sie spießte ihren zweiten von fünf Pfannkuchen auf.

„Ah, wie ich sehe, schmecken dir meine Pfannkuchen", sagte ihre Oma in einen noch etwas müden, aber sehr freundlichen Ton.

„Ja", mampfte Clara, während sie ihren dritten Pfannkuchen verschlang.

„Clara, ich muss heute noch in die Stadt und ein paar Besorgungen für das Abendessen machen. Möchtest du mitkommen? Ach, und du kannst dir ein kleines Geschenk aussuchen, da du ja Geburtstag hattest."

„Danke!", rief Clara freudig. Sie hatte schon einen Verdacht, in welchen Laden ihre Oma gehen würde. *Der Regenbogen*, so hieß das

Geschäft. Es hatte nette Mitarbeiter. Besonders mochte Clara Frau Sommer, eine kleine Frau mit kurzen, blonden Haaren. Meistens hatte Frau Sommer selbst gestrickte Pullover an, die sehr farbenfroh wahren.

Und ihre Vermutung bestätigte sich. *Ringelding!* Die Türglocke bimmelte, als Clara und ihre Oma den *Regenbogen* betraten.

„Ah, Brigitte!" So hieß Claras Oma. „Wie schön dich zu sehen!", rief Frau Sommer, als sie die Türglocke bimmeln hörte.

„Laura!", sagte Claras Oma freudig. Laura war Frau Sommers Vorname.

„Was darf's heute sein?", fragte Frau Sommer.

„Nur ein paar Sachen für das Abendbrot. Und Clara kann sich auch noch was Kleines aussuchen – sie hatte Geburtstag und ist jetzt schon zwölf", antwortete Claras Oma und wuschelte Clara dabei über den Kopf.

„Na, wie wäre es, wenn du dir die Sachen zusammensuchst, die du brauchst, und ich zeige Clara ein paar Dinge, die ihr gefallen könnten?"

„Großartig", trällerte Claras Oma und war schon hinter einer Regalreihe verschwunden.

„Und wir suchen dir jetzt etwas Schönes aus." Damit waren jetzt auch Clara und Frau Sommer verschwunden.

„Wie wär's hiermit? Oder damit?", fragte Frau Sommer Clara immer, wenn sie an Sachen vorbeigingen, von denen Frau Sommer glaubte, sie könnten Clara gefallen. Aber wirklich Claras Geschmack traf sie nicht. Doch plötzlich entdeckte Clara hinten in einer Ecke im Laden ein etwas staubiges Regal.

„Was ist in dem Regal?", fragte Clara schon dem Regal zugewandt.

„Da stehen nur alte Bücher drin. Aber die ..." Noch bevor Frau Sommer den Satz beenden konnte, war Clara schon weg.

Sie nahm einige Bücher aus dem Regal wie *Die erstaunliche Welt der Pilze*, *Pflanzenhexerei* oder *Die Königin von Greenhill*. Clara ging ein Stückchen weiter und sah in der hintersten Ecke vom Regal ein sehr verstaubtes Buch. Sie pustete über den alten Buchrücken, um den Titel zu entziffern, und wurde prompt in eine Wolke aus Staub eingehüllt.

Das Buch sah alt aus und trug den Titel: *Monster. Wo man sie findet und wie man sie erkennt.*

„Spannend", raunte Clara sich selbst zu.

Wenig später schlenderten Clara und ihre Oma wieder nach Hause. „Noch mal danke für das Buch, Oma."

„Keine Ursache. Möchtest du mir helfen, das Abendbrot zuzubereiten, Clara? Es gibt Auflauf."

„Auflauf!", jubelte Clara. Für Clara war der Auflauf ihrer Oma der beste der Welt! Und so bereiteten sie gemeinsam Claras Lieblingsessen zu. Nach etwa 35 Minuten piepte der Ofen und Clara kam sehr schnell die Treppe runter.

Claras Oma holte den Auflauf aus dem Ofen, während Clara die Teller und das Besteck aus dem Schrank holte. Der Auflauf dampfte noch, als Clara sich über ihn hermachte.

„Das war lecker!", stellte Clara fest, nachdem sie drei Stücken vom Auflauf verdrück hatte.

„Hätte mich auch gewundert, wenn nicht", antwortete Claras Oma mit einem Schmunzeln. „Eine letzte Sache hätte ich da noch." Claras Oma holte eine kleine weinrote Box aus ihrer Rocktasche. Darin war eine goldene Kette mit einem kreisförmigen Anhänger mit verschnörkeltem Muster. Als ihre Oma Clara die Kette in die Hand legte, schien sie kurz aufzuglühen.

„Pass gut auf sie auf", flüsterte ihre Oma Clara nur zu. Anschließend ging sie einfach nach oben, als ob nichts gewesen wär ...

Lena Paula Rades ist 10 Jahre alt. Sie wohnt in Berlin Mitte. Sie turnt und singt gerne. Sie mag es aber auch, zu basteln und zu zeichnen oder zu nähen. Sie hat bereits eine Geschichte geschrieben, sie ist im Buch „Fantastische Abenteuer in der Unterwasserwelt" veröffentlicht worden.

Das Tagebuch
von Edward Jonsen

Ich bin der große Edward Jonsen und meine Freunde und ich arbeiten auf einem Forschungsschiff. Wir fuhren am 16.11.1951 von London über den Atlantik los. Ein Tag auf hoher See: Uns war so langweilig. Und so ging das die ganze Woche.

23.11.1951 00:00 Uhr. Alle schliefen, ich war der Einzige, der noch wach war – und dann sah ich es. Es war ein riesiger Dreimaster. Ich zog mir die Bettdecke über den Kopf und hatte Angst. Als ich wieder rausguckte, war da nur noch dichter Nebel, plötzlich hörte ich einen Schrei ...

Es war der 24.11.1951, der zweite Tag auf hoher See. Ich wachte am ganzen Körper zitternd auf.

25.11.1951. Der dritte Tag auf hoher See, ich ging hoch auf das Deck und sah, wie einer der Mannschaft in seinem Blut lag. Er war tot, stellten wir fest. Jetzt waren wir nur noch zu elft. Wir bereiteten ihm ein Seemannsgrab und waren sehr, sehr traurig. Wir wollten uns die Zeit damit vertreiben, Schiffswracks zu suchen.

Und tatsächlich, wir fanden ein kleines Segelschiff. Wir bargen es und sahen einen großen Schatz! Es gab dort so viel Gold und Silber, wie ich noch nie gesehen hatte. Wir brachten den Schatz auf das oberste Deck.

Drei Stunden später, es war schon sehr spät, wir gingen auch auf das Deck und tranken Wein. Plötzlich sah ich ihn wieder, den Dreimaster. Das Schiff kam näher und näher. Über die Reling sah ich seltsame Gestalten hängen.

„Da sind ja Tote", rief ich. Doch dann erhoben sie sich und sie kamen auf und zu. „Hilfe", rief ich. Doch keiner reagierte. Ich sah, wie einer der Toten die anderen Crewmitglieder in Ketten auf das untere Deck brachte. Ich war allein. Dann wurde ich von hinten gepackt. Jemand wollte an meinen Hals! Ich wehrte mich mit einem Degen, links, rechts. Ich sprang im letzten Augenblick über die Reling und landete an Deck des Forschungsschiffes. Ich hatte Angst, doch dann siegte die Müdigkeit.

26.11.1951. Ich ging in die Küche und wollte mir etwas zu essen machen, doch dann hörte ich einen Schrei. Ich ging auf das oberste Deck und guckte mich um, doch da hinten war schon wieder der Dreimaster. Ich guckte mich trotzdem weiter um und hörte den Schrei noch mal und noch mal. Dann sah ich es. Da war eine Insel! Ich legte den höchsten Gang ein und fuhr in Richtung Insel.

27.11.1951. Ich wurde geweckt und hörte, wie das Schiff gegen einen Felsen stieß. Ich rannte, so schnell ich nur konnte, an Deck, wo ich sah, dass sich das Schiff schon fast aufgestellt hatte. Ich ließ in der letzten Sekunde das Rettungsboot zu Wasser und sah, wie das Schiff schließlich komplett im Meer versank. Ich ruderte in Richtung Strand, wo ich ein Lagerfeuer anzündete und meine Klamotten trocknete. Hilfe! Ich schreckte zusammen und drehte mich blitzschnell um, doch sah nichts mehr. Dann suchte ich viel Holz und baute eine Hütte und suchte mir ein paar große Blätter und legte mich in die Hütte.

28.11.1951. Ich wachte in der Hütte auf und ging raus. Ich wollte die Insel erkunden. Ich lief durch einen riesigen Regenwald und sah Vogelspinnen, Vögel, Papageien und noch andere tolle Tiere. Ich sprang über Klippen, dann fand ich einen Stein. Dort steckte ein Schwert drin. Ich zog es heraus und sah etwas, was mir fast nicht aufgefallen war, einen Totenkopf. Der sprach mich an, ich warf das Schwert weg. Dann ging ich zurück und hob das Schwert auf, ich erschrak, als es sagte: „Hast du mich weggeworfen? Du bist nicht so nett. Kannst du mir helfen?"

„Wenn du sagst, worum es geht, vielleicht."

„Ooh, Pechvogel du bist."

„LANGSAM GEHST DU MIR ZIEMLICH AUF DIE NERVEN!"

„Gut schon, beruhigen du sollst dich, sage ich."

„Also, wie kommt man hier runter von der Insel?"

„Ich aussehe wie Allwisser?"

„Na gut, wir brauchen einen Plan."

„Wir zuerst zu Felsen Hai weiß."

„Okay, na dann los!"

„Du tragen mich?"

„Klar doch", sagte ich. „Wo geht es lang?"

„Lang da"

Wir gingen über große Felsen, bis ich fragte: „Was ist das für ein Felsen?"

„Das Felsen Hai weiß." Wir gingen rein. Wir sahen eine riesige Figur und noch eine und noch eine. Dann blitze es zweimal und es kam ein riesiges Spielfeld zum Vorschein. Dort standen die Figuren von vorhin. Sie hatten lange Schwerter. Plötzlich passierten mehrere Sachen auf einmal: Die Figuren kamen und rissen die Schwerter hoch, dann kamen sie auf uns zu! Das Schwert sprach mich an und sagte „Mit mir schnell kämpfen." Dann kämpften wir.

Zwei Minuten später – eins zu eins, eine Figur gegen mich. Links, rechts, ausgewichen, ich rannte auf die Figur zu und erwischte sie. BUMMMMMM – explodiert. Das Schwert und ich rannten weiter. „Knapp das war!", sagte das Schwert.

Wir kamen in einen Raum. Dort war ein blau-grün-roter Papagei. Wir gingen vor und wollten den Papagei holen, doch da hörten wir jemanden: „Achtung!", rufen. 30 tote Geisterpiraten kamen und griffen uns an. Aus meinem Schwert kam ein riesiger Drache und brachte die Toten zurück in die Höhle. Wir fragten den Papagei, wer er sei. „Ich bin der Papagei vom Kapitän der Geisterpiraten. Als der Kapitän gestorben ist, haben sie mich hier eingesperrt."

Wir gingen zu meinem Boot und dann machten wir sie fertig. Als wir den Regenwald überwunden hatten, sagten die anderen beiden im Chor: „Welches Boot?"

„Stimmt, da ist kein Boot mehr", sagte ich. „Hey, Schwert, hast du nicht einen Drachen?"

„Stimmt ja, wartet." BZZZZ!

„Wow", sagte ich. „Das ist ja ein großer Papagei", sagte der Papagei. Dann flogen wir in Richtung Geister-Piratenschiff. Dort landeten wir und besiegten die Geisterpiraten. Wir befreiten meine Freunde und schubsten die Geisterpiraten über Bord. Dann fuhren wir mit dem Dreimaster nach London.

Ich starb nach Jahren 35 am 01.01.1987. Ich meine, jeder stirbt einmal.

__Bruno__ aus Berlin-Pankow. Hobbys: Zeichnen, Kochen, Backen, Schwimmen, Skaten. Lieblingsfach: Kunst, Sachunterricht, Religion. Hat bereits eine Geschichte geschrieben, sie ist im Buch „Fantastische Abenteuer in der Unterwasserwelt" veröffentlicht.

Geheimnisse
auf der Klassenfahrt

Die 5. Klasse freute sich, denn ganz bald ging es auf Klassenfahrt. „Juhu!", rief Franz erfreut. „Nur noch ein Wochenende abwarten und das Abenteuer kann beginnen!"

„Was ist so toll daran? Es wird bestimmt wieder langweilig", sagte Maja, die bekannte Klassenzicke, genervt. Ihre Freundinnen Pia und Sophie nickten ihr fleißig zu.

„Dann müssen wir wohl kreativ werden, um etwas Spannendes zu finden!", erwiderte Lilly. Lilly war ein ruhiges, aber lustiges Mädchen, das Geheimnisse liebte und gerne Detektivspiele spielte.

Willi und Elias schienen die Unterhaltung nicht zu verfolgen, blätterten in einem Fußballmagazin und stritten sich über etwas.

Die Lehrerin Frau Refa klatschte in die Hände und beruhigte die quasselnden Kinder: „Meine Lieben, wie ich merke, seid ihr aufgeregt. Das bin ich auch. Aber um die Spannung etwas zu nehmen, zeige ich euch ein paar Bilder von unserer Unterkunft. Es wird eine schöne Reise. Wir werden selbst kochen, Waldspaziergänge machen, abends Geschichten erzählen."

Die Klasse schaute erwartungsvoll auf die Bilder. Man sah eine alte, fast schon verwunschene Villa – umgeben von Wald. „Hm, das ist ja furchterregend", sagte Maja, „dort gibt es bestimmt Spinnen und Ameisen."

„Klaro, und die Blutsauger, die dich nicht schlafen lassen werden", prusteten Franz und sein Sitznachbar Joshua los.

Das Wochenende verging wie im Flug. Alle Kinder packten fleißig an, Maja nahm ihre schönsten Kleidungsstücke und vorsichtshalber ein Mückenspray mit, Willi und Elias packten Spiele ein, Franz nahm Süßigkeiten und Comics mit.

Lilly bereitet ihr Detektivköfferchen vor: „Man kann nie wissen", sagte sie und packte noch eine Taschenlampe mit ein.

Nach einer langen Busfahrt kam die Klasse am Ort an, der auf den Bildern schöner ausgesehen hatte. Die Villa war fast komplett mit Efeu bedeckt. Die schwere Eingangstür der Villa war aus dunklem Holz gefertigt und mit seltsamen Figuren geschmückt. Die alte Holztreppe, die zum oberen Stockwerk führte, knarzte bei jedem Schritt. Insgesamt herrschte in der Villa eine Stille, die nur von gelegentlichem Windspiel und dem Rascheln der Efeublätter unterbrochen wurde.

Nachdem die Kinder die Zimmer bezogen hatten, gab es noch Abendessen und Beisammensein bei Kerzenlicht und Gruselgeschichten. „…und dann machte Maja die Augen auf und sah eine große hungrige Mücke vor sich", erzählte Franz. Alle lachten herzlich, bis sie von einem knirschenden Geräusch von der Holztreppe unterbrochen wurden. Selbst die Ungläubigsten bekamen in diesem Moment Gänsehaut.

Am nächsten Morgen wachten alle von einem Aufschrei auf. Verwirrt liefen die Kinder auf den Flur. „Ist etwas Schlimmes passiert?", fragte Pia.

„Die Zimmertür von Frau Refa steht offen", stellte Lilly fest.

Die Kinder stürzten ins Zimmer, die Klassenlehrerin war nicht da. Sie riefen durch das Haus. Niemand antwortete.

„Wir sollten schnell die Polizei rufen", schlug Willi erschrocken vor.

„Ah, ja? Und wie? Wir durften doch keine Telefone mitnehmen. Und in diesem Haus gibt es sicherlich keine Leitung", antwortete Maja.

„Nur keine Panik, morgen werden wir nach einer Lösung suchen", beruhigte Lilly die Kinder.

Die Kinder versammelten sich am Frühstückstisch.

„Entweder trauen wir uns durch den Wald und suchen nach einer nächstgelegenen Stadt oder wir warten einfach auf den Bus, der uns Ende der Woche sowieso abholen kommt", zuckte Franz mit den Schultern.

„Und was ist mit Frau Refa? Vielleicht braucht sie dringend Hilfe?", fragte Sophie mit den Tränen in den Augen.

„Wir sollten die Villa nicht verlassen. Wir sollten alle zusammenbleiben", sagte Joshua.

„Zusammenbleiben ist zwar gut, aber wo sind Willi und Elias?", fragte Lilly.

Die Kinder rannten die alte Holztreppe auf ins Zimmer der beiden Freunde und fanden sie nicht.

„Oh nein", schrie Pia auf, „sie sind auch verschwunden!"

Jetzt verstanden die Kinder den Ernst der Lage.

„Die Eingangstür der Villa ist immer noch verschlossen. Das bedeutet, dass sie hier in der Villa sind", meinte Lilly.

„Wir sollten uns aufteilen und nach ihnen suchen", schlug Franz vor.

„Genau, wir dürfen keine Zeit verlieren", stimmte Joshua ihm zu.

„Ohne mich", zickte Maja, „in diesem Gruselhaus bleibe ich lieber mit meinen Freundinnen im Zimmer."

„Gut, nun bleibt aber immer zusammen", sagte Lilly.

„Pah, Lilly, die Kommandantin, wird uns retten. Und Happy End", fauchte Maja Lilly an und drehte ihr den Rücken zu.

Als sie den Gang entlanglief, huschte ein Schatten den Weg entlang und nahm Maja mit. „Und weg ist sie", sagte Franz. Ein Schrei ertönte.

„Pia und Sophie sind verschwunden."

Nun waren nur noch Franz und Lilly da.

„Was machen wir jetzt?", keuchte Franz. „Ahhhh", schrie er auf einmal.

Lilly sah Franz nicht mehr. Ohne zu zögern, rannte Lilly in ihr Zimmer und schloss die Tür ab. Sie plumpste auf den Boden. Ihre Hand berührte ein Stück Papier „Eine Karte", sagte Lilly erstaunt. Dort war ein Grundriss der Villa zu sehen. „Da sind ja Geheimgänge aufgezeichnet", staunte Lilly. Sie dachte: „Einer davon wird mich bestimmt zu unserer Klasse führen." Es waren viele. Lilly schloss die Augen und tippte auf eine Stelle. Als sie ihre Augen öffnete, zeigte ihr Finger auf die große Abstellkammer. „In meinem Detektivkoffer finde ich bestimmt super Ausrüstung", sagte Lilly mutig und war bereit, den Fall aufzuklären. Sie schlich den Gang entlang zur großen Abstellkammer. Dort hörte sie ein Klopfen einmal … zweimal … dreimal. Sie zögerte kurz, dann stieß sie die Tür auf. Dort sah sie all ihre Klassenkameraden. „DA SEID IHR JA", sagte sie erleichtert.

„Es wird Zeit zu verschwinden", quengelte Joschua.

„Einverstanden", lächelte Frau Refa.

Ariana aus Berlin ist 10 Jahre alt und singt gern, schreibt Geschichten oder spielt mit Freunden. Sie hat bereits eine Geschichte geschrieben, im Buch „Fantastische Abenteuer in der Unterwasserwelt" zu finden ist.

Die Vampire

Aaaah! Ich wachte schweißgebadet aus einem Albtraum auf und sah auf meinem Wecker. 23:59 Uhr.

Ich wusste, dass ich jetzt erst nicht mehr einschlafen konnte, also wollte ich mein neues Buch weiterlesen: *The Magic Voice – Die geheimnisvolle Stimme.* Doch ich hatte noch nicht lange gelesen, da hörte ich an meinem Fenster ein sehr unheimliches, knarzendes Geräusch, als ob jemand zu mir hochklettern würde. Ich schlug mein Buch zu und fragte etwas verängstigt: „Wer ist da?"

Keine Antwort kam, also dachte ich, ich hätte mir das nur eingebildet. Aber dann kam das Geräusch wieder, nur etwas lauter. Nun hatte ich Angst und drehte mich wieder auf die andere Seite, weg von meinem Fenster. Aber das Geräusch wurde immer lauter und lauter. Nun hatte ich so große Angst, dass ich mich unter der Decke verkroch, Schweißperlen rannen mein Gesicht herunter, ich hatte nur noch ein klitzekleines Luftloch offen. Ich sah an meine türkise Zimmerwand. Dort erschien auf einmal eine blutfarbene, verschnörkelte Schrift. Ich las: *Ich weiß, dass du noch wach bist!* Ich wollte grade losschreien, doch dann presste auch schon jemand seine oder ihre eiskalte Hand vor meinem Mund. Ich wurde in einen Sack gestülpt und schwankte in ihm hin und her.

Ich hatte das Gefühl, dass wir schon Stunden unterwegs waren, doch auf einmal hörte das Schwanken auf. Ich wurde losgelassen und fiel unsanft auf einen Boden. Ich hörte, wie der Raum leise verlassen und die Tür abgeschlossen wurde.

Ich kroch aus meinem Sack heraus und sah mich um. Der Raum war sogar relativ groß, nicht wie ich erwartet hatte. Ich hatte vermutet, dass der Raum eng war. Es standen ein paar kaputte Stühle und ein alter Tisch herum. Auf dem Tisch waren mehrere Brotscheiben, Butter und zwei Flaschen. Die Entführer oder die Entführerinnen wollten also nicht, dass ich verhungere. Ich war mir ziemlich sicher, dass es zwei sein mussten, da ich, als ich weggeschleppt wurde, mehrere Fußsohlen gehört hatte.

Ich sah kurz an mir herunter. Ich hatte natürlich noch meine Schlafkleidung an. Weil ich nur ein kurzes T-Shirt und eine Jogging-Hose trug, fröstelte ich auf einmal, eine Decke gab es leider nicht, nur ein abgenutztes Bettlaken. Mir blieb nichts anderes übrig, als das zu nehmen.

Ich überlegte, wie ich wieder aus diesem Raum herauskommen konnte, als ich bemerkte, dass es ein Fenster gab. Um genau zu sein – es war eine Dachluke. Zum Glück war sie so weit unten, dass ich problemlos hindurchschauen konnte. Was ich da sah, verschlug mir die Sprache. Ich sah das türkisblaue, offene Meer vor mir, ich war auf einem Schiff! Ich sah mich um – und tatsächlich sah dieser Raum aus wie eine alte Kajüte.

Plötzlich hörte ich Schritte. Ich überlegte, ob ich mich vielleicht verstecken sollte, wer wusste schon, was diese Leute mit mir vorhatten, doch bevor ich überlegen konnte, wo ich mich verstecken konnte, hörte ich die Tür aufgehen. Als ich neugierig und ängstlich zugleich zu der Tür lugte und schaute, wer dort stand, verschlug es mir für ungefähr zehn Sekunden den Atem: Es war ein blasser, fies aussehender, blutadriger Vampir!

Ich schrie und schrie, bis meine Stimme so heiser war, dass man überhaupt nichts mehr hören konnte außer das Atmen des Vampirs. Irgendwann realisierte ich, dass niemand mich nicht mehr hören konnte.

Der Vampir grinste höhnisch und sprach mit der unheimlichsten Stimme, die ich je gehört hatte: „Du bist also Mal. Mein Kollege hat mir schon erzählt, wie du ungefähr aussiehst, aber so ...", er blickte mit einem Gesicht an mir runter, als wäre ich etwas sehr Unappetitliches, „... hätte ich mir dich nicht vorgestellt."

Wut und Angst zugleich kamen in mir hoch, als ich ihm ins Gesicht sah, doch bevor ich etwas Freches antworten konnte, fuhr der Vampir auch schon fort: „Also, du wirst hier so lange bleiben, bis deine Eltern uns Geld geben, wenn sie dich hoffentlich wiederhaben wollen. Ich würde sagen", der Vampir überlegte kurz, „so 20 Millionen Dollar wären angebracht."

Ich funkelte ihn böse an und sagte: „Ich glaube, meine Eltern würden sofort die Polizei verst..."

„Das glaube ich kaum. Ich werde schon dafür sorgen, dass sie nicht die Polizei anrufen." Mit diesen Worten verschwand er.

Plötzlich kam mir eine Idee, wie ich hier verschwinden konnte. Die wollte ich sofort umsetzen, doch auf einmal musste ich gähnen. Ich hatte zwar keine Uhr, trotzdem war mir klar, dass es schon ungefähr 2 Uhr sein musste. Ich legte mich auf den Boden, und obwohl es ziemlich ungemütlich war, schlief ich sofort ein.

Ich erwachte nach meinem Zeitgefühl um schätzungsweise 10 Uhr morgens, stand auf und sah mich um. Dann fiel mir ein, dass ich gestern einen Plan hatte, wie ich hier rauskommen konnte. Diesen setzte ich auch gleich in die Tat um.

Ich blinzelte verschlafen durch die Schiffsluke, um zu gucken, wie der Name dieses Schiffs war. Ich musste leicht kichern, als ich den Namen entdeckte. Unter mir stand in großer, klarer Schrift: *Die dicke Hilde*. Da war mir klar, dass sich diesen Namen kein Vampir ausdenken würde. Ich war sicher, dass dieses Schiff gestohlen worden war und dass wahrscheinlich hier sogar Matrosen eingesperrt sein würden.

Und tatsächlich, jetzt, wo ich darauf achtete, hörte ich viele männliche und weibliche verängstigte Stimmen. Sie kamen aus einem Luftschacht. Ich rannte natürlich sofort dort hin, um mit ihnen Kontakt aufzunehmen, und es funktionierte. Ich musste nur einmal laut: „Hallo", rufen, da verstummten alle. Ich grinste in mich hinein und fragte: „Wurdet ihr auch von einem Vampir eingesperrt?"

Und tatsächlich antwortete eine anscheinend junge Frau: „Ja, aber wer bist du überhaupt?"

Ich ärgerte mich ein bisschen. Wer wusste schon, wie lange die nicht mehr mit einem normalen Menschen vom Festland gesprochen hatten. Aber ich antwortete trotzdem: „Ich heiße Mal und ich bin elf Jahre alt. Ich möchte euch etwas fragen. Und zwar, wollt ihr bei meinem Plan mitmachen, von hier zu verschwinden?"

Die Crew schien nicht lange zu überlegen. Es gab nur ein kurzes Gemurmel und dann ergriff die Frau, mit der ich auch vorhin gesprochen und die wie die Chefin wirkte, das Wort: „Wir haben uns für ein Ja entschieden, aber davor musst du uns noch deinen Plan vorstellen." Ich erklärte ihnen schnell den Plan und die junge Frau sprach wieder: „Ich muss zugeben, das ist der beste Plan, den ich je gehört habe."

Ich musste leicht schmunzeln, doch ich ergriff wieder das Wort. „Ist es für euch okay, wenn ich durch diesen Luftschacht klettere?"

„Ja natürlich", rief nun ein Mann.

Ich kletterte durch den Schacht. Er war eng und so staubig, dass ich sieben Mal niesen musste. Aber als ich endlich am anderen Ende angekommen war, sah ich gefühlt 100 Menschen. Die Frau, die ich vorher für jung gehalten hatte, sah jetzt sehr alt aus. Ich sah nur zwei Kinder und ungefähr sieben Männer, die meisten waren Frauen. Sie lächelten mich alle sehr freundlich an und ich lächelte verlegen zurück.

„Also, wie gesagt, ein Kind muss durch diesen Kamin klettern." Ich zeigte auf den alten Kamin. „Möchtest du das vielleicht machen?" Ich sah ein kleines Mädchen an, das blonde Locken hatte.

Es antwortete nicht, dafür sprach eine rundlichere Frau, die so aussah, als wäre sie die Mutter des Kindes: „Ich bin mir ziemlich sicher, dass Lena alles tun würde, um hier rauszukommen."

„Okay, dann wäre ja jetzt alles geklärt." Ich schaute in die Runde. Alle nickten. Und das Mädchen, das anscheinend Lena hieß, kletterte schon in den unbenutzten Kamin hinein.

Alle lauschten gespannt. Man konnte hören, wie Lena aus dem Kamin und auf das Deck des Schiffes kletterte. Dann hörte man auch schon zwei unheimliche Männerstimmen, unter der ich die eine des Vampirs erkannte. Er flüsterte lachend: „Wie bist du denn hier rausgekommen, etwa durch Wände gegangen?"

Das Mädchen antwortete mit einer dünnen Stimme „Nein, ich, ähm, also ich …" Lena verlor ihre Stimme und man hörte nur noch einen anderen, wahrscheinlich ebenfalls einen Vampir, sprechen: „Hör zu, Kleine. Ich habe keine Ahnung, wie du da rausgekommen bist, aber ich schätze, dass deine ollen Schiffchenleute das hier mithören und hier nicht auftauchen wollen. Du bleibst jetzt erst mal eine Zeit lang hier, bis du rausrückst, wie du aus der Kabine rausgekommen bist, verstanden?"

Sie antwortete leise: „Verstanden."

In der Kabine blieb es ruhig, doch ich wollte meinen Plan weiter ausführen, also lief ich zur Tür. Wie ich mir erhofft hatte, war die Tür auf. Ich flüsterte den Schiffsmenschen zu: „Ich gehe erst mal mit zwei anderen Personen aufs Deck, ihr anderen bleibt hier in der Kabine, verstanden?"

„Verstanden", antworteten die Matrosen.

Ich suchte mir zwei Frauen aus, die mitkommen sollten, und wir

machten uns zusammen auf den Weg ans Deck. Als wir dort angekommen waren, sahen wir uns nach einem Rettungsboot um. Schon
bald hatten wir eins gefunden. Nach meinem Plan wollten wir in das
Boot klettern und damit bei gutem Wetter aufs Meer hinaus und
zum Festland fahren. Dort wollten wir Hilfe holen und dann mit
einem Schiff aufs Meer fahren und die Vampire festnehmen.

Ich war sehr zufrieden mit meinem Plan, nur hatte ich mich schon
gefragt, ob Vampire einfach so festgenommen werden konnten wie
normale Menschen. Und wenn nicht, was sonst mit ihnen passieren würde. Aber diese Frage war jetzt nicht so wichtig, denn wir
mussten ja erst mal hier überhaupt wegkommen. Nun widmete ich
mich wieder dem Rettungsboot und wollte gerade einsteigen, als ich
die beiden Vampire näherkommen sah. Ich sagte den beiden Frauen
Bescheid und wir rannten schnell über das Deck des Schiffes zurück zu der Tür, aus der wir rausgekommen waren. Als wir zu den
anderen kamen, war schon große Aufregung ausgebrochen und das
Mädchen, das eigentlich die beiden Vampire aufhalten sollte, stand
nun sehr niedergeschlagen neben seiner Mutter. Ein Mann erzählte
uns, dass Lena dem Vampir den Plan verraten hatte, weil er gedroht
hatte, ihr etwas anzutun, wenn sie ihm das Vorhaben nicht verraten
würde. Ich lächelte dem kleinen Mädchen namens Lena zu, aber ich
in meinem Gesicht war wohl Enttäuschung zu erkennen, weil Lena
sofort zu mir kam und sich entschuldigte und mir erklärte, dass sie
zu doll Angst gehabt habe. Ich sagte ihr, dass es schon okay sei und
wir es einfach noch einmal versuchen müssten. Aber beim nächsten
Mal müssten wir den Plan noch etwas abändern.

Ich sagte noch mal in die Runde, dass wir es morgen noch mal
versuchen würden, aber mit einer leicht abgeänderten Idee von mir.
Aber nun müsste ich erst mal durch den Luftschacht zurück in mein
Zimmer klettern, damit die Vampire nichts mitbekamen. Und ich
sagte, dass ich schlafen gehen würde. Die Matrosen sagten mir noch
„Gute Nacht", dann stieg ich auch schon durch den kühlen Luftschacht wieder zurück in meine Kabine. Als ich dort angekommen
war, legte ich mich sofort auf die dünne Matratze, legte mir das alte
Bettlaken um und schlief direkt ein.

Ich träumte komische Dinge von Seeungeheuern bis zu Piraten,
die uns auf ihr Schiff verschleppten und uns mitten ins Nirgendwo
brachten. Als ich am nächsten Tag aufwachte, war ich sehr verwirrt.

Doch ich hatte eine Idee, wie wir es erneut versuchen konnten, hier von diesem Schiff zu verschwinden. Deshalb lief ich auch gleich zum Luftschacht und wollte wieder mit der Crew Kontakt aufnehmen. Als ich wie am Tag zuvor „Hallo" hineinrief, antwortete niemand. Wahrscheinlich schliefen alle noch. Ich überlegte, was ich jetzt tun könnte, und sah auf einmal in einem Schrank mehrere Bücher stehen. Ich nahm mir vor, eines der Bücher zu lesen, um mir die Zeit zu vertreiben, bis ich den Schiffsleuten von meinem neuen Plan erzählen konnte und wir ihn in die Tat umsetzen würden.

Die meisten Bücher waren alte Ratgeber für Seefahrer, aber ich entdeckte auch ein Buch, das hieß *Der Goldschatz von Lotaria*. Darauf war ein Bild abgebildet von einer Insel, aber ich dachte mir nur, dass es eine alte Geschichte sei, und schob es wieder in den Schrank.

Dann sah ich ein Buch, das sehr interessant aussah. Der Titel war: *Magische Tiere im Meer*. Ich fing an, das Buch zu lesen, und es war tatsächlich sehr spannend. Es ging um Wesen, die Arnymatoren hießen und die Schiffe, unschuldige Menschen und Meerestiere in die Tiefe zogen und sie ertrinken ließen. Als ich schließlich schon fast die Hälfte des Buches gelesen hatte, stand ich von dem Stuhl auf, auf dem ich gesessen hatte, und lief zu dem Luftschacht hinüber.

Ich rief hinein: „Hier ist Mal. Ich habe eine neue, bessere Idee, wie wir hier endgültig verschwinden können." Am anderen Ende hörte man nicht so viele Stimmen wie am Vortag, als ich zum ersten Mal in den Schacht reingerufen hatte, aber es antwortete jemand: „Hier sind noch nicht alle wach, aber du kannst schon herüberkommen."

Ich kroch durch den heute etwas wärmeren Luftschacht hinüber ans andere Ende. Die meisten waren schon wach, aber die Kinder schliefen noch zusammen mit ein paar Erwachsenen. Der Mann, mit dem ich anscheinend gesprochen hatte, stand vor den schlafenden Leuten. Er schrie nur einmal kurz: „Aufstehen." Alle wachten auf und liefen zu den anderen Seefahrern in die Gruppe hinein. Der Mann, der auch vorher mit mir gesprochen hatte, ergriff das Wort und sagte: „Mal hat eine neue Idee, hier zu verschwinden. Bitte, Mal."

Ich fing an, zu erzählen, von meinem neuen Plan, und am Ende hörte man aus allen Richtungen „Wow" oder „Mega Plan". Als ich ihn zu Ende erklärt hatte, gab es sogar einen kleinen Applaus. Ich wollte aber direkt beginnen, ihn umzusetzen, also rief ich in die Runde: „Alle mal herhören!" In meinem Kopf stellte ich mir noch mal meinen Plan vor. Ich hatte eine große Inspiration in dem Buch gefunden, das ich gelesen hatte. Wir waren sozusagen die armen Seeleute, die auf dem Schiff waren, und die Vampire waren die Arnymatoren. Dann fiel mir auf, dass echte Vampire eigentlich gar nicht ins Sonnenlicht konnten, dass aber diese Vampire ständig in der Sonne waren. Aber nun musste ich mich weiter an meine Aufgabe machen, den Plan umzusetzen. Ich sah nur kurz aus der sehr kleinen Luke hinaus, um zu gucken, ob Festland in Sicht war. Und tatsächlich. Dort war auf einmal eine kleine, anscheinend verlassene Insel und ein riesiges Festland. Mein Plan war fast perfekt. Nur ich wusste noch nicht, wie ich die Vampire auf die verlassene Insel locken sollte. Doch jetzt kam mir die Idee.

Ich rannte zu dem Luftschacht, schlängelte mich hindurch, rannte zu dem Schrank, in dem die Bücher standen. Ich schnappte mir das Buch mit dem Titel *Der Goldschatz von Lotaria* und rannte abermals zu dem Luftschacht, kletterte hindurch ans andere Ende und kam erschöpft an. Die Seeleute starrten mich mit offenen Mündern an. Ich zog das Buch aus meiner Hosentasche, nahm es, sah durch die kleine Luke und dann wieder zum Buch. Die kleine Insel, die ich vorhin gesehen hatte, war identisch mit der auf dem Buch abgebildeten. Ich erzählte den Schiffsleuten, was wir tun sollten, dann nahm ich auch schon das Buch und schob es unter der Tür durch. Ich war mir ziemlich sicher, dass unsere Bewacher das Buch entdeckt hatte, weil ich ein Geräusch hörte, als ob es aufgehoben wurde. Dann hörte ich auch schon jemandem weggehen.

Sobald ich keine Schritte mehr hörte, schaute ich aus der Luke. Und tatsächlich. Das Schiff steuerte direkt auf die Insel zu, die auch auf dem Buch zu sehen war. Wir mussten nicht allzu lange warten, bis wir an der Insel ankamen und die Vampire den Anker herauswarfen. Man hörte, wie der Motor ausging. Wir beobachteten, wie sie einen langen Holzsteg ausklappten, der vom Boot zur Insel führte. Es schien mir, als wollten sie vermeiden, das Wasser berühren. Ich überlegte, woran das liegen könnte, aber ich dachte mir, dass mein Plan jetzt wichtiger wäre. Also wandte ich den Blick von ihnen ab.

Mir fiel aber ein, dass die Vampire uns sicherlich sagen würden, dass wir das Schiff nicht verlassen dürften. Blitzschnell kletterte ich zurück in meine Kabine und sollte recht behalten. Kurz darauf kam ein Vampir in meine Kabine und sagte mit einer unangenehm zischenden Stimme: „Du gehst hier nicht raus, solange wir dir nicht sagen, dass du rausgehst. Du bewegst dich nicht vom Platz. Wir werden jetzt auf diese Insel gehen, an der wir angelegt haben, und machen eine Angelegenheit, die Kinder nichts angeht. Wenn du einmal deine Kabine verlässt, dann war es das mit dir!"

Kaum war der Vampir weg, lief ich wieder zum Luftschacht und kletterte durch. Nun bekam ich die eiskalte Luft des Schachts noch einmal richtig zu spüren. Die Matrosen erwarteten mich schon gespannt am anderen Ende. Ich lugte kurz aus der Luke heraus. Beide Vampire sah man von ferne selbstsicher auf der Insel herumsuchen, wahrscheinlich nach dem angeblichen Goldschatz. Ich rief den Schiffsleuten zu: „Kommt, wir haben nicht viel Zeit! Wir müssen sofort hochgehen und den Kurs ändern. Wer von euch ist der Kapitän oder die Kapitänin?" Es meldet sich ein etwa 70-jähriger Mann.

Wir gingen alle aus der Tür hinaus und stiegen die Stufen zu dem Cockpit hinauf. Der Kapitän machte den Motor an und sagte in die Runde: „Einer von euch muss den Anker reinholen, damit wir losfahren können."

Eine schlanke Frau meldete sich freiwillig und lief auch schon los. Sie rannte schnell zur Reling, versteckte sich kurz hinter einer Laterne und wollte gerade den Anker rausholen, als die beiden Vampire auf der Insel sich zu uns herumdrehten. Sie hatten anscheinend den Motor gehört. Die Frau schien in Panik auszubrechen. Die Vampire stürmten los, kamen aber nicht so schnell voran durch die Schaufeln, die sie mitgenommen hatten. Als sie nur noch wenige Meter vom Steg entfernt waren, sprintete ich auf den Steg zu und löste ihn vom Boot ab. Der Kapitän gab Gas, das Boot heulte auf. Ich betete, dass die Frau den Anker herausgezogen hatte. Wenn nicht, würden wir nicht loskommen und die Vampire könnten auf das Schiff springen. Aber dann drehte ich mich um und sah die Frau den Anker aus dem Wasser ziehen. Auch der eine Vampir gab Gas und wollte an Bord springen. In dem Moment fuhr das Schiff los und er landete im Wasser. Ich beugte mich über die Reling. Was wohl mit ihm geschehen würde? Doch ich sah nur noch Staub. Er hatte sich aufgelöst. Der andere Vampir stand am Ufer und starrte uns wütend und verblüfft zugleich hinterher. Ich war mir ziemlich sicher, dass er bald verhungern wurde. Mir fiel ein, dass ich in *Magische Tiere im Meer* gelesen hatte, dass es Halbvampire gab, die bei Berührung mit Wasser zu Staub wurden.

Währenddessen steuerte der Kapitän auf das Festland zu, das noch relativ weit entfernt war. Man merkte, dass er zurück zu seinem Heimatort wollte, weil er sehr schnell fuhr. Wir waren schon ungefähr anderthalb Stunden unterwegs, als der Hafen des Festlands vor uns auftauchte. Wir hatten keine Ahnung, wo wir waren, aber wir waren einfach froh, von diesem Schiff runter zu kommen.

Die Polizei empfing uns mit einem Boot. Sie mussten uns aus der Ferne gesehen haben. Wir stiegen auf das riesige Polizeiboot um und nahmen Kurs auf Boston, meine und die Heimatstadt der Seeleute. Das Polizeiboot war so schnell, dass wir schon in drei Stunden ankamen.

Es erwarteten uns viele Menschen am Hafen von Boston. Ganz vorne standen meine Eltern. Als wir anlegten, rannten sie auf mich zu und umarmten mich. Ich war so froh, wieder bei ihnen zu sein, und war so unglaublich müde, dass ich schon im Auto ruhig und friedlich einschlief.

Lilly Marie ist neun Jahre alt und wohnt im Bezirk Pankow in Berlin. Ihre Hobbys sind Reiten, Turnen, Zeichnen, Geschichten schreiben und Akrobatik. Ihre Lieblingsfächer in der Schule sind Kunst und Sport. Sie hat schon einmal an einem Schreibwettbewerb teilgenommen, die Geschichte findet man im Buch „Fantastische Abenteuer in der Unterwasserwelt".

Ponyhof Apfelblüte

Es war ein schöner Morgen und auch ein sehr kalter, denn es war eine Woche vor Silvester. Auf dem Ponyhof Apfelblüte war es darum sehr frostig. Die Ponys Mara und Luna waren auf einem Ausritt, als Mara plötzlich über einen Baumstamm fiel.

Da rief Luna: „Ich hole Hilfe!"

Doch es dauerte sehr lange, bis Luna wieder da war. Luna hatte die schlaue Stute Lina mitgebracht. „Wir müssen einen Zaubertrank machen, aber die Wege zu den Zutaten sind sehr schwer." Luna und Lina wollten es jedoch trotzdem versuchen. Auf dem ersten Weg mussten sie in einen dunklen Urwald und eine hellgrüne Liane mitnehmen. Doch das war gar nicht so einfach wie gedacht, denn es gab sehr viele dunkelgrüne Lianen. Plötzlich kam ein Jaguar auf sie zugerannt! So schnell sie konnten, rannten sie weg. Sie schafften es gerade so, ihn abzuhängen.

Zehn Minuten später sagte Luna: „Ich habe eine hellgrüne Liane gefunden! Wo müssen wir jetzt hin?"

Lina sagte: „Auf den zweitgrößten Berg der Welt."

„Und was müssen wir dort holen?"

„Einen kalten Brocken von ganz oben."

Als sie ganz oben waren, nahm Lina eine Hacke, die sie mitgenommen hatte, und hackte einen Felsbrocken ab. Doch in dem Augenblick, als Lina den Felsbrocken abgehackt hatte, fielen sie hinunter und sie konnten sich nur noch mit einem Huf festhalten. Sie wären ganz heruntergefallen, wäre da nicht die Wildpferdherde gewesen. Sie nahmen Lina und Luna an den Hufen und zogen sie hoch.

„Dankeschön! Wir müssen jetzt weiter, weil unsere Freundin Mara sich verletzt hat und wir alle Zutaten für einen Zaubertrank finden müssen. Tschüss!"

Lina sagte zu Luna „Wir müssen nur noch drei Zutaten finden. Als Nächstes müssen wir in einen Tierpark gehen und ein altes Geweih von einem Hirsch mitnehmen."

„Aber ist das nicht Diebstahl?"

„Nein, wir nehmen uns das ja nicht einfach, sondern wir fragen, ob wir ein Geweih haben dürfen."

Der Zoowärter sagte Ja, auch wenn er es schon komisch fand, dass ihn zwei Ponys danach fragten. Aber sie mussten in das Hirschgehege reingehen und dann ein Geweih nehmen. Der Hirsch fand es nicht so toll, dass die beiden in sein Gehege gingen. Die beiden Ponys versuchten, ihn zu beruhigen, doch der Hirsch wollte sich aber nicht abschrecken lassen und stürmte auf die Ponys zu.

Lina hatte das schon kommen sehen, galoppierte schnell in den Stall vom Hirsch und nahm ein Geweih.

„Jetzt müssen wir in einen Wald gehen und ein besonderes Schneckenhaus holen. Es muss braun, schwarz und gelb sein", sagte sie.

Das war ganz einfach zu finden, weil Luna sich richtig gut mit Schnecken auskannte.

„Für die letzte Zutat müssen wir in einen Sumpf gehen und eine Seerose suchen."

Doch das war gar nicht so einfach wie gedacht, denn sie sanken immer tiefer in den tiefen Morast ein. Bevor sie ganz nach unten sanken, sah Luna eine Seerose und konnte Lina und sich an Land ziehen und hatte damit auch die letzte Zutat. Als sie wieder bei Mara waren, mischten sie alle Zutaten zusammen und schmierten die Paste auf Maras Bein und es heilte in nur ein paar Sekunden.

Hanna Lorber ist: 9 Jahre alt und wohnt in Berlin-Pankow. Hobby: Nähen und Lesen. Lieblingsfach: Deutsch. Lieblingsbuch: Kira Kolumna.

Wo die wilden Geister wohnen

In einem Wald, so tief und dicht,
Dass kaum ein Sonnenstrahl durchbricht,
Da wohnen Geister, groß und klein,
Sie tanzen dort im Mondenschein.

Sie spielen Fangen, kreuz und quer,
Und schweben leicht wie Federn her.
Mit glüh'nden Augen, hell und klar,
Sind Geister wirklich wunderbar.

Geister sind dir nicht geheuer,
Flattern fröhlich durch ihr Feuer.
Leise sei, sie nicht zu stören,
Wenn sie wispern, kaum zu hören.

Ach, wenn sie singen in der Nacht,
Und lachen, bis der Tag erwacht.
Wenn du sie siehst, dann sei ganz still,
Hör zu, was jeder sagen will.

Sie tun nichts Böses, sei nicht bang,
Komm, lausche lieber dem Gesang.
Denn wilde Geister, glaub es mir,
Sie gruseln sich viel mehr vor dir.

__Zero Alala,__ einst wohl geboren auf einem fernen Planeten, gestrandet auf der Erde, lebt heute mit sechs süßen Ratten im Ruhrgebiet.

Allein?

Eigentlich wollte ich nur Bouldern gehen. Aber dann ist die Sache etwas anders verlaufen …

Es war acht Uhr abends und die Sonne war schon vor einer Viertelstunde untergegangen. Ich wusste, dass die Boulderhalle in einer halben Stunde schließen würde, aber ich war so dämlich und wollte unbedingt noch kurz klettern gehen.

Hätte ich es bloß nicht getan.

Schon als ich durch die dunkle Gasse, die nur von einer einzelnen spärlichen Straßenlaterne beleuchtet wurde, zur Halle ging, war mir etwas mulmig zumute. Aber gleich würde ich ja reingehen und alles wäre in Ordnung. Ich würde vom typischen Kalkgeruch und Stimmengewirr empfangen werden und ganz normal mit meiner Monatskarte einchecken.

Tja, an jedem anderen Tag wäre es wahrscheinlich auch so gekommen. Aber an diesem Abend nicht.

Wahrscheinlich hätte ich schon beim Eintreten merken können, dass etwas nicht stimmt, ich hätte mich einfach wieder umdrehen und wegrennen sollen. So weit weg wie möglich. Doch so intelligent war ich nicht. Stattdessen drückte ich halb in Gedanken die Klinke der Eingangstür herab und trat ein.

Das Licht im Vorraum war seltsam heruntergedimmt und es herrschte Totenstille. Hinter mir fiel die Tür geschmeidig leise ins Schloss. Mit einem aufsteigenden unguten Gefühl sah ich mich um. Nirgendwo war jemand zu sehen, auch der Tresen, wo man einchecken und Klettersachen kaufen konnte, war unbesetzt, was wirklich ungewöhnlich war. Vorsichtig ging ich voran und mit jedem Schritt, der in der Stille hallte, wurde mir unwohler zumute.

„Hallo?", rief ich ängstlich. „Ist da jemand?"

Keine Antwort. Ich war allein. Das dachte ich zumindest.

Mir kam der Gedanke, dass die Halle vielleicht schon geschlossen war und nur irgendjemand vergessen hatte, die Tür abzuschließen, und ich beschloss, einfach wieder zu gehen und morgen noch mal zu kommen.

Ich griff abermals nach der Türklinke, drückte sie hinunter und wollte nach draußen in die mir jetzt einladend wirkende Gasse treten. Doch die Tür bewegte sich nicht. Sie war abgeschlossen. Was ging hier vor? Ich wollte wieder nach draußen! Panisch begann ich, am Griff zu rütteln, was aber natürlich nichts brachte.

„Okay, ganz ruhig", sagte ich mir selbst, „bestimmt ist noch eine der anderen Türen offen."

Waren sie aber nicht. Selbst die Notausgänge waren versperrt. Inzwischen zitterte ich vor Angst. Ich kam nicht raus. Ich war eingesperrt. Was ging hier vor? Und was sollte ich jetzt bloß tun?

Ich glaube, in diesem Moment musste ich völlig durchgedreht sein, denn ich beschloss, einfach das zu machen, für was ich hergekommen war. Bouldern. Ich checkte mit meiner Karte an einem selbstbedienbaren Bildschirm, der tatsächlich funktionierte, ein, zog mir meine Kletterschuhe an und ging in den Hauptbereich der Halle, wo man Bouldern konnte.

Alles sah aus wie immer. Nur lagen die Wände mit den bunten Steinen verlassen da. Ich entschied mich, in den Kinderbereich zu gehen, der mir irgendwie weniger bedrohlich schien, und begann zu klettern. Versuchte, einfach zu verdrängen, unter welchen Umständen ich hier war.

Gerade als ich die dritte Kletterroute gefinished hatte, hörte ich auf einmal ein Geräusch. Ich erstarrte mitten in der Bewegung. Was war das?

Tap tap tap hallte es durch die Halle. Schritte. Ich war doch nicht allein! Bestimmt war es ein Mitarbeiter oder ein Nachtwächter oder so, der mich rauslassen konnte. Ich war gerettet! Schnell sprang ich auf und fing an, wie wild mit den Armen zu wedeln.

„Hallo?!", rief ich erneut. „Können Sie mich hören? Hier bin ich! Ich brauche Hilfe!"

Die Schritte erstarrten abrupt.

Dann war es einige Sekunden lang still.

An diesem Abend war ich einfach zu durch, um überhaupt daran zu denken, dass die Schritte vielleicht auch von einem Einbrecher oder jemand anderem, der mir nicht wohlgesonnen sein könnte, stammen konnten, weshalb ich das auf die harte Tour herausfinden musste. Denn die Antwort war nicht so ganz die, die ich erwartet hatte, und schon gar nicht die, die ich erhoffte.

Plötzlich begann das Licht zu flackern. Am Anfang nur ganz leicht, doch dann immer stärker und schließlich ging es ganz aus. Ich stand im Dunkeln.

Die Schritte setzten sich wieder in Bewegung.

Tap tap tap.

Adrenalinstöße jagten durch meinen Körper. Das war kein Mitarbeiter. Und auch kein Nachtwächter. Was schlich hier durch die Kletterhalle? Irgendwie wollte ich es nicht mehr treffen.

Die Schritte näherten sich.

Ich war vor Angst wie gelähmt. Meine Füße klebten am Boden fest und ich konnte einfach nicht wegrennen, auch wenn ich nichts lieber wollte. Mein Herz klopfte so laut, dass man es wahrscheinlich in der ganzen Halle hören konnte. Das alles hier war eine einzige Hölle! Ein Horrorfilm, für den ich definitiv noch nicht alt genug war.

Tap tap tap.

TAP TAP TAP.

Immer näher kamen die Schritte und ich wagte nicht, zu atmen. Plötzlich glühte unweit von mir ein grünes Licht auf. Na ja, es war eher eine leise pulsierende Lichtkugel. Durch ihr Licht konnte ich endlich wieder etwas erkennen und sah dadurch auch, was vor der Kugel stand. Die Gestalt war in eine lange, schwarze Kutte gehüllt, die sich nach unten hin zu wabernden Schatten zu verflüssigen schien. Ich weiß bis heute nicht, was das für ein Wesen war, und ich bin mir auch nicht sicher, ob ich das überhaupt wissen will.

Es stand jedenfalls einfach nur da und schien wie hypnotisiert von dem Licht. Ich traute mich nicht, mich zu bewegen, und hoffte inständig, dass das, was auch immer es nun war, mich nicht bemerkte.

Ich hatte keine Ahnung, wie viel Zeit verging, doch auf einmal zuckte das Wesen erschreckt zusammen. Zuerst dachte ich, dass es mich bemerkt hatte, aber es ließ einfach nur das Licht verschwinden und huschte zurück in die Schatten der Dunkelheit. Ich war wieder allein. Erleichtert atmete ich aus. Das war gerade noch mal gut gegangen.

„Hey!" Abrupt ertönte eine Stimme hinter mir.

Erschrocken schrie ich auf und wirbelte herum, darauf gefasst, irgendeinem Monster entgegenzublicken, vielleicht der Kutte von eben. Doch ich wurde nur von dem grellen Strahl einer Taschenlampe geblendet. Jetzt war wirklich ein Nachtwächter gekommen.

„Was haben Sie hier zu suchen, Miss?", fragte dieser unwirsch.

„Ich wollte bouldern, aber es war niemand da, dann war die Tür zu und dann war da so ein gruseliges Wesen", stammelte ich drauflos, heilfroh, dass ich von irgendjemandem gefunden worden war.

„Die Boulderhalle hat schon seit anderthalb Stunden geschlossen", knurrte der Typ. „Mitkommen, du Einbrecherin!"

Tja, und so kam es, dass ich im zweiten Moment nicht mehr ganz so heilfroh war, denn leider glaubte weder der Wachmann noch sonst jemand mir meine Geschichte – und die Sache mit dem unheimlichen Wesen schon gar nicht. Das könnte vielleicht auch daran liegen, dass die Boulderhalle, als ich ankam, wirklich schon seit einer Stunde geschlossen hatte (sie hatten früher zugemacht), und dass die Tür immer noch verschlossen war, als der Nachtwächter seine Schicht begann.

Also wurde ich als Einbrecherin, die abends illegal in die Halle eingestiegen war, verurteilt, obwohl sie nicht herausfinden konnten, wie ich reingekommen war.

Alle sagen, dass ich mich nur rausreden will, wenn ich ihnen erzähle, dass die Tür offen gewesen ist. Sie lachen jedes Mal, wenn ich von meiner Beobachtung anfange.

Und ich weiß zwar nicht, was das für ein Wesen war, was es wollte oder wie das alles sein kann, aber ich weiß, was ich gesehen habe. Ich weiß, dass dieses Ding immer noch irgendwo da draußen ist. Und ich schreibe diese Geschichte auf, um euch davor zu warnen, auch wenn ihr es sicherlich ebenfalls als Quatsch abtut.

__Lisa Becker__ geht zurzeit in die 8. Klasse und wohnt mit drei Schwestern, einer Katze und sechs Meerschweinchen in Bremen. Ihre Hobbys sind außer dem Schreiben noch Lesen, Bouldern (irgendwie klar, oder?), Reiten und Snowboarden.

Die ungewöhnliche Geisterbahnfahrt

„Na los, Dominik, lass uns endlich ein Runde drehen", jammerte Thomas.

Dominik seufzte und verdrehte die Augen. Die beiden Jungen standen mitten auf dem Rummelplatz und es herrschte ein Gejohle und Gedränge von allen Seiten. Hinter ihnen stand ein großes, dunkles Holzhaus mit kleinen runden Fenstern. Das Haus wirkte alt und sehr schäbig, als könnte der kleinste Windstoß es umhauen. Ein großes rundes Loch stellte die Eingangstür dar und war über und über mit Spinnfäden und kleinen, grauen Spinnen bedeckt. *Ein unvergesslicher Ausflug in die Geisterwelt,* stand groß in Blockbuchstaben auf einem Plakat neben dem Eingang.

„In Ordnung, wenn du unbedingt willst, fahren wir eine Runde in der Geisterbahn mit, aber versprich dir nicht zu viel davon", sagte Dominik.

Thomas ließ sich das nicht zweimal sagen und rannte mit Dominik im Schlepptau zum Eingang.

„Einen guten Tag wünsche ich den jungen Herrschaften, bitte folgen Sie mir in Ihre Gondel", säuselte eine zuckersüße Stimme hinter ihnen.

Abrupt blieben die beiden Jungen stehen und drehten sich rasch um. Hinter ihnen stand eine alte Frau mit einem tiefschwarzen Umhang und mit einer kleinen Laterne in der Hand. Ihre Haare waren schlohweiß und fielen ihr über die gebeugten Schultern. Das Gesicht war von Falten zerfurcht und zwei kalte schwarze Augen starrten die Jungen an.

Thomas schluckte und wich einen Schritt zurück. Diese zwielichtige Gestalt passte sogar nicht in das sonnige Treiben eines Rummelplatzes.

„Nun, was ist los?", zischte die Alte. „Kommt mit, rasch, oder ihr verpasst eure Gondel", trällerte sie.

Thomas war zur Salzsäule erstarrt, nickte nur kurz und stotterte: „Von uns aus kann es losgehen!"

Die Alte verzog hämisch ihre Mundwinkel. „Nun, wenn das so ist, dann lassen wir die Geister nicht länger warten!" Sie klatschte zweimal in die Hände und eine schwarze Gondel fuhr hinter den Spinnweben hervor. Dominik und Thomas stiegen ein und schon ratterte die Gondel mit den beiden langsam durch das schwarze Loch.

„Wo sind wir hier nur gelandet?", wimmerte Thomas und blickte sich ängstlich um. Die Gondel fuhr einen langen, schmalen Pfad entlang, der umgeben war von hohen Tannen und Kiefern. Es war stockdunkel und der Wind rauschte durch die Nadelbäume. Nichts ließ mehr auf das Holzhaus schließen, durch das sie gerade noch vor ein paar Minuten gekommen waren.

Dominik raufte sich die Haare. „Wir sind mitten in einem Wald gelandet, wie ist das möglich?"

Ein lautes Poltern und Ächzen ließ die beiden zusammenzucken.

„Was war das?", rief Dominik.

Die Gondel war zum Stillstand gekommen. Direkt vor ihnen erkannten sie ein kleines Licht, das schleppend immer näher auf sie zukam. Das blanke Entsetzen war ihnen auf ihre Gesichter geschrieben.

„Schnell lass uns abhauen", kreischte Thomas und packte Dominik an den Schultern. Sie stolperten Hals über Kopf aus der Gondel und fielen direkt vor die Füße einer dunklen Gestalt.

„Wohin denn so eilig, ihr beiden? Ihr könnt das Haus nicht auf dem gleichen Weg verlassen, wie ihr es betreten habt", sagte die Gestalt.

Ängstlich blickten die beiden auf und erkannten die alte Frau wieder. In ihrer Hand hielt sie die Laterne. „Helft mir, die Naturgeister zu besänftigen, die ihr verärgert habt, und ihr könnt wieder nach Hause zurückkehren. Eure Freunde und ihr habt ihnen großen Schaden zugefügt und sie fordern Wiedergutmachung ein."

„Wir haben nichts getan", sagte Dominik kühn.

„Hinter diesen Bäumen war einst ein ruhiger Platz, kommt mit und seht selbst, wenn ihr mir nicht glaubt." Die Alte drehte sich um, schritt zügig in den Wald hinein. Schatten huschten an den Bäumen entlang und ein wildes, tiefes Grollen war aus der Ferne zu hören.

Das Herz schlug den Jungen bis zum Hals. Sie stolperten über das Wurzelwerk der Bäume und folgten dem Laternenlicht, bis sich die Alte schließlich umdrehte. „Seht euch hier genau um. Nichts ist mehr, wie es war."

Betreten blickte Dominik zu Boden. Der Waldboden war übersät mit Flaschen, Dosen und Konfetti. Plastikstühle lagen verstreut umher und Berge von Tüten stapelten sich am Boden. Es war ein Ort der Verwüstung.

„Das war unser Abschlussfest im Wald. Danach hat sich niemand mehr die Mühe gemacht, alles wieder wegzuräumen, denn wer sollte es schon merken?", sagte Dominik kleinlaut.

Die Alte schüttelte den Kopf. „Nun, ich habe es gemerkt. Bringt es in Ordnung! Ich gebe euch diese Chance und schicke euch zurück." Sie klatschte in die Hände und es begann lautstark zu piepen.

Dominik wälzte sich hin und her. Woher kam nur dieses Piepen? Er schlug die Augen auf und fand sich in seinem Zimmer wieder. Langsam kroch er aus dem Bett und griff sich an den Kopf. Was war das nur für ein seltsamer Traum gewesen? Allerdings hatte er einen wahren Kern, so viel musste er zugeben. Das schlechte Gewissen plagte ihn schon länger, immerhin hatten sie den Platz am See nach der Feier komplett verwüstet zurückgelassen, obwohl sie seiner alten Tante Emma versprochen hatten, alles so zu hinterlassen, wie sie es vorgefunden hatten.

Sein Handy vibrierte und Dominik nahm sofort ab, als er Thomas Namen las. „Wir müssen uns unbedingt heute treffen, Dominik, ich hatte einen ganz üblen Traum."

Dominik lachte in den Apparat. „Ich fürchte, da sind wir schon zwei. Lass uns heute das Versprechen gegenüber Tante Emma einlösen und das Chaos von der Feier am See beseitigen, ehe es uns noch jemand wirklich übel nimmt." Dominik konnte hören, wie Thomas erleichtert ausatmete.

„Gute Idee, ich bin gegen acht bei dir und dann machen wir uns auf den Weg und an die Arbeit!"

Beate Haider *wohnt im Herzen der grünen Steiermark und hat die Freude am Schreiben wiederentdeckt.*

Der Kürbisgeist

Stolz blicke Charalambos auf sein Werk. Gemeinsam mit seiner Freundin Chionia höhlte er Kürbisse aus, um sie in der Nacht aufzustellen. Es war Halloween, die Nacht der Geister. Seine Eltern hielten nichts von dem Brauch und keiner in ihrer Straße machte mit. Doch nach langem Bitten und Betteln hatten Charalambos' Eltern es erlaubt. Chionia war extra zu ihm gekommen, weil auch ihre Eltern nichts von dem Brauch wissen wollten. Solange ihre Tochter das bei anderen machte, war es ihnen egal. Nur vor ihrer eigenen Haustür wollten sie keine Kürbisse haben. Auch durften Charalambos und Chionia nicht durch die Nachbarschaft ziehen und mit „Süßes oder Saures" um Süßigkeiten betteln. Wenigstens durften sie die Kürbisse schnitzen, das war ja auch was.

Vorsichtig schnitt Charalambos eine grinsende Fratze in seinen Kürbis. Die Augen und die Nase hatte er bereits erledigt. „Zeig mal, was du deinem Kürbis für ein Gesicht gegeben hast", verlangt er.

Stolz drehte Chionia ihren Kürbis zu ihm um. Der Mund sah aus, als heule er schauerlich.

„Ganz schön gruselig", fand Charalambos.

„Deiner ist auch gut", gab Chionia das Lob zurück.

Jetzt mussten sie nur noch eine Kerze hineinstellen und dann hätten sie das schönste Halloweenhaus weit und breit. Wenn man das einzige Haus war, das zu Halloween schmückte, war das kein besonders großes Kunststück.

„Guck mal, Mama, was für schöne Kürbisse wir gemacht haben", rief der Junge und rannte ins Wohnzimmer.

Gutmütig lächelnd kam Ona Kalogeropoulos hinter Charalambos her und begutachtete staunend das Werk der Kinder. „Das habt ihr sehr gut gemacht. Ich hole die Kerzen", verkündete die Mutter und verließ das Zimmer.

Da schlug die Tür zu. Chionia blickte auf. Sie stand auf und wollte die Tür öffnen, doch sie schien abgeschlossen zu sein! „Was ist denn jetzt passiert?", rief sie verwirrt.

Hatte es vorher schon gedämmert, war es mit einem Mal tiefschwarze Nacht geworden. Beklommen blickte sich Chionia um. Da ging das Licht aus. Beide Kinder schrien entsetzt auf. Wo war nur Mutter mit den Kerzen?

„Wer ruft mich? Wer hat das Tor geöffnet?", heulte da eine grauenvolle Stimme.

Da flammte in ihrem Kürbis ein Licht auf. Wie konnte das denn jetzt sein? Da war doch noch keine Kerze.

„Bekennt euch", herrschte die Stimme sie wütend an.

„Wir sind Charalambos und Chionia", rief der Junge voller Furcht. Da loderte die Flamme hell auf. Wie vom Donner gerührt blickten die beiden Freunde auf die Gestalt, die vor ihnen aufgetaucht war. Das Wesen war durchsichtig. Es trug einen ausgehöhlten Kürbis mit einer brennenden Flamme darin. „Jack O'Lantern werde ich genannt. Dies ist meine Nacht. Wer mich heute herbeiruft, zu dem komme ich", erklärte der Geist.

„Wir haben dich gar nicht gerufen!", erwiderte Chionia.

Da lachte Jack hämisch. „Ihr seid die Einzigen, die im Umkreis einen Kürbis geschnitzt haben", erklärte er. „Normalerweise bannen mich die Kürbisse in die Zwischenwelt. Ich kann weder in die Anderswelt wechseln, noch auf Erden bleiben. Aber wenn nur ein Kürbis im Umkreis so geschnitzt wird, werde ich auf die Erde gerufen. Zündet schnell das Licht an, ehe die Nacht endet, dann kehre ich in die Zwischenwelt zurück. Sonst suche ich euch auf ewig heim!", erklärte Jack.

Jetzt wurde Caralambos neugierig. „Was sind die Zwischenwelt und die Anderswelt?", wollte er wissen.

„Die Anderswelt ist das Jenseits. Hier leben die Götter der alten Kelten und die Seelen derer, die an diese Welt glauben, bereiteten sich früher auf ihre Wiedergeburt vor. Doch seit das Christentum den alten Glauben verdrängt hat, bleiben die Seelen meist dort und werden nicht wiedergeboren. Die Zwischenwelt liegt, wie der Name schon sagt, zwischen der Welt der Sterblichen und der Anderswelt. Es ist ein leerer, dunkler Ort, wo nichts ist. Manchmal öffnen sich Fenster zwischen den Welten und ich kann sehen, was dort geschieht, aber ich kann die Zwischenwelt nicht verlassen", erklärte Jack.

Chionia grübelte. Sie hatte den Namen Jack O'Lantern schon einmal gehört.

„Hast du nicht einen Pakt mit dem Teufel geschlossen und ihn dann betrogen, sodass er dich nicht in die Hölle mitnehmen wollte? Wenn ich mich recht erinnere, warst du doch kein besonders netter Mensch", hielt sie ihm entgegen.

Jack schüttelte zornig den Kopf. „Alles Lüge, damit ich einen schlechten Leumund bekomme und mir keiner hilft. Ich werde dir sagen, wie es wirklich war. Ich bin der letzte Druide Irlands, Wächter des alten Weges und Verkündiger der alten Götter. Als sich der Christengott in Irland durchsetzte, war ich einer der Letzten, der noch den alten Göttern huldigte. Sie gewährten mir mächtige Magie und langes Leben. Doch weil ihre Macht schwand, konnten sie mich irgendwann nicht mehr beschützen. Meine Zauber waren wirkungslos. Einen letzten, großen Bann konnte ich noch wirken, der sollte verhindern, dass ich in die schreckliche Welt, die die Christen Hölle nennen, gezogen werde. Als ich starb, verweigerte mir der Christengott voller Zorn über meinen Zauber den Einlass in das Himmelreich. Meine Banne schützten mich vor der Hölle, aber durch den Fluch des Christengottes kann ich die Anderswelt nicht erreichen. Meine Magie sorgte dafür, dass ich in der Zwischenwelt blieb. So bleibe ich bis in alle Ewigkeit in dieser Düsternis gefangen und kann immer nur einen kurzen Blick von der Erde erhaschen. Die Kürbisse zu Halloween erneuern diesen Zauber jedes Jahr", erzählte Jack seine traurige Geschichte.

Chionia fand das aber nicht gerecht. Man konnte doch niemandem vorschreiben, was er zu glauben hat. Wie konnten sie ihm nur helfen? „Kann man denn da gar nichts tun?", wollte Chionia wissen.

„Nur wenn man den Kürbiszauber aufhebt, könnte ich vielleicht überwechseln. Dazu muss man den Kürbis in meinem Beisein zerstören", erklärte Jack das Verfahren.

Enttäuscht blickten die Kinder auf ihre schönen Kürbisse. Die sollten sie so einfach opfern?

„Ihr seid meine letzte Hoffnung", flehte Jack.

Widerstrebend holte Charalambos das große Küchenmesser und schnitt die Kürbisse in Stücke. Im selben Augenblick erklang ein ohrenbetäubendes Heulen, die Erde erbebte und auf einmal war alles in ein helles Licht getaucht.

„Komm heim, Jack, jetzt hat deine Suche endlich ein Ende", ertönte da eine warme Frauenstimme.

Jack leuchtete auf einmal hell auf und lächelte selig. Im selben Augenblick verschwand Jack O'Lantern. Wie vom Donner gerührt blickten die beiden Kinder auf die Überreste des Kürbisses.

Da kam Ona herein. „Warum habt ihr denn die Kürbisse kaputtgemacht?", wollte sie verwundert wissen.

„Wir haben überlegt, dass das ja auch blöd ist, wenn wir die Einzigen sind, die das machen. Nicht, dass die anderen uns dann in der Schule auslachen", erklärte Chionia und Charalambos nickte kräftig.

„Na ja, es ist ja schon spät. Chionia, du gehst jetzt am besten heim und du, mein Sohn, wirst dieses Chaos hier aufräumen, verstanden?", rief sie verärgert.

Charalambos biss sich auf die Lippen. Das hatte er jetzt davon. Doch jemandem zu helfen, der in Not war, war das Richtige. Sicher war Jack jetzt an einem besseren Ort. Bestimmt konnte er seine Mutter bis nächstes Jahr wieder überreden, Kürbisse zu Halloween zu schnitzen, ganz bestimmt.

Florian Geiger, wohnhaft in Lörrach, geboren am 10. Februar 1982 in Heidelberg, schreibt seit seiner Kindheit gerne Geschichten, besonders aus den Bereichen Science-Fiction und Fantasy. Bisher konnte er Kurzgeschichten in verschiedenen Verlagen veröffentlichen. Website: floriantobiasgeiger.jimdofree.com, Friendica im Fediversum: opensocial.at/profile/anarcheron.

Das Dorf der Krähen

Krähen bevölkerten seit jeher die Erde. Einige wenige Menschen besaßen die Fähigkeit, sich mit diesen Tieren zu verbinden und durch ihre Augen zu sehen. Die sogenannten Seher des Dorfes Anahy waren dadurch in der Lage, die Bewohner vor allem Unheil zu bewahren. Die Augen des Himmels konnten jede Gefahr frühzeitig erkennen. An jedem Blutmond wurde das uralte Ritual durchgeführt, die Magie junger Menschen zu erwecken, damit diese die Gabe des Sehens erhielten und sich mit einer Seelenkrähe verbinden konnten.

Sanya beobachtete die älteren Seher. Ihre Iriden waren vollständig weiß geworden. Sie hatten sich der Krähen bemächtigt und überwachten das Dorf von oben. Schwarze Schatten glitten über die kahlen Bäume. Sanya scharrte nervös mit den Füßen und stellte sich zu den anderen Seher-Anwärtern auf die Lichtung. Sie war Jahr um Jahr gescheitert. Nie hatte Sanya die Gabe erhalten. Mittlerweile waren weit jüngere Seher gekürt worden, während sie immer noch nicht dazu in der Lage war, ihren Willen in eine Krähe zu schicken. Sie durfte nicht scheitern! Sie musste ihre Magie erwecken, doch alles, was in ihr tobte, war ihre vertraute Wut. Die Ältesten des Dorfes traten in die Mitte, während ein paar Krähen sich auf den Ästen der umliegenden Bäume niederließen. Ihre Eltern und ihre jüngere Schwester blinzelten Sanya aufmunternd zu.

Die knarrende Stimme von Taigan, dem Anführer, hallte über den Platz: „Der Blutmond wird in seiner Weisheit unsere neuen Seher erwecken!"

Stolz reckten die Seher-Anwärter ihre Köpfe. Sanya zog den Nacken ein. Ihr war der skeptische Blick ihres Anführers nicht entgangen. Er glaubte, dass der Mond sie auch dieses Mal nicht erwählen würde. Sanya unterdrückte den Drang, ihre Fäuste zu ballen. Ihre Wut durfte ihre Magie nicht verdrängen, dieses Mal nicht!

Gebanntes Schweigen erfüllte die Lichtung. Schon schoss der erste blutrote Strahl vom Himmel und beleuchtete Yuno, der fünf Jahre jünger als Sanya war. Der Strahl teilte sich und traf auf drei weitere junge Dorfbewohner, die erfreut lächelten. Sanyas Blick sprang zu den Krähen auf den Bäumen, die zahlreicher geworden waren. Die Tiere musterten ihr Volk argwöhnisch. Ihr war unbehaglich zumute, als sie den Blick einer Krähe einfing, sie die mit wahnsinnigen Augen anfunkelte. War es eine der Seelenkrähen, die mit einem der Seher verbunden war? Sanya bezweifelte es. Warum sollte ein Dorfbewohner Anahys sie so feindselig mustern?

Plötzlich war die ganze Lichtung taghell erleuchtet und das rötliche Licht des Mondes hüllte sämtliche Dorfbewohner ein – außer Sanya. Erschrocken sah sie, wie sie weiterhin im Schatten stand, obwohl kein Baum die Lichtkegel davon abhielt. Sanya schluckte. Was ging hier vor? Ihr war, als würden die Krähen um sie herum lächeln. Besorgt beobachtete sie, wie die Dorfbewohner ihre Köpfe kollektiv nach oben rissen. Ihre Körper waren zum Bersten gespannt. Sanyas Familie war ebenfalls von dem geheimnisvollen Licht erfasst worden. Auf einmal flatterten die Krähen verstört auf. Die Tiere prallten in ihrer Panik gegeneinander und schrien aus Leibeskräften, sodass sich Sanya die Ohren zuhalten musste. Schwarze Federn segelten durch die Luft.

Sanya fiel in die Arme ihrer Mutter, die jedoch nicht auf sie reagierte, sondern den Kopf immer noch in den Nacken gelegt hatte. Die Dorfbewohner sackten mit einem Ruck zu Boden und wanden sich, als hätten sie Schmerzen. Das dumpfe Röcheln der vielen Menschen schwoll an, während das Krächzen der verwirrten Krähen den Himmel erfüllte. Auf einmal standen die Menschen taumelnd auf und sahen sich verwirrt um. Sämtliche Nackenhaare Sanyas stellten sich auf, als Taigan mit einem wahnsinnigen Grinsen auf sie zugelaufen kam. Er öffnete den Mund, doch es erklang nur ein heiseres Krächzen. Dann gab er ein paar schnarrende Geräusche von sich und verzog verächtlich den Mund.

„Was ist mit Euch geschehen?", stotterte Sanya und wich vor ihm zurück. Etwas stimmte ganz und gar nicht mit diesem Mann.

Die anderen Dorfbewohner gruppierten sich um sie herum und warfen einander erheiterte Blicke zu. Sanyas Eltern spielten mit ihren Händen, während ihre Schwester und einige andere ihre Köpfe nach hinten drehten, als wollten sie ihre Rücken betrachten.

Schlagartig dämmerte es Sanya. „Ihr seid keine Menschen!"

„Nein." Taigan grinste kühl und schüttelte sich, als besäße er Federn. Die Krähen in der Luft hatten sich auf die Äste zurückgezogen und krächzten ihre Klagelaute in den Nachthimmel. Sanya konnte sie nicht verstehen, doch in ihrem Herzen spürte sie den Schmerz ihres Volkes.

Sanya wimmerte verzweifelt: „Warum?"

Taigan – oder vielmehr die Krähe, die sich seines Körpers bemächtigt hatte, – stieß ein arrogantes Lachen aus. „Warum nicht? Ihr habt euch unsere Körper zu Eigen gemacht und uns euren Willen aufgezwungen! Es ist nur gerecht! Der Blutmond hat unser Flehen erhört!"

„Wir wussten nicht, dass ihr leidet! Wir wollten euch nicht schaden!"

„Dafür ist es zu spät!" Der falsche Taigan drehte sich zu den anderen Dorfbewohnern um und badete in ihren Triumphrufen. Sanya musste geschrien haben, doch sie bemerkte es erst, als die Krähen in den Bäumen aufgeregt mit ihren Flügeln schlugen. Eine kleinere Krähe flog auf Sanya zu und landete auf ihrem Arm. Sie war zierlich und ihr Federkleid glänzte wunderschön. Traurige Augen blickten sie an.

Sanyas Herz zog sich schmerzhaft zusammen. „Ari!", krächzte sie gebrochen und drückte ihre Schwester an sich. Ari gurrte leise und traurig. Belustigt musterte der falsche Taigan sie. Sanya fauchte ungehalten: „Gebt ihnen ihre Körper zurück!"

„Warum sollte ich das tun?", erwiderte er hochtrabend und dehnte seine Arme.

„Du bist ein Ungeheuer!"

Taigan hielt inne und sein Gesicht verfinsterte sich. „Ich denke, es ist genau andersherum! Wir waren gnädig mit euch, doch vielleicht hätten wir euch töten sollen!" Mit funkelnden Augen griff er nach Ari und packte sie an der Kehle.

Unbändiger Zorn schoss durch Sanyas Glieder und dieses Mal ließ sie ihn zu. Sie würde verhindern, dass er ihrer Schwester etwas antat! Mit einer peitschenden Bewegung grub sie ihre Faust in sein Gesicht und hörte das befriedigende Knacken einer brechenden Nase. Taigan jaulte auf und ging zu Boden, während Ari sich in Sicherheit brachte. Sanyas sah erstaunt zu den begeistert krächzenden Krähen hinauf. Die falschen Dorfbewohner torkelten auf sie zu, doch sie waren ihre neuen Körper noch nicht gewöhnt und bewegten sich ungeschickt. Sanya wich ihren trägen Schlägen aus und setzte ihnen weiter zu.

Auf einmal wurde sie am Hals gepackt. Taigans Kopf vollführte ruckartige Bewegungen, als wollte er ihre Augen ausstechen. Grimmig lächelte Sanya, als er realisierte, dass sein Schnabel fehlte. Mit einem weiteren Schlag auf die Nase befreite sie sich. Die Krähenmenschen kletterten auf die Bäume und versuchten, Sanyas Volk von den Ästen zu fischen, das lauthals protestierte. Sie wusste, dass es ein aussichtsloser Kampf war. Sie würde die falschen Dorfbewohner nicht besiegen können. Doch sie konnte ihresgleichen schützen!

„Rückzug!", brüllte Sanya und sah, wie sich eine Wolke aus schwarzen Federn von den Bäumen erhob und ihr folgte. Sanya führte ihr Volk an einen unberührten Ort fernab ihrer alten Heimat. Dort ließen sie sich nieder. Sanya war keine Seherin geworden, doch sie schwor sich, alles in ihrer Macht Stehende zu tun, ihr Volk zu beschützen und vor jeglichem Unheil zu bewahren.

Und eines Tages würde sie einen Weg finden, ihr Dorf der Krähen wieder menschlich zu machen.

Clarissa Holder, *geboren 1990, lebt und arbeitet im Landkreis Esslingen am Neckar. Sie schreibt leidenschaftlich gerne Fantasy und einige ihrer Kurzgeschichten wurden bereits in Anthologien veröffentlicht. Seit 2022 arbeitet sie an einer Romantrilogie. Kreativ ist sie auch gerne im gestalterischen Bereich. Sie fertigt Illustrationen zu Lehr- und Werbezwecken an und hat unter anderem mit dem Diakonischen Werk Württemberg zusammengearbeitet. Im Juni 2024 wurde das Kinderbuch „Osteopathie für Paul" veröffentlicht, für welches sie die Illustrationen angefertigt hat.*

Nachtvögel

Das Tor war alt, seine metallenen Streben schwarz und kalt. Aber es war nicht verschlossen.

„Na los", drängelte Christy, „gehen wir rein."

Der Friedhof war still und von den Grablichtern abgesehen dunkel.

„Okay", sagte ich leise, „hier hängt der Lageplan. Da, in der Mitte ist das große Mausoleum. Machst du mal ein Foto?"

Kurz erhellte der Blitz ihres Smartphones den Friedhofseingang.

„Na, dann los", sagte sie.

Die Sache war die: Seit Christy und ich zwölf waren, begannen wir uns darüber Gedanken zu machen, was man alles machen musste, bevor man groß und erwachsen wurde. Also alles Verrückte und Verbotene und Peinliche, was man nur als Kind machen konnte. Und dann schrieben wir eine To-do-Liste mit all diesen Sachen: Schule schwänzen, Origami-Kraniche verkaufen und auf dem Weihnachtsmarkt singen. Das meiste hatten wir auch schon gemacht – und es gibt da so einiges, was ich im Nachhinein besser gelassen hätte –, aber da war eine Sache, die es noch zu erledigen galt: nachts über einen gruseligen Friedhof zu laufen. Der Hauptfriedhof unserer Stadt mit seinen vielen Gräbern aus viktorianischer Zeit samt Statuen und Mausoleen erschien uns da sehr passend.

Es war kalt und stürmisch an diesem 31. Oktober. Die alten Bäume schienen ihre Arme nach uns auszustrecken und die Büsche am Wegesrand raschelten bedrohlich. Mir entfuhr tatsächlich ein leiser Schrei, als eine Krähe links von mir aufflog.

Auch Christy war zusammengezuckt. „Du bist doch sonst nicht so schreckhaft, Belle", bemerkte sie dann.

Ich verzog das Gesicht. Eigentlich waren solche Orte tatsächlich nichts Neues für mich, denn ich wohnte neben dem kleinen Friedhof unseres Viertels. Aber den kannte ich einfach gut. Ich wusste, dass er ein trauriger, stiller Ort war, ein Ort der Toten. Aber ich konnte mir dort keine Zombies oder Vampire vorstellen. Für mich

waren Friedhöfe eigentlich nie gruselig gewesen. Aber dieser hier …
Es lag etwas Unheilvolles in der Luft, so offensichtlich, das ich eine
Gänsehaut bekam. Was war nur los mit mir?

„Du, Christy?", murmelte ich.

„Hm?"

„Ich habe kein gutes Gefühl bei der Sache. Sollen wir nicht besser
zurücklaufen? Wir waren auf dem Friedhof, check, wir können gehen."

Christy wirkte fast belustigt von meiner plötzlichen Panik. „Ach
komm, bis zum Mausoleum ist es doch nicht mehr weit. Was soll
schon passieren?"

„Na ja, wer weiß, wer sich hier noch so rumtreibt."

„Wir haben doch Handys mit, entspann dich, Belle!"

Schweigend gingen wir weiter. Der Friedhof hätte die perfekte
Kulisse für einen Vampirfilm sein können. Die Engelsstatuen waren
halb von Efeu überwuchert, manche Grabsteine standen schief und
waren von Moos bewachsen. Dann kam das Mausoleum in Sichtweite. Es war das mit Abstand beeindruckendste Grab des Friedhofs.
Jedoch schien die gesamte unbehagliche Stimmung von diesem Ort
auszugehen. Die Engel, die den Eingang bewachten, hatten etwas
seltsam Lebendiges an sich, die Steine waren dunkel angelaufen und
das gesamte Mausoleum wirkte wie ein riesiger, lauernder Schatten
zwischen den Bäumen. Ich musste plötzlich dem Drang widerstehen, einfach wegzurennen. „Lass uns nur schnell nachsehen, wem
das Grab gehört hat, und ein Beweisfoto machen, dass wir hier waren", sagte Christy, der es ähnlich zu gehen schien. Wir eilten zu der
Informationstafel, die vor dem Mausoleum stand.

*Im Jahr 1867 ließ Gräfin Dorothea von Heiden dieses Mausoleum
für sich und ihre Nachkommen errichten, jedoch verscholl die Gräfin auf einer ihrer Reisen im Jahr 1883 und Kinder hatte sie keine.
So liegt hier lediglich der Mann der Gräfin, Friedrich von Hei...*

„Nein, natürlich nicht, ich hab doch Erfahrung, aber es würde die
Sache erleichtern, wenn du nicht immer auf die traditionelle Kleidung bestehen würdest!", schimpfte eine Männerstimme leise.

Ich zerrte Christy hinter den nächstbesten Baum. „Da kommt
wer", zischte ich.

„Wer kann das sein?", fragte Christy.

„Keine Ahnung. Aber wir sollten einfach erst mal gucken, wer da kommt."

Als die Leute dann um die Ecke bogen, bereute ich diese Entscheidung nicht. Sie waren mindestens zu zehnt, darunter aber nur eine Frau. Und sie trugen Kleidung wie vor 120 Jahren. Das Kleid der Frau war dunkelrot, sie trug ein Korsett und einen kunstvollen Hut. Die Männer waren alle in Anzug und Hut gekleidet. Die Frau diskutierte offenbar mit dem Mann, den wir vorhin gehört hatten.

„Das gehört nun mal dazu, Tradition ist Tradition. Wir können hier doch nicht in Jeans auftauchen, dafür ist die Sache viel zu ehrwürdig", keifte sie.

Die Gruppe blieb vor dem Mausoleum stehen und ich konnte sehen, wie in der Hand der Frau ein Schlüssel aufblitzte. Wollten die etwa in das Mausoleum gehen? Tatsächlich öffnete die Dame die Tür und die Männer drängten sich hinein.

„Lass uns näher rangehen und lauschen!", hauchte Christy in mein Ohr.

Ich hielt das zwar für keine gute Idee, denn die Leute waren mir überhaupt nicht geheuer, aber Christy wirkte sehr entschlossen. Also schlich ich hinter ihr zur Tür. Nebeneinander kauerten wir uns auf die Treppenstufen und spitzten die Ohren.

„Gib mir den Stein, Richard", sagte die Frau gerade.

„Jawohl, Gräfin", antwortete Richard.

Gräfin? Kurz musste ich an die Gräfin von Heiden denken, die ja bloß verschollen, aber nie tot aufgefunden worden war, aber das war natürlich Quatsch.

„Gut", sagte die Gräfin, „was ist mit dem Sud?" Ihre Stimme war tief und rau und klang, als sei sie viel, viel älter als die 60 Jahre, die sie aussah.

Es wurde etwas herum geräumt, dann sagte ein anderer Mann: „Ist so weit, Gräfin."

Ich konnte hören, wie jemand auf und ab ging.

„Schön, schön", sagte die Gräfin leise und etwas an ihrem Ton war gierig und gefährlich. Mir wurde plötzlich ganz kalt.

„Dann vollendet das Elixier!", befahl sie.

Ich schielte ins Mausoleum und bekam eine solche Angst, wie ich sie noch niemals in meinem Leben gehabt hatte. Aber ich konnte mich nicht bewegen, war wie erstarrt. Die Gräfin hatte sich über einen Kessel gebeugt, aus dem ein helles, rotes Licht strahlte. Sie lächelte, aber ihr Gesicht wirkte im tanzenden Licht wie eine Fratze, ihre dunklen Augen funkelten teuflisch. Ich war mir in diesem Moment ganz sicher, dass diese Leute, vor allem die Gräfin, nicht bloß seltsam waren. Die waren gefährlich. Ich griff nach Christys Hand. „Weg hier. Schnell!"

Christy schien zwar nicht zu begreifen, was los war, aber wir kannten uns lange genug, um zu wissen, wann es ernst wurde. Wir stürzten los, aber es kam mir vor, als würden wir unendlich langsam vorankommen. Vor allem, als ich hörte, wie die Männer im Mausoleum wild durcheinander riefen und dann, wie hinter uns noch mehr Füße über den Kiesweg hetzten. Schließlich packte mich jemand an meinem Rucksack und riss mich herum. Einer der Männer starrte mich wütend an, auch Christy war von einem Mann an den Handgelenken gepackt worden. Sie zerrten uns wieder zurück in Richtung Mausoleum, egal wie sehr ich nach ihnen trat. Shit!

„Sieh mal einer an", murmelte die Gräfin, „wen haben wir denn da?"

Ich hob das Kinn und schwieg.

„Eure Namen", zischte die Gräfin. „Jetzt!"

Isabelle Martin und Christy Thomas.

„Sarah. Und das ist Leah", log ich und hoffte, dass man mir meine Todesangst nicht ansah.

Die Gräfin musterte mich. „Aha. Nun, Sarah, ich muss dir und deiner Freundin leider mitteilen, dass ihr bereits zu viel gesehen habt."

Ich blinzelte. „Wie bitte?"

„Ihr seid Zeugen. Ihr wisst, wie wir aussehen, dass wir nachts verbotenerweise das Mausoleum betreten und dort etwas gemacht haben, was ihr euch nicht erklären könnt." Die Gräfin fuhr ungerührt fort: „Wenn ihr jetzt schon die Hälfte wisst, kann ich euch genauso gut auch noch den Rest erzählen, nicht wahr?"

„Oh nein, wir sind so schlecht im Gesichtermerken und wir können es sowieso keinem erzählen, denn sonst würden alle erfahren, dass wir nachts heimlich hier waren!", flehte ich. Wenn wir alles wussten, würde sie uns als gefährliche Zeuginnen garantiert loswerden wollen.

Die Gräfin lächelte zuckersüß. „Aber klar, geht, wohin ihr wollt!"

Dann wurden ihr Züge wieder kalt und starr. „Das gerade war eine rhetorische Frage, Schätzchen. Und widersprich mir gefälligst nicht."

Ich spürte, wie mir der kalte Angstschweiß den Nacken hinunterlief. Sie lief um den Kessel herum, aus dem es inzwischen nur noch leicht glühte.

„Ich bin übrigens Gräfin Dorothea von Heiden, falls ihr das noch nicht begriffen habt. Ich leite unsere Geheimgesellschaft seit ihrer Gründung im Jahr 1883. Wir nennen uns die Nachtvögel-Gilde und ich bin die Eiserne Gräfin. Und was ihr hier seht, ist ein alchemistisches Meisterwerk. In diesen Sud – dessen geheime Zusammensetzung ich euch nicht erläutern werde – haben wir den Stein der Weisen gegeben." Sie machte eine Kunstpause.

Unter anderen Umständen hätte ich gelacht. Aber die Gräfin meinte es offenbar todernst.

„Das Elixier, das dabei entsteht, macht uns unverwundbar und stoppt unseren Alterungsprozess. Aber nur für sechs Monate. Deshalb wiederholen wir diese Zeremonie alljährlich zu Halloween und in der Walpurgisnacht. Und das seit über hundert Jahren." Sie blickte uns von oben herab an. „Noch Fragen?"

Ich nahm meinen Mut zusammen. „Eine", sagte ich, „sind Sie also nur begrenzt unsterblich?"

„Gewissermaßen", antwortete die Gräfin kurz angebunden. Kritik schien sie nicht gewohnt zu sein. „So, jetzt wisst ihr alles, deshalb muss ich euch nun umbringen", bemerkte sie dann.

„Nein!", schrie Christy.

„Ich kann mir doch mein tolles, ewiges Leben nicht kaputtmachen lassen! Und ihr könntet das nun mal."

Oh nein, das konnte nicht wahr sein! „Das dürfen Sie nicht, bitte lassen Sie uns gehen!", rief ich.

„Warum denn nicht? Weil das im Gesetz steht? Als ob ich mich jemals an solche Regeln gehalten hätte." Sie lachte schallend. Es war exakt das Bösewicht-Lachen, das ich aus Filmen gewohnt war. Und da hatte ich eine Idee.

Wir mussten sie doch irgendwie aufhalten können, für immer!

„Stürz dich auf den Kessel und trink was daraus, egal ob an der Geschichte was dran ist oder nicht. Und versuch, den Stein rauszufischen!", wisperte ich in Richtung meiner Freundin.

Sie nickte.

„Wie soll ich euch nun umbringen? Hängen oder lieber ertränken?", fragte die Gräfin.

„Jetzt!", schrie ich und wir wanden uns aus den Griffen der Männer, die uns zuletzt glücklicherweise nur noch nachlässig festgehalten hatten, und rannten zum Kessel. Ich schlürfte ein paar Tropfen, schüttelte mich vor Ekel und tastete nach dem Stein. Derweil waren die anderen Männer, die draußen gewartet hatten, hereingestürmt. Plötzlich sah ich aus dem Augenwinkel, wie Christy gepackt wurde. Als ich mich umdrehte, sah ich sie das Messer an ihrem Hals.

„Du kannst sie nicht retten", seufzte die Gräfin genüsslich und drückte zu.

Aber da war kein Blut und Christy sah sehr lebendig aus. Sie riss überrascht die Augen auf, dann trat sie der Gräfin gegen den Oberschenkel und machte sich los.

„Schnell!" Ich tastete hektisch in der Brühe herum, da fand ich etwas Hartes, Rundes. „Okay, ich hab's."

Wir rannten, so schnell wir konnten, aber diesmal schnappten sie uns nicht. Vielleicht waren sie zu schockiert, dass ihr ewiges Leben nun beendet war.

„Es ist wahr", keuchte Christy, als wir den Friedhof hinter uns gelassen hatten.

„Ja, und das heißt, dass die Gräfin und ihre Gilde jetzt nicht mehr viel Lebenszeit haben, dann sind sie für uns auch keine Gefahr mehr."

Christy schaffte es, ein bisschen zu lächeln. „Oh, Belle, was machen wir mit dem Stein?", fiel ihr ein.

Ich betrachtete den Stein in meiner Hand. Er war rötlich, sah aber eher wie ein Metallklumpen aus als wie ein wirklicher Stein. „Wir werfen ihn einfach auf einen Schrottplatz. Da weiß bestimmt auch keiner, wie man das Elixier macht, und dann ist er auch nicht gefährlich."

„Gut." Christy sah erleichtert aus und mir fiel der Stein der Weisen vom Herzen (haha), dass dies hier doch noch ein gutes Ende genommen hatte. „Wann kommt die nächste U-Bahn nach Hause?"

Marisa Keller ist 15 Jahre alt, wohnt im Ruhrgebiet und schreibt seit der Grundschule Geschichten, am liebsten an ihrem alten Computer mit der klackernden Tastatur. Außerdem kuschelt sie gerne mit ihrem Hund, trifft sich mit Freundinnen, spielt Volleyball und Geige.

Die Vogelschatztruhe

Es lebt ein Geist in der Welt. Genauer gesagt in der Wesenwelt. Sein Name ist Ludwig, der Poltergeist. Aber er ist nicht nur ein Poltergeist, sondern er hütet auch den Schatz. Liebe Leseratte, das ist nicht nur ein Schatz, sondern eine Schatztruhe, in der alle Geheimnisse und sonstige wichtige Sachen der magischen Vögel aufbewahrt werden. Und da Ludwig auch fliegen kann, finden die Vögel, dass er perfekt als Hüter ist.

Der Geist wirft einen Blick auf die Truhe. „Oje. Oje. Sie ist wohl nun gelb! Irgendwas ist hier im Busch", stellt er soeben fest.

Er wundert sich gerade, wieso sich noch kein Vogel bei ihm gemeldet hatte. Nicht mal die Schleiereule Viviana hatte ihm eine Nachricht geschickt. Irgendwie ist er auch ganz froh darüber.

Plötzlich hört er ein Klopfen am Fenster. Ludwig schwebt zum Fenster und öffnet es. Der Vogel fliegt auch schon herein.

„Ach! Die reizende Fischertukandame Amy. Wer sonst! Was, Tukan, verschafft mir die Ehre?"

„Thaha! Das ist wohl ein Witz! Da fragt er noch blöd der Geist! Aber zuerst brauch ich mal eine Banane. Ohne Banane geht da gar nichts", meint Amy.

Ludwig nickt. Er zaubert ihr auch schon das Obst her und hofft, dass der Vogel nun zufrieden ist.

„Mhm, lecker. Die Banane. Ganz meine Reife. Also ich meine geschmacklich natürlich top. Ich bin hier, weil der Black Vultre, der Geier, die Schatztruhe haben will!" Der Tukan ist leicht nervös.

Ludwig schwebt wild im Kreis hin und her. „Idee, Idee, Idee, Idee komm doch! Ha! Ich habs! Amy, wir müssen zur Schleiereule."

Amy öffnet ihren Schnabel und es fallen Bananenreste heraus. „Was Ludwig? Aber Viviana zu finden ist nicht einfach."

Ludwig nickt. „Stimmt, das ist wirklich nicht einfach. Und schon gar nicht, wenn man im großen Wald der Fluggeschöpfe wohnt. Flieg mich dorthin!"

„Aber Ludwig, das ist ja gar nicht so ungefährlich!"

„Tu es einfach!" Ludwig setzt sich auf ihren Rücken. Doch er ist sich im Moment wirklich nicht sicher, was gefährlicher ist – der Wald oder der Flug mit Amy.

Plumps. Ludwig stürzt auch schon zu Boden. Sie sind gelandet. Genau vorm Eingang. Am Rand steht eine kleine Holzhütte, die ist aber verlassen. Könnte man meinen, hier lebt nur ein Geist, der hier Wache hält und den Touristen, also den Fluggästen, Auskunft über den Wald gibt.

„Ja, bitte!", faucht dieser Geist.

„Wir brauchen die Schleiereule Viviana", sagt Ludwig.

„Nein, Geist! Ich kann nicht sagen, wo sie ist! Hier eine Landkarte!" Der Geist wirft zornig die Landkarte zu Ludwig. Ihm direkt ins Gesicht.

Amy schaut nur. „Landkarte. Sinnlos Luludwig."

Der Poltergeist Ludwig dreht sich im Kreis. Und plötzlich verschwindet er im Wald. Und das, ohne ein Wort zu sagen.

„Ludwig! Wo bist du!", brüllt Amy. Sie ärgert sich, weil sie nun einen Geist suchen muss, der eine Landkarte besitzt. Amy fliegt immer tiefer und tiefer in den Wald hinein. Bis sie nur noch Augen sehen und Stimmen hören kann. Ganz schön unheimlich findet sie das. „Wo steckt dieser blöde Geist nur? Ludwig!"

In der Nähe gibt es starken Lärm. „Wo ist sie, die Schatzkiste!" Es ist offenbar die Stimme von Black Vultre.

Das wird Amy gerade zu viel. „Viviana!", schreit Amy. Ob das jetzt so eine gute Idee war? Aber Amy hatte gerade keine andere Wahl. Der Boden vibriert und die Erde öffnet sich. Amy wird von einer Wurzel umschlungen. „Bestimmt steckt Black Vultre dahinter", denkt sie sich. Schließlich will er ja die Schatztruhe.

„Hab keine Angst, Amy. Viviana und ich holen dich nur ab. Hab gerade Viviana gefunden!"

„Na zum Glück, Ludwig. Ach, ich hab vergessen, dass deine Geisterfähigkeiten ja andere sind!"

Ludwig dreht sich wieder einmal im Kreis. Und plötzlich hat er einen langen Schlüssel in der Hand. Er reicht ihn auch schon Viviana. Sie nimmt den Schlüssel in den Schnabel und legt ihn auf dem Tisch.

„Black Vultre! Er will die Gesetze in der Schatztruhe ändern! Das finde ich nicht gut. Er meint, dass die Geier mehr Macht haben sollten. Hm, das ist gar nicht gut. Es würde die ganze Flugordnung im Wald durcheinanderbringen. Nein! Es ist schon passiert!", erklärt Viviana.

„Hier ist der Schlüssel. Die Schatztruhe selber ist bei mir gut aufbewahrt", erklärt Ludwig.

„Aber Schlüssel im Wald vergraben, das ist doch total gefährlich", schnattert Amy.

Die Schleiereule breitet ihre Flügel aus. „Schutz über alle Schlüssel. Schutz über die Schatztruhe komm. Jetzt!" Sie zaubert gerade einen Schutzzauber.

Der Poltergeist Ludwig steht wie angestarrt da. „Aber Black Vultre findet trotzdem seine Möglichkeiten!"

„Ohne Schlüssel ist er machtlos! Ludwig!", erklärt Viviana.

„Aber wenn der Schlüssel bei dir ist, dann kann er ihn ja leicht stehlen!", meint Ludwig entsetzt.

Die Schleiereule öffnet wieder ihre Flügel. „Oh nein! Mein lieber Geist, der kann sie nicht so leicht in Besitz nehmen. Denn der Schlüssel wird nun mit Code versiegelt. Und gut versteckt. Sollte er es probieren, dann wird er für immer vom Wald ausgeschlossen", erklärt Viviana.

Ludwig greift sich ins Gesicht. Denn ihm wurde gerade bewusst, wo dieser Schlüssel der Schatztruhe verwahrt wird. Nämlich in der Mitte des Waldes. In der großen Schatztruhe.

Amy fliegt aufgeregt im Raum herum, denn das ist ihr zu viel. „Aber Black Vultre! Er ist schon dort!"

Die Schleiereule nickt. „Ja, Amy. Darum fliegen wir jetzt auch dorthin und geben den Schlüssel dort ab!"

„Also Schleiereule, das geht gar nicht!", schimpft Ludwig. „Nicht umsonst bin ich hier."

„Ja eh. Du hast mir gerade den Schlüssel gegeben. Und der wird nun besser verwahrt!"

Und damit ist unser Poltergeist gar nicht einverstanden, denn schließlich hat er ja eine große Verantwortung.

Zack. Sie landen auch schon in der Mitte des Waldes. Die Schleiereule hat gezaubert. Darum sind sie so schnell in der Mitte des Waldes. Sie brauchten nicht mal fliegen. Ein Zauber genügte. Und ein Zauber genügt, damit der Schlüssel sicher verwahrt ist.

„Endlich! Schatztruhe," hört man von hinten. Black Vultre kommt auch schon angeflattert. Ihm fällt gar nicht auf, dass die Schleiereule, Ludwig der Geist und Amy noch hier sind. „Endlich bist du mein!" Black Vultre öffnet auch schon die große Truhe.

Ludwig zaubert sich unsichtbar und verschwindet in der Truhe. Schließlich will er auf Nummer sichergehen.

Black Vultre nimmt glücklich den Schlüssel. Man könnte meinen, dass Ludwig jetzt machtlos ist, nein, ist er nicht. Der Geist zaubert auch schon. Wie aus dem Nichts taucht ein Sternenfunkenkreis auf. Dieser umringt Black Vultre, doch vor lauter Freude bekommt er das gar nicht mit. Der Sternenfunkenkreis bildet eine Kuppel über dem Geier. Und *zack* weg ist er.

„AH, was passiert mit mir?", hört man ihn.

„Du wolltest die Schatztruhe, die bekommst du nicht. Du wirst nun vom Wald ausgeschlossen!", sagt Ludwig. Der Poltergeist hat den Schlüssel in der Hand „Bei mir zu Hause ist er sicher. Ich werde darüber einen Fluch legen. Damit keiner die Schatztruhe unbefugt nehmen kann. Black Vultre darf den Wald nie mehr betreten. Der Wald ist nun in Sicherheit."

„Ja, und wir Flugwesen sind auch wieder in Sicherheit. Zum Glück. So, ich brauch jetzt mal eine Banane."

„Typisch Tukan. Und danke, Ludwig, dass du den Wald gerettet hast. Ohne dich wären wir jetzt wirklich verloren gewesen!", bedankt sich die Schleiereule.

Ludwig zaubert sich nach Hause und gibt den Schlüssel in eine weitere Truhe. Denn so weiß keiner, wo er den Schlüssel aufbewahrt hat. Er zaubert einen Bann darüber. „Nie wieder soll ein Vogel nach dem Schlüssel suchen." Der Geist geniest nun wieder sein Geisterleben.

Amelina Riemiwitch: *aufgewachsen in den 90er-Jahren in der Steiermark in Österreich. Sie schreibt und reist gerne.*

Nachts sind alle Katzen grau

Dunkel wars, der Mond schien helle ... Auf leisen Pfoten schlich Jaro den einsamen Pfad entlang, auf dem es bei Tageslicht vor eifrigen Joggern, Spaziergängern und Eltern nur so wimmelte. Geschickt sprang der Kater über eine Pfütze und landete geräuschlos auf der anderen Seite.

Es war so weit. Lange schon hatte Jaro auf diese Nacht gewartet. Abend für Abend hatte er in seinem Körbchen gelegen und durchs Fenster hinaus in die finstere Nacht gestarrt, wohlwissend, dass er es eines Tages sein würde, der um Punkt Mitternacht das Haus verlassen und sich für immer verändern würde.

Aber noch hatte er Zeit. Mitten in der Nacht wirkte alles um ihn herum friedlich und still, aber Jaro spürte, wie ihn aus den Büschen Hunderte von Augenpaaren beobachteten und bei jedem seiner Schritte verfolgten. Sie waren da, um sie nicht zu verpassen, seine Verwandlung.

Jaro blieb für einen Moment stehen. Lange Schatten zogen sich über den Weg und der Vollmond brachte sein Fell zum Leuchten. Mit seiner rauen Zunge schleckte sich Jaro über die Pfote. Vor ein paar Wochen war sein Fell noch schneeweiß gewesen und so seidig weich, dass die Nachbarsmädchen gern kamen, um es zu streicheln. Doch mit der Zeit hatte es sich immer mehr verändert. Zuerst nur die Farbe – silbrig glänzend, dann mausgrau. Schließlich verschmolz es ganz mit der Dunkelheit und wurde stumpf und rau.

Spätestens da hatte Jaro gewusst, was mit ihm passieren würde. Er hatte mehr gegessen, um Kraft zu bekommen für das, was ihm bevorstand. Er war mehr draußen gewesen, um die Gegend zu erkunden, die er bald nur noch nachts sehen würde. Er hatte sich von seinem Herrchen verabschiedet und heimlich versprochen, ihn nie, niemals mehr wiederzusehen.

Von Weitem hörte Jaro ein Jaulen, ein dunkles Grollen, dem er immer näherkam. Er war froh, dass heute Nacht keine anderen Katzen draußen unterwegs waren, sie alle hielten sich bei Vollmond an die

Vorschrift und blieben in ihren Häusern. Auf leisen Pfoten bog Jaro in den Wald ein, in dem es knisterte und knackte.

Nun war es nicht mehr weit bis zu seinem Ziel. In diesem Moment stürzte sich etwas Dunkles aus den Ästen und flatterte auf ihn zu. Jaro zuckte erschrocken zusammen. „Uhuuuu!", schrie die Eule und flog im letzten Moment zur Seite, bevor sie Jaro mit ihren Krallen packen und in die Dunkelheit zerren konnte.

Jaro fauchte ihr hinterher. Im selben Moment spürte er plötzlich ein seltsames Ziehen in seinem Körper und schaute an sich hinunter. Gerade noch rechtzeitig, um zu sehen, wie seine Samtpfoten immer größer und größer wurden, bis sie schließlich riesige Pranken waren, die sich in den feuchten Waldboden gruben. Es ging los …

Erschrocken sah sich Jaro um und sprintete durch den Wald. Dutzende Augenpaare jagten an ihm vorbei, Hölzer knackten und Blätter raschelten, als er endlich völlig außer Atem auf einer Lichtung ankam.

„Willkommen", sagte eine dunkle Stimme und Jaro sah, wie sich aus dem Schatten eine Gestalt löste. „Tritt hinein in das Licht des Vollmonds und du wirst so werden wie wir!", raunte die Stimme.

Jaro nahm all seinen Mut zusammen und trat aus dem Schatten hinein ins Licht. In diesem Moment geschah alles auf einmal. Sein Schwanz wuchs auf die doppelte Länge und peitschte um ihn herum. Auch sein Kopf wurde größer und schwerer, die Nase länger und plötzlich konnte er kilometerweit hören und riechen. Den Duft von Maiglöckchen am Waldrand, sein Futter, das an diesem Abend unberührt stehen geblieben war, die Albträume der Nachbarin und Blut. Viel Blut.

Jaro schleckte sich über die Lippen und entblößte seine Zähne, die spitz wie Säbel aus seinem Maul hingen. Dann legte er zum ersten Mal in seinem Leben den Kopf in den Nacken und tat etwas, das er noch nie zuvor getan hatte …

Dunkel wars, der Mond schien helle … Alle schliefen, nur das Heulen eines Werwolfs unterbrach die Stille.

Sophie Franzke, *geb. 2004, ist eine junge Kinderbuchautorin aus Niedersachsen. Mit 17 Jahren erschien ihr Debütroman „Die Weihnachtsschule – Ein magischer Advent", ein Jahr später folgte „Die Ponybande – Ein Pony kommt selten allein". Derzeit studiert sie Deutsche Literatur.*

Spuki und die kleine Elfe

Es ist ein Frühlingstag, wie ihn die Menschen nicht mögen. Kalt und windig, ab und zu eine kräftige Sturmböe, der bewölkte Himmel wirkt alles andere als einladend. Zumal von ferne Gewittergrollen und Donner zu vernehmen sind. Also eigentlich ein schöner Frühlingstag. Wenn man kein Mensch ist, sondern ein Geist. Da Spuki einer ist, findet er diesen Frühlingstag einfach klasse und ist natürlich unterwegs. Fröhlich fliegt er durch *seinen* Wald und genießt das schöne Wetter. Schade nur, dass seine Hexenfreundin Nina nicht dabei ist. Aber da Hexen – im Gegensatz zu Geistern – eine Schule besuchen müssen, kann sie nicht dabei sein. Überhaupt sehen beide sich viel zu selten, denn Nina besucht ein Internat. Das ist notwendig, weil es in der Nähe keine weiterführende Hexenschule gibt, nur eine Vorschule. Dafür ist Nina aber schon lange zu alt. So müssen die Freunde sich auf den Kontakt an Wochenenden und in den Ferien beschränken. Eigentlich blöde, findet Spuki. Als Hexe könnte Nina sich täglich in die Schule und wieder zurück hexen. Leider ist das nicht erlaubt und wird streng kontrolliert. Daran denkt Spuki gerade, denn er weiß, dass Nina dieser Tag auch gefallen würde. So hängt er seinen Gedanken nach, während er durch den Wald streift.

Plötzlich stoppt er und lauscht. Da war doch was.

Und richtig, ein leises Weinen ist bei einem Baumstumpf zu hören. Nanu, das hört sich ja fast nach einem Menschenkind an. Aber wie soll ein Menschenkind denn bei diesem Wetter in den Wald kommen? Hier kommen ohnehin nur sehr selten Menschen hin. Was Spukis Eltern ebenso wie die Hexenfamilie zu schätzen wissen. Trotzdem, unzweifelhaft weint jemand beim Baumstumpf.

Auch wenn Spuki ganz gerne Menschen ärgert – wenn sich mal einer hierhin verirrt –, so hat er doch ein gutes Herz und möchte sehen, ob er helfen kann. Aber so ganz geheuer ist ihm die Sache dann doch nicht. Deshalb nähert er sich vorsichtig dem Baumstumpf. Sicher ist sicher, auch wenn man als Geist nicht viel zu fürchten hat. Vorsichtig umrundet er den Baum. Nanu, was ist denn das? Das

Weinen kommt von einem winzigen Menschen. Oder vielleicht doch nicht?

Das Wesen sieht aus wie ein Mensch, aber trotzdem irgendwie anders. Die typische Menschenaura fehlt. Und es hat zarte Flügel auf dem Rücken. Spuki ist verwirrt. Aber das Menschlein (oder was auch immer es ist) weint bitterlich, also möchte er helfen. Gleichzeitig hat er Angst, das Wesen zu erschrecken. Weiß er doch, wie ängstlich und schreckhaft Menschen sind. Wer weiß, wie dieses kleine Menschlein reagiert. Er fasst sich ein Herz und räuspert sich leise. Dann lauter.

Endlich wird er bemerkt, das Menschlein schaut auf. Und es erschrickt nicht!

„Nanu, was machst du denn hier?", fragt es schluchzend.

Spuki erwidert ungläubig: „Wer bist du denn, warum erschrickst du nicht."

Das Wesen lacht. „Wieso sollte ich erschrecken? Wir Elfen kennen euch Geister doch. Und wir wissen, dass ihr gar nicht so schlimm seid, wie die Menschen immer tun. Ich wusste nur nicht, dass hier in meinem Wald Geister sind."

„In *deinem* Wald?", fragt Spuki entgeistert, falls dies bei einem Geist überhaupt möglich ist. „Und was ist denn eine Elfe?"

Jetzt muss die kleine Elfe unter Tränen lachen. „Ich bin eine Elfe, ein Naturgeist. Ich bin noch sehr jung, dies ist mein erster Einsatz. Mir wurde dieses Waldstück zugeteilt. Aber ich habe keine Informationen über andere magische Wesen bekommen. Deshalb verwirrt mich die ganze Sache ein bisschen."

„Da bist du nicht alleine. Aber was ist passiert, warum weinst du? Kann ich dir vielleicht helfen?"

Die Elfe sieht Spuki hoffnungsvoll an. „Würdest du das tun? Das wäre toll. Ich habe nämlich bisher total versagt. Ich habe meinen Stein verloren, ausgerechnet als dieser dumme Baum abbrach und auf meinen Stein fiel. Nun komme ich nicht mehr an den Stein, doch ohne den Stein kann ich meine Aufgabe nicht erfüllen."

„Verstehe ich nicht. Soweit ich weiß, habt ihr doch magische Kräfte. Da kannst du den Stein doch einfach hervorzaubern."

Die Elfe schüttelt traurig den Kopf. „So einfach ist das leider nicht. Wir haben alleine keine magischen Kräfte, dafür haben wir unsere Steine. Und meinen habe ich nun nicht mehr, der liegt unerreichbar unter dem Baum. Ohne Magie kann ich den Stein jedoch nicht herausholen, weil der Baum viel zu schwer ist. Aber vielleicht, wenn du mit anfassen würdest."

Spuki schüttelt den Kopf. „Nein, das geht nicht. Wir Geister können nichts anfassen. Das ist der Preis dafür, dass wir sogar durch die dicksten Burgmauern gehen können. Aber meine Freundin Nina vielleicht, die kann hexen. Sie kommt allerdings erst übermorgen aus dem Internat."

Die Elfe schüttelt den Kopf. „Dann ist es zu spät. Ich muss die Rehe im alten Steinbruch retten, die können nicht so lange durchhalten. Und ohne meine Magie bin ich machtlos und sie müssen sterben." Sie beginnt wieder, bitterlich zu weinen.

Auch Spuki ist den Tränen nahe. Dann hat er eine Idee. „Ich hab's, ich frage einfach mal Ninas Eltern, die können sicher helfen. Warte hier!", ruft er noch, dann ist er schon auf dem Weg.

Ninas Mutter ist auf einem Kongress, aber ihr Vater ist sofort bereit, der kleinen Elfe zu helfen. Er ist selbst ein großer und berühmter Hexenmeister, für ihn ist es eine Kleinigkeit, den Stein unter dem Baum hervorzuhexen. Da er mit seiner Familie zu den guten Hexen gehört, folgt er Spuki sofort durch den Wald. Obwohl er sich auch zu der Elfe hätte hexen können, aber er will Spuki nicht brüskieren. Auf ein paar Sekunden kommt es ja hier nicht an.

Schnell erreichen sie den Platz mit der Elfe, die zunächst einmal furchtbar erschrickt. Schließlich ist der Hexenmeister riesengroß – zumindest aus Sicht der winzigen Elfe – und eine imposante Erscheinung, außerdem kennt sie sich mit Hexen so gar nicht aus, hat aber schon viel über sie gehört. Und leider nicht viel Gutes, denn die meisten Hexen gehören eher zu den Bösen.

Meister Horaz beugt sich zu der Elfe herab. „Keine Angst, meine Kleine. Was kann ich denn für dich tun?"

Unter Tränen schildert die kleine Elfe ihr Problem. Der Hexenmeister muss schmunzeln. In der Tat sicher ein riesiges Problem für die kleine Elfe und den materielosen Geist, aber nicht für ihn. Eine geheimnisvolle Handbewegung und ein Zauberwort – und schon liegt der Stein in seiner Hand. Er überlegt kurz, dann murmelt er noch einen Zauberspruch. Plötzlich hängt der Stein an einer Kette. Nun überreicht er der kleinen Elfe den Stein.

„So, an dem Stein kann selbst ich nichts tun, denn das ist eure Magie. Aber die Kette sorgt dafür, dass der Stein immer bei dir bleibt, es sei denn, du legst ihn selbst ab. So kannst du ihn nicht mehr so schnell verlieren", sagt er freundlich lächelnd.

Die Elfe errötet und stammelt ein paar ungeschickte Worte des Dankes. Sie ist überglücklich, aber auch verwirrt und unsicher. Weiß sie doch nicht, welche Folgen dieser Zauber für sie haben wird. Und welchen Preis der Hexenmeister verlangt. So fragt sie vorsichtig nach dem Preis.

Meiser Horaz lacht dröhnend. „Na, ich denke, ein einfaches Danke genügt. Und wenn du mal Zeit hast, dann könntest du uns mal besuchen. Dann wirst du sehen, dass wir Hexen gar nicht so schlimm sind, wie es immer behauptet wird. Vielleicht kannst du ja kommen, wenn Nina Ferien hat, sie wird dich bestimmt gerne kennenlernen wollen. Und falls du mal wieder Hilfe brauchst, wir wohnen ganz in der Nähe der Silberquelle. Im Rahmen des Erlaubten werden wir dir gerne helfen. Aber du wirst die Regeln ja selbst kennen."

Die Elfe errötet und macht einen Knicks, der dem Hexer ein kleines Lächeln entlockt. „Vielen Dank, lieber Hexenmeister. Und ich komme euch gerne mal besuchen." Dann wendet sie sich an Spuki. „Dir danke ich natürlich auch, ohne dich wäre das ganze böse ausgegangen. Nun muss ich mich aber sputen und den Rehen helfen, damit sie nicht noch länger in diesem Schlamassel bleiben müssen. Wir werden uns ja sicher hin und wieder im Wald treffen."

Der Hexenmeister streicht mit seiner riesigen Hand über den kleinen Elfenkopf. „So ist es gut, immer an den Job denken. Du wirst das schon machen. Ich darf leider nicht helfen, du kennst ja die Gesetze." Lächelnd sieht er zu, wie die kleine Elfe von dannen fliegt. Er wird sie natürlich im Auge behalten, falls die unerschrockene, aber leider auch unerfahrene Elfe doch noch einmal seine Hilfe brauchen sollte. Dann sagt er zu Spuki: „Los, komm mit, du hast dir jetzt redlich einen Tee verdient. Ich habe einen ganz tollen Spinnwebtee mit Kieferaroma, den musst du mal probieren."

Während ihrer Teestunde sehen Meister Horaz und der kleine Geist in dem magischen Spiegel der Hexen der kleinen Elfe zu, die davon natürlich nichts ahnt, aber die Rehe alle unversehrt retten kann. Und in Gedanken noch einmal Spuki und Meister Horaz dankt.

Margit Günster, Jahrgang 1963, ist Hauswirtschaftsmeisterin. Seit über 30 Jahren diverse Veröffentlichungen – Gedichte, Geschichten Fotos.

Nachtschattig

Als die Junghexe Martha den Garten ihrer Mentorin Brighid betrat, um mehr über Heil- und Zauberkräuter zu erfahren, schien die Sonne über dem Dörfchen Matschigewege und alle Schatten schliefen noch im Verborgenen.

„Hallo Martha! Hast du eine Idee, wo wir diese Tollkirsche unterbringen könnten?", fragte Brighid und reichte Martha eine Pflanze mit kelchförmigen Blüten und dunklen Beerenfrüchten, die sie ausgegraben und in einen Tontopf gesetzt hatte. Martha entschied, das Nachtschattengewächs vorerst unter die rot gestrichene Holzbank zu stellen, und gesellte sich dann wieder zu Brighid.

Den gesamten Vormittag verbrachten die beiden Hexen mit Gartenarbeit, bis sie gegen Mittag eine Pause in Brighids behaglicher Laube machten. Sie bemerkten nicht die Löcher, die sich plötzlich im und um den Garten herum auftaten. Merten, der Koch des Gasthauses *Zum Staubigen Winkel*, spazierte am Hexengarten vorbei und stolperte dabei in eines der Löcher. Martha und Brighid hörten seinen spitzen Schrei und stürzten sofort zu ihm.

„Du meine Güte, Merten. Was ist denn passiert?", rief Brighid besorgt.

„Tjo, da war dieses Loch, nech? Und ich bin mit dem Fuß hineingerutscht."

Brighid half ihm auf die Beine und Martha deutete erschrocken auf weitere Erdlöcher. „Merkwürdig, was geht hier bloß vor?", murmelte Brighid und rieb sich das Kinn, während Martha das Unfallloch inspizierte.

„Habt wohl bei der Gartenarbeit 'n büsschn übertrieben, was? Und mal eben so das ganze Erdreich untergraben – nee, nee, nee. Ihr seid mir welche!" Merten grinste schief und pulte Steinchen aus seinen Zehen.

„Das waren wir nicht", empörte sich Martha. „Oder etwa doch?" Sie schaute Brighid mit großen Augen an.

„Nein, Liebes, wir waren das nicht."

„Nur wer dann?"

Ein Krachen und der Ruf einer Hirschkuh rissen alle aus ihren Gedanken.

„Contida!" Alarmiert rannte Martha zu Brighids Nachbarin.

„Da ... da war ein Schatten – an der Wand neben dem Stapel Feuerholz. Als ich mich ihm nähern wollte, ist er abgehauen und hat dabei die Holzscheite umgeschmissen. Erstaunlich, dass ein Schatten so etwas kann."

„Ein Schatten? Bist du sicher?", hakte Martha nach. „Vielleicht war es ja ein kleines Tier."

„Aber nein, ein Tier hätte ich erkannt, viel mehr gewittert. Das war kein Tier. Es war – ein Schatten. Ja, genau, das war es."

Wie aus dem Nichts erschien Brighid neben Martha. „Vielleicht haben wir es hier mit einem Geist zu tun", überlegte sie laut.

„Aber Contida meint, es war ein Schatten, also etwas Dunkles. Geister sind doch weiß."

„Weißt du's?", kicherte Brighid. „Ich habe noch nie einen Geist gesehen. Du etwa?"

Die Junghexe schüttelte den Kopf und beschloss, in der Bibliothek von Matschigewege zu recherchieren – sowohl zu Geistern als auch zu Schatten.

Es blieb nicht bei Löchern im Boden; der Tag hatte noch mehr merkwürdige Ereignisse zu bieten. Leute schliefen einfach ein, Dinge verschwanden und tauchten ganz woanders wieder auf und das halbe Dorf meldete Schattensichtungen. Unter den Matschlinga breitete sich Unruhe aus.

Martha hörte Gerüchte und spürte das Unbehagen. Sie hatte sich mit einem Stapel Bücher an ein offenes Fenster in der Bibliothek gesetzt, mit einem Ohr gelauscht und mit beiden Augen nach einer Erklärung gesucht. Als sie aufstand, um sich zu strecken, fiel ihr Blick auf Brighids Garten. Dort hatte es begonnen. Martha wickelte einen ihrer dünnen Flechtzöpfe um ihren rechten Zeigefinger und dachte nach.

„Natürlich!", rief sie plötzlich und wandte sich den Büchern über Pilze zu. Martha zog ein Bestimmungsbuch aus dem Regal, lief eilig zu Brighids Schuppen und schlüpfte hinein. Als sich ihre Augen an die Dunkelheit gewöhnt hatten, bemerkte sie das gelbliche Schimmern und das grünliche Leuchten – Brighids biolumineszierende

Pilze. Dank des Buches fand Martha rasch die drei Leuchtpilze, die sie brauchte: den Herben Zwergknäueling, den Honiggelben Hallimasch und den Dunklen Ölbaumtrichterling. Martha schnitt Stückchen von den Fruchtkörpern der Pilze ab, mischte getrocknete Schafgarbe hinzu und zerrieb alles zwischen ihren Händen. Dann flüsterte sie den Zauberspruch, um Verborgenes sichtbar zu machen:

Zeige, was versteckt,
Auf dass es sich reckt,
Erhebt aus dem Dreck,
Erscheint wie ein Fleck.

Die Junghexe trat nach draußen, faltete die Hände auseinander und pustete hinein.

Für einen Abend in Matschigewege war es ungewöhnlich still. Martha überlegte, ob sie auch den richtigen Zauber angewandt hatte, als sich plötzlich etwas zwischen den Frauenmantelblättern regte. Sie schlich sich an und griff zu. Eine braungelbe Wurzel, gekrönt von dunkelgrünen Blättern, zappelte gereizt.

„Ey, was soll das? Lass los!", forderte eine Stimme, die wie knarzendes Leder klang.

Die junge Hexe blickte in ein runzliges Gesicht. Dort, wo Martha Augen vermutete, funkelte es listig. Das Wurzelwesen strampelte, um sich zu befreien, doch die Junghexe ließ nicht locker. „Du bist eine Alraune", stellte Martha fest.

Das Wesen verschränkte seine Wurzelarme und gab sich lässig. „Alraune, Zauberwurzel, Mandragora – ich habe viele Namen. Nenn mich einfach Mändi."

„Und du musst dann wohl der Schatten sein, der schon den ganzen Tag durch Matschigewege geistert."

„Nicht direkt", grinste Mändi verschmitzt. „Ich bin zwar ein Nachtschattengewächs, nur als Wurzel nicht gerade mobil. Aber ich kenne einen schelmischen Schattenzauber, der mir schon oft gute Dienste geleistet hat."

„Unser Dorf steht kopf und vielen hast du einen riesigen Schreck eingejagt. Warum?"

Mändi wurde wütend. „Weil ihr Atti entführt habt!", knarrte sie wie ein zu straff gespanntes Seil. „Seit wir kleine Setzlinge waren, haben wir nebeneinander im Beet gesteckt. Bis heute Morgen, als Atti grausam aus der Erde gezerrt und verschleppt wurde! Deswegen habe ich meinen Schatten losgeschickt, um nach ihr zu suchen."

„Ich verstehe die Sorge um deine Freundin. Aber das gibt dir oder deinem Schatten noch lange nicht das Recht, den Boden zu durchlöchern und Leute einschlafen zu lassen", wies Martha die Wurzel zurecht.

Mändi zuckte dort, wo ihre Schultern sein mussten. „Bisschen ärgern gehört dazu. Außerdem steht Atti auf Schabernack und ich wollte ihr damit zeigen, dass ich da bin und sie nicht allein lasse."

„Aber hier wurde niemand verschleppt. Brighid und ich haben nur im Garten gearbeitet, umgepflanzt und ..." Martha stockte. Jetzt war ihr alles klar. „Kann es sein, dass Atti eine Tollkirsche ist?", fragte Martha, obwohl sie die Antwort längst kannte.

„Klar, was denn sonst? Schwarze Tollkirsche, Atropa belladonna – Atti halt."

„Das hast du gut gemacht", sagte Brighid, die wieder völlig unerwartet neben Martha aufgetaucht war. Sie trug die Pflanze, die die Junghexe am Morgen unter eine Bank gestellt hatte, bei sich. „Es tut mir leid, dass ich euch beide getrennt habe. Das wird nie wieder vorkommen. Versprochen!" Brighids freundlichem Lächeln konnte niemand widerstehen und jeglicher Groll war aus Mändis Wurzelgesicht verschwunden. Sie war einfach nur glücklich, dass Atti wieder zurück war, und auch die Tollkirsche rauschte vergnügt mit den Blättern. Brighid pflanzte Atti und Mändi dicht nebeneinander ins Beet und lud Martha auf eine Tasse Melissentee ein, um mehr über den Zauberspruch zu erfahren, der Verborgenes zum Vorschein bringt.

Der Mond stand hoch über Matschigewege, als Martha schließlich heimging. Das quirlige Tuscheln der beiden Nachtschattengewächse begleitete sie. Es war überall zu hören, schlich sich in jeden Kopf und ließ das ganze Dorf in einen unruhigen, von nachtschattigen Träumen verdunkelten Schlaf sinken.

__Denise Schynol__, 1980 im Ruhrgebiet geboren und aufgewachsen. Bücherwurm und Geschichtenerzählerin. Das Schreiben war schon immer Teil ihres Lebens – so wie Musik, Schokolade und schlechte Witze. Die Autorin lebt mit ihrer Familie in Köln.

Unvollendete Geschichten

Missmutig starrte Mia auf ihren Bildschirm, während sich der Himmel vor ihrem Fenster immer weiter verdunkelte und der Sturm heulte. Das Donnergrollen kam bedrohlich näher, doch Mia kümmerte sich nicht darum. Seit Stunden blinkte der Cursor an derselben Stelle, als wartete er nur darauf, endlich voranzukommen. Doch so sehr Mia sich auch bemühte, ihr wollte einfach nichts einfallen und so ging das nun schon seit Wochen.

Irgendwie hatte sie es sich deutlich leichter vorgestellt, ein Kinderbuch zu schreiben – und noch dazu eines für Vorschüler. Das Schwierigste daran sollte es doch eigentlich sein, eine tolle Idee zu haben, und genau die hatte sie. Das Regenbogenmäuschen besucht das Land der Träume. Die Grundidee hatte sich so unglaublich gut angefühlt, die Kapitelstrukturierung hatte sich fast von allein geschrieben und ihr Hauptcharakter hatte sich nahezu selbstständig entwickelt, fast so, als wäre er real. Doch nun, nachdem sie fast die Hälfte der Geschichte geschrieben hatte und es endlich an den spannenden Teil gehen sollte, konnte sie einfach keinen klaren Gedanken mehr fassen und das, obwohl sie endlich mal allein zu Hause war und niemand sie stören konnte. Ihr Regenbogenmäuschen steckte also seit Wochen in der Tinte und seine Freunde waren irgendwo verloren. Doch egal was Mia jetzt auch schrieb, es fühlte sich einfach nur falsch und unbeholfen an, so wie die ganze Geschichte.

Sie kam sich plötzlich so dumm vor. So lange hatte sie davon geträumt, eine erfolgreiche Autorin zu werden, und jetzt musste sie sich eingestehen, dass sie bereits an ihrem ersten Versuch, eine längere Geschichte zu schreiben, scheiterte.

„Okay, das wars. Ich gebe auf! Mach's gut, Regenbogenmäuschen, deinen Freunden muss wohl jemand anderes helfen, wieder nach Hause zu finden", murmelte Mia resigniert ihrem Laptop entgegen, während sie das Schreibprogramm schloss und die Datei in den Papierkorb warf. Gerade als sie sie endgültig löschen wollte, schlug ein Blitz in die Stromleitung vor ihrem Fenster ein.

Erschrocken sprang Mia von ihrem Stuhl auf und sah auf den Funkenregen, der nun die einzige Lichtquelle weit und breit war und aus der Leitung auf die nasse Straße fiel, bis er völlig erlosch und sie allein im Dunkeln stehen blieb.

„Mist", entfuhr es Mia, nachdem sie den ersten Schreck überwunden hatte. Hektisch sah sie sich um, doch in dem plötzlich dunklen Raum konnte sie kaum mehr als ein paar wage Schatten erkennen. Vorsichtig tastete sie nach der obersten Schublade ihres Schreibtisches. Eine erste Welle der Erleichterung machte sich in ihr breit, als sie die Schublade öffnete und darin ihre Taschenlampe ertastete. Mit einem Seufzer nahm sie sie in die Hand und schaltete sie ein. Schnell ließ sie den Lichtstrahl durch den kleinen Raum wandern.

„Oh nein, nein, nein. Bitte sei nicht kaputt", flehte Mia in die Stille, als der Lichtschein auf das Ladekabel fiel, was ihren Laptop mit der Steckdose verband. Hektisch zog sie das Ladekabel aus dem Gerät und drückte auf die Powertaste ihres Laptops. Doch statt des erhofften Starttones flackerte der Bildschirm nur kurz auf und erlosch wieder mit einem traurigen *Ping*.

Enttäuscht beschloss Mia erst mal, im Rest des Hauses nach dem Rechten zu sehen. Sie hatte sich gerade in Richtung der Tür gedreht, als der Laptop hinter ihr einen schrillen Piepton von sich gab und der Bildschirm hell aufleuchtete. Erschrocken hielt sich Mia die Ohren zu, während sie zurück zu dem Laptop rannte und versuchte, ihn auszuschalten. Erneut drückte sie panisch auf die Powertaste. Doch auch diesmal reagierte das Gerät nicht. Statt auszugehen, bildete sich ein Kreis aus schillernden Farben, der sich wie wild drehte und immer größer wurde, bis sie weit über den Laptop hinaus strahlten.

Geblendet von den Farben schloss Mia für wenige Sekunden die Augen. Als sie sie wieder öffnete, konnte sie nicht glauben, was sie sah. Vor ihr stand eine etwa einen Meter große, weiße, kuschelige Maus mit einer goldenen Nase und den Farben des Regenbogens in den Ohren, gehüllt in ein glitzerndes, buntes Kleid mit einem rosa Tüll Rock. „Hallo Mia, es ist so toll, dass ich endlich mal mit dir reden kann!"

„Mit mir reden?", stammelte Mia. „Du bist nicht echt, ich habe mir dich ausgedacht. Du bist das Regenbogenmäuschen."

„Ja, deine Fantasie hat mich lebendig gemacht und durch das Unwetter konnte ich in deine Welt kommen. Ich bin so froh. Du darfst meine Geschichte nicht löschen. Du hattest doch so große Pläne mit mir und meinen Freunden. Es sollte doch eine ganze Buchreihe werden."

Mia sah das Regenbogenmäuschen traurig an. „Es tut mir leid, dazu wird es nicht mehr kommen. Ich komme einfach nicht mehr weiter. Der Versuch ist leider gescheitert. Es bleibt dabei, ich werde deine Geschichte löschen."

Niedergeschlagen sah das Mäuschen zu Boden. „Darf ich dir vorher noch meine Welt zeigen?"

Kaum hatte das niedliche Mäuschen die Frage ausgesprochen, wedelte es einmal kurz mit der Hand und eine wunderschöne Regenbogenbrücke erschien zu seinen Füßen, an deren Ende dieselben schillernden Farben flimmerten wie vorhin auf dem Laptop.

„Komm!"

Wie gebannt starrte Mia auf die strahlenden Farben, während sie die Regenbogenbrücke betrat. Sie hatte schon fast die Hälfte erreicht, als ihr ein seltsames Gefühl riet, lieber nicht mit dem Mäuschen zu gehen.

„Komm schon", forderte es Mia auf, als es ihr Zögern bemerkte.

Doch Mia schüttelte nur den Kopf. „Nein, das ist, glaube ich, keine gute Idee."

„Okay, wenn du auf die nette Art nicht mitkommst, dann kann ich auch anders", wisperte das Mäuschen mit eiskalter Stimme.

Innerhalb von Sekunden veränderte sich das eben noch süße Regenbogenmäuschen in eine bösartige Ratte mit kalten, grünen Augen und messerscharfen Zähnen. Auch das Licht am Ende der Regenbogenbrücke erlosch und wurde zu einem schwarzen Loch, aus dem eine dämonische Fratze Mia entgegengrinste. Noch ehe Mia wusste, wie ihr geschah, schnappte die Ratte ihre Hand und zog sie mit sich zu der Fratze.

„Nein!", schrie Mia und versuchte, sich loszureißen. „Warum tust du das?"

„Warum? Weil ich sonst für immer ins Reich der Dunkelheit verbannt werde. Dort landen alle Figuren von unvollendeten Geschichten, deren Autoren sie aufgegeben haben. Darum opfere ich dich, du wirst meinen Platz dort einnehmen!" Die Krallen der Ratte bohrten sich tief in Mias Arm, als sie sie immer weiter in Richtung der dämonischen Dunkelheit zerrte.

Mia war klar, dass sie nur diese eine Chance hatte. Mit aller Kraft riss sie ihren Arm los und schubste die Maus in die Dunkelheit. Mit einem gellenden Schrei wurde die Ratte von der Fratze verschluckt. Augenblicklich verschwand die Dunkelheit und die Lichter im Haus gingen wieder an. Erleichtert stand Mia in ihrem jetzt wieder normal aussehenden Zimmer und starrte auf ihren Laptop, der plötzlich wieder hochfuhr. Entschlossen öffnete Mia den Papierkorb und legte die Datei mit der Geschichte des Regenbogenmäuschens zurück auf ihren Desktop. Auch wenn das Mäuschen sie um ein Haar in ihr Verderben gestürzt hatte, so hatte Mia jetzt verstanden, dass sie es nicht verdient hatte, so zu enden, denn eigentlich war es ihre Schuld, dass das Regenbogenmäuschen sie gerade aus lauter Verzweiflung angegriffen hatte. Und irgendwie hoffte sie, dass sie das Mäuschen doch noch retten konnte, wenn sie nicht aufgab und ihren Traum verwirklichte. Vielleicht würde ihr das Mäuschen ja genauso verzeihen, wie sie es gerade tat.

Anja Wondratschek wurde 1986 in Thüringen geboren, wo sie auch aufgewachsen ist. Schon in ihrer Kindheit entdeckte sie ihre Liebe zu Büchern und schrieb erste eigene Geschichten. Diese Liebe hat sie nie ganz losgelassen, auch wenn sie nicht mehr ganz so oft zum Schreiben kommt. Heute lebt sie mit ihrem Ehemann, ihren vier Kindern und ihren Haustieren in Sachsen-Anhalt.

Die nie alternde Nanny

Es war später Nachmittag im Winter. Die Dunkelheit hatte sich über die alte Arbeitersiedlung Eisenheim in Oberhausen gelegt. Ich stand am Fenster und betrachtete den alten Baum im Garten. Ich liebte die friedliche Idylle in unserem Viertel und hing mal wieder meinen Gedanken nach. Mein Leben war langweilig, aber sicher. Die Häuser bekamen hin und wieder einen neuen Anstrich. Das Einzige, was sich nie veränderte, war und ist meine Wenigkeit. Das ist das Los der Unsterblichkeit.

„Marie, hast du gut geschlafen?", fragte mich Isabell fröhlich.

Vor ein paar Monaten hatte sie das Haus von ihrem Großvater geerbt, so wie das Geheimnis, das hier wohnte, na ja, mich halt. Sie hatte sich noch nicht an den Gedanken gewöhnen können, dass ihre Familie, also sie und ihre beide Kinder, ein Haus mit einem Vampir, also mit mir, teilen musste.

„Vampire schlafen nicht, sie ruhen nur", meinte ich zum hundertsten Mal.

„Tante Marie, Mama hat dir was zum Abendessen mitgebracht", rief die kleine Gina von der Tür aus.

Die Kleine war erst sechs Jahre alt. Als ich in ihrem Alter war, war ich gerade hier hergezogen. Das war ... so um 1903. Damals gab es den großen Baum im Garten noch nicht. 1916 wurde ich dann in einen Vampir verwandelt. Ach, das war schon lange her und doch schien es erst gestern geschehen zu sein. Gut, vorgestern.

„Was denn?", fragte ich noch tief in Gedanken.

„Blut, frisches Schweineblut. Du musst doch auch etwas essen ... ähm ... trinken", belehrte mich die Kleine und stemmte ihre Fäuste in die Hüfte.

Ich mochte sie sehr. „Danke, Isabell, das wäre aber nicht nötig gewesen." Sie wollte nur nicht, dass ich jagen ging oder von ihrer Familie naschte. Verwandte biss ich grundsätzlich nicht. Sie waren tabu.

„Kein Problem! Oh, übrigens morgen muss ich länger arbeiten. Könntest du auf Gina und Jason aufpassen?", fragte sie.

„Klar, mache ich gerne." Ich war dankbar für jede Aufgabe, die ich bekam.

„Hurra, Tante Marie, du bist die beste Nanny auf der ganzen Welt." Gina umarmte mich herzlich.

Anscheinend störte es sie nicht, dass mein Körper so kalt war. Das war leider der Nachteil, wenn man ein Vampir war. Mir war irgendwie immer kalt.

„Tante Marie, weißt du, was die alte Frau Meyer von nebenan sagt?", fragte Gina beim Abendessen.

Ich schüttelte den Kopf.

Es gab Brote für die Kinder und Isabell und für mich, tja, eine Tasse aufgewärmtes Schweineblut. Menschenblut wäre mir lieber gewesen – und es wäre auch besser für mich.

„Sie sagt, dass in unserem Haus ein Geist ist", flüsterte Gina.

„Oh", rief ich überrascht.

„Hast du den Geist schon mal gesehen?", fragte Jason. Er war neun Jahre alt und ein kleiner Angeber.

„Gina, hast du Angst vor Geistern?", wollte ich wissen.

„Ja, sie spucken das ganze Haus voll", meinte die Kleine. „Das ist doch widerlich, oder?"

Isabell presste sich die Hand auf den Mund und kniff die Augenlider zusammen. Sie wollte nicht laut loslachen.

„Ich habe keine Angst vor Geistern", behauptete Jason. „Außerdem heiß es spuken und nicht spucken."

„Ich lebe schon ewig in diesem Haus und habe noch nie einen Geist gesehen", meinte ich.

„Warum behauptet Frau Meyer es dann, wenn es nicht stimmt?", fragte Gina.

„Das weiß ich auch nicht", antwortete ich, aber ich konnte mir denken, wer hier der Geist sein sollte. Vielleicht sollte ich sie doch einmal besuchen.

Am nächsten Tag war das Haus abgedunkelt, damit ich mich frei im Haus bewegen konnte. Den Vormittag über hatte ich aber geruht. Die Kinder waren anstrengend, auch für Vampire. Nun saßen die beiden im Esszimmer bei den Hausaufgaben. Ich wunderte mich, was Kinder heutzutage in der Schule alles lernen mussten. Ich lernte noch lateinische Buchstaben als Schönschrift. Gina hingegen lernte nun die einfache Ausgangsschrift.

„Das kann kein Schwein lesen", wie Jason sagen würde. Ich wusste nicht, dass Schweine heutzutage auch lesen lernten. Auch als Vampir lernte man immer noch was dazu.

Es klopfte an der Tür.

„Ich geh aufmachen!", rief Jason.

Kinder können verdammt schnell sein.

„Oh, hallo, Frau Meyer!", rief Jason übertrieben laut. „Was wollen Sie hier?"

„Ihr armen Kinder, lässt euch eure Mutter mal wieder ganz alleine?", fragte die Alte.

„Nein, unsere Tante passt auf uns auf", erwiderte Jason.

„Kann ich eure Tante kurz sprechen?", fragte die neugierige Alte.

„Klar, kommen Sie doch rein!" Jason hielt die Tür weit offen. Zu weit, ich musste mich vor dem Licht in acht nehmen.

„Ähm … nein, danke. Ich würde gern von der Tür aus mit ihr sprechen", meinte die furchtbare Frau.

„Das geht nicht", erwiderte Jason.

„Also seid ihr doch alleine!", meinte die Alte.

„Tante Marie hat eine schwere Sonnenallergie", sagte Jason verärgert.

„Jason, was ist?", fragte ich, damit die nervige Nachbarin wenigstens meine Stimme hörte.

„Das ist nur unsere Nachbarin Frau Meyer", rief Jason.

„War das deine Tante?"

„Ja, wer sonst?", erwiderte Jason.

„Na, dann ist ja gut. Auf Wiedersehen, mein Junge", verabschiedete sich die Frau und ging.

Gut zu wissen, dass die Alte das Haus nicht betreten wollte. Angst vor dem Geist …

Nachdem die Nachbarin gegangen war, saßen wir wieder im Wohnzimmer. Plötzlich klirrte das Fenster in der Küche. Gina klammerte sich an mich. „Ist das jetzt der Geist?", fragte sie ängstlich.

Ich spürte, wie die Kleine zitterte. „Nein, das ist eher ein Einbrecher", meinte ich verärgert. Ich löste mich vorsichtig aus dem Klammergriff des Mädchens.

Die Geräusche kamen eindeutig aus der Küche. Leise schlich ich zur Tür. Auf mein Zeichen hin löschte Jason das Licht. Ich konnte das Knirschen von Glas unter den Schuhen des Einbrechers hören.

Leider konnte ich die Küche nicht betreten. Tageslicht! Okay, es dämmerte bereits, aber es konnte mir trotzdem gefährlich werden. Verdammt, ich konnte nicht weiter. Die Kinder hatten Angst. Ich hörte ihren rasenden Herzschlag. Er war viel zu laut. „Konzentriere dich! Verdammt noch mal!", mahnte ich mich im Stillen. Ich atmete tief ein.

„Ich habe Angst", weinte Gina leise.

„Psst, du brauchst keine Angst haben. Ich bin ja da", versuche ich die Kleine zu beruhigen.

Der Lichtschein einer Taschenlampe fiel in den Raum. Noch ein Stück. Ich konnte mir den Kerl schnappen.

„Hallo Kinder, wo seid ihr?", fragte der Kerl.

„Na warte, dir zeige ich, wo der Hammer hängt!" Ein Arm kam in Sicht. Ich schnellte vor, ergriff den Arm und wirbelte mit dem Kerl herum. Vampire waren nun mal stark. Meine Faust landete in seinem erschrockenen Gesicht. Dann beugte ich mich über ihn.

„Wenn die Kinder nicht wären, würde ich dich jetzt beißen und aussaugen. Du Mistkerl", flüsterte ich in sein Ohr und zeigte ihm meine Fangzähne. „Verschwinde auf der Stelle und komm bloß nicht wieder. Wenn du wiederkommst, werde ich dich finden, das verspreche ich dir", zischte ich. Ich zog den Kerl auf die Füße und stieß ihn in Richtung Tür. Der Kerl rannte los.

„Tante Marie, du bist die Größte", jubelten die Kinder.

„Der kommt nicht wieder", fügte Jason noch hinzu.

Nur was würde Isabell zu dem kaputten Fenster sagen? Die Reparatur würde bestimmt teuer, aber dieser Kerl würde nicht wiederkommen.

Nicole Gabrys: Jahrgang 1975. Sie hat zwei erwachsene Kinder. Sie schreibt am liebsten Fantasygeschichten, aber in letzter Zeit auch gern für ihre beiden Enkelkinder. Sie findet ab und zu Fabelwesen und lässt sie in ihren Geschichten lebendig werden. Von ihr sind schon zwei Romane erschienen und demnächst wird von ihr ein mystischer Kurzkrimi auf den Markt kommen.

Geister gibt es nicht nur in Gruselgeschichten

Tom eilte in sein Zimmer und schloss schnell die Tür hinter sich. Endlich hatte seine Mutter ihm erlaubt zu gehen. Tante Gertrud war mal wieder zu Besuch. Sie kam so zweimal im Jahr und quasselte dann wie ein Wasserfall mit ihrer hohen, nervigen Stimme. Als wollte sie einen Rekord im Schnell-Sprechen aufstellen. Zudem waren ihre Umarmungen kaum auszuhalten, als wollte sie einen zerquetschen. Er rieb sich die Arme, sie taten ihm immer noch weh. Jedes Mal brachte sie Tom ein Geschenk mit und jedes Mal musste er brav „Danke" sagen, obwohl er genau wusste, was es war und er es überhaupt nicht haben wollte. Tom warf das Geschenk auf seinen Schreibtisch und beschäftigte sich dann mit seiner Spielekonsole. Nach einiger Zeit kam seine Mutter, er sollte sich doch bitte von Tante Gertrud verabschieden. Widerwillig folgte Tom seiner Mutter und verabschiedete sich von Tante Gertrud. Dann rannte er schnell wieder in sein Zimmer, sein Spiel war an einer spannenden Stelle.

Seine Mutter folgte ihm. „Für heute hast du genug gespielt."

„Nur noch dieses Level, biiiitte."

„Nein, Tom, für heute ist Schluss. Es wird Zeit für das Bett." Die Mutter sah das noch eingepackte Geschenk auf Toms Schreibtisch. „Willst du gar nicht das Geschenk auspacken?"

Lustlos riss Tom das Geschenkpapier von dem rechteckigen Paket in seiner Hand. Es war ein Buch, wie immer, diesmal über Abenteuer auf Hoher See. Er konnte einfach nicht verstehen, warum Tante Gertrud ihm immer diesen altmodischen Mist schenkte. Nur Kleidung wäre noch schlimmer gewesen. Würde sie ihm doch nur einmal ein Computerspiel schenken.

Seine Mutter war natürlich begeistert. „Das sieht doch nach einem spannenden Buch aus."

„Kann sein." Tom wollte jetzt nicht mit seiner Mutter darüber diskutieren, wie blöd er dieses Geschenk fand.

„Mach dich bettfertig, mein Schatz." Sie drückte ihm einen Kuss auf die Stirn und ging.

Als Tom aus dem Bad kam, nahm er das Buch und schmiss es in seine Schrottecke zu all den anderen Büchern von Tante Gertrud.

„Hey!", ertönte plötzlich eine Stimme.

Tom erstarrte, hatte das Buch gerade gesprochen? Misstrauisch und vorsichtig näherte er sich dem Buch. Es lag einfach da, auf dem verstaubten Haufen Bücher, ein paar Seiten waren zerknickt, wegen der unsanften Landung nach dem Wurf.

„H...hallo?", stotterte er.

Es kam keine Antwort. Hatte er sich das eingebildet? Vielleicht war ein Sprachsensor im Buch oder so was Ähnliches. Er wollte es sich genauer anschauen, aber dann kam seine Mutter und steckte ihn ins Bett. Tom schlief sehr schnell ein.

Mitten in der Nacht wurde er wach. Draußen stürmte es, und die Äste der Bäume schwankten heftig im Wind. Da hörte Tom etwas knistern. War er deshalb wach geworden? Es kam aus der Bücher-ecke. Tom wollte erst die Lampe an seinem Bett anmachen, hatte dann wegen des Sturms aber doch etwas Angst davor. Auch wenn seine Eltern ihm sagten, dass nichts passieren konnte, er hatte mal gesehen, wie eine Steckdose einen Kurzschluss hatte. Das war nicht schön. Also nahm er seine Taschenlampe, leuchtete in die Richtung, aus der die Geräusche kamen, und staunte nicht schlecht. Alle Bücher waren ordentlich gestapelt, nur das neuste lag etwas schräg auf einem der Stapel. Er leuchtete sein ganzes Zimmer ab, aber konnte niemanden sehen. Wer hat das gemacht? Er stand auf und ging zu den Büchern.

„Hallo? Ist hier jemand?"

Zuerst war es nur ganz still, aber plötzlich sprang ein riesiger Kra-ken mit spitzen Zähnen aus dem neuen Buch. *Roar.* Tom erschreckte sich so sehr, dass er rückwärts stolperte und auf seinem Po landete. Sein Herz schlug ihm bis zum Hals, er war starr vor Angst und starrte das Geschöpf mit riesigen Augen an.

Dann verwandelte sich die Krake in einen kleinen Geist. „Hallo", sagte er ganz fröhlich.

Tom saß immer noch da und starrte. Er konnte gar nicht glauben, was gerade passierte. „Du ... du bist ein Geist."

Der Geist grinste und diesmal waren keine spitzen Zähne zu sehen. „Ich bin Tanikus."

Tom atmete ein paar Mal ein und aus. Das war doch total verrückt.

„Wieso bist du in dem Buch gewesen? Es handelt doch gar nicht von Geistern."

Tanikus strich die zerknickten Seiten glatt und schloss ganz sanft das Buch „Es ist mein Lieblingsbuch."

„Bücher sind doch langweilig." Tom stand auf. „Ich zeige dir etwas, das wirklich Spaß macht." Er machte seine Spielekonsole an und reichte einen Controller an Tanikus. „Auf dieser Spielekonsole kann man ganz viele verschiedene Spiele zocken, zum Beispiel Autorennen. Das ist total cool, komm, ich zeige es dir. Aber wir müssen ganz leise sein, damit wir meine Eltern nicht wecken."

Der kleine Geist verstand schnell, was Tom ihm erklärte, und sie konnten gleich mit dem Spielen anfangen.

Nach fünf Minuten ließ Tanikus den Controller fallen. „Ich habe noch nie etwas so Langweiliges gemacht", jammerte er. „Es ist immer nur das Gleiche, die Autos fahren nur im Kreis und das Bild wiederholt sich immer und immer wieder."

„Es gibt ja noch jede Menge anderer Spiele." Tom holte eine Kiste aus dem Regal. Dort waren all seine Spiele ordentlich aufgereiht und nach Themen sortiert. „Bei einem musst du zum Beispiel eine Prinzessin retten."

„Ui, das klingt spannend." Tanikus hob den Controller wieder auf.

Nach weiteren fünf Minuten legte Tanikus den Controller erneut weg. „Das ist auch nicht viel besser. Die Hintergründe wechseln zwar, aber die Figuren machen immer dasselbe."

„Es ist auf jeden Fall besser als lesen", erwiderte Tom trotzig.

„Wenn du liest, kannst du in Gedanken deine eigenen Bilder machen, ganz verschiedene, und mit jeder Geschichte hast du neue Bilder und erlebst neue Abenteuer." Er flog zu dem Buch und hielt es fest im Arm. „Diese Geschichte ist besonders spannend. Schon seit vielen Jahren verstecke ich mich in spannenden Büchern und erlebe mit, wenn sie gelesen werden. Das Beste kommt aber nach dem Lesen, wenn die Abenteuer draußen nachgespielt werden, mit unseren eigenen Ideen vermischt. Das war alles so aufregend, die Bäume waren die Schiffsmasten und lange Stöcke waren die Schwerter. Ich durfte auch mitspielen und war meistens das Ungeheuer." Tanikus verwandelte sich erneut in den Kraken mit spitzen Zähnen. *Roar.*

„Ah." Tom fiel erneut auf den Po, er hatte sich erschreckt, als Tanikus sich plötzlich verwandelt hatte.

„Ich wollte dir keine Angst machen", sagte Tanikus kleinlaut und verwandelte sich erneut. „Es ist einfach mit mir durch gegangen, weil es immer so viel Spaß gemacht hat."

Das klang wirklich nach Spaß, fand Tom. „Na gut", sagte er, „ich gebe dem Buch eine Chance."

„Oh ja, ja, ja." Tanikus flackerte vor Aufregung und reicht Tom das Buch. „Du liest mir etwas vor und später lese ich dir etwas vor. Und all die Bücher aus der Ecke brauchen auch so eine schöne Kiste wie deine Spiele."

„Meine Mama besorgt mir bestimmt eine schöne Kiste für die Bücher."

„Ui toll. Und wenn wir das Buch zu Ende gelesen haben, gehen wir raus und spielen unser eigenes Abenteuer."

„Wir werden meine Freunde genauso erschrecken, wie du mich erschreckt hast. Das wird lustig." Tom setzte sich mit dem Buch in sein Bett, Tanikus kuschelte sich an seine Seite.

__Jennifer__ __Warwel__ wurde 1980 in Essen geboren, wo sie noch heute lebt. Um den Alltagsstress zu entkommen, zieht sie sich gerne in ihre „Bücherecke" zurück. Dort wird gelesen, geträumt und geschrieben. Einige Gedichte und Geschichten von ihr wurden in Anthologien veröffentlicht.

Schreckgespenster

In der mittelalterlichen Burg treiben Katzen seit vielen Jahren ihr Unwesen. Die Mäuse wollen es ihnen endlich heimzahlen, denn ständig stellen sie sogar Mäusebabys unerbittlich nach, fangen, verletzen, töten und fressen sie zuhauf, ohne Rücksicht auf Verluste.

Nun hecken sie einen Plan aus, um den Mausejägern einen Denkzettel zu verpassen und sie zu vergraulen. Sie haben vor, Gespensterszenen zu inszenieren, derart gruselig, dass den Katzen vor Schreck das Blut in den Adern stocken wird und sie für immer das Weite suchen werden. Jeder Akt der Dramaturgie wird akribisch ausgearbeitet.

In der mauseigenen Schneiderwerkstatt werden aus Bettlaken etliche gruselige Gespensterkostüme genäht. In der Schreinerei stellen Mäuse überlange Stelzen her. Kleine Feuerschalen werden aufgestellt. Ein CD-Player wird aufgetrieben sowie CDs mit Gruselsounds. Mit Eulen und Wölfen wird kooperiert, sie sollen ihr schauriges Geheule zum Besten geben. Einige Mäuse-Feuerschlucker stehen in den Startlöchern.

Eines Nachts ist es so weit. Mit dem zwölften Glockenschlag der alten Turmuhr beginnt die Vorstellung, die den Katzen hoffentlich das Blut in den Adern gefrieren lässt. Glühende Kohlen in den Feuerschalen verbreiten ihr dämonisches Leuchten. Mäuse, als Gespenster verkleidet, überragen auf ihren hohen Stelzen die Katzen. Gruselsounds vom CD-Player echoen von den Wänden. Das Rasseln von Ketten begleitet den Chor der Wölfe und Eulen. Mäuse, die als Feuerschlucker auftreten, verstärken mit ihrem Spektakel die Gruselstimmung.

Die Katzen kriegen einen gehörigen Schreck. Sie können auf die Schnelle die Situation nicht einordnen. Panik steigt in ihnen hoch. Sie weichen zurück, legen mit eingezogenem Schwanz den Rückwärtsgang ein, während ihr Blick unverwandt auf das gespenstische Treiben gerichtet ist.

Dann flüchten sie wie von Furien gehetzt aus der Burg – auf Nimmerwiedersehen. Allerdings trachten nach erfülltem Auftrag nun die Wölfe und Eulen den Mäusen nach dem Leben ...

Ingrid Baumgart-Fütterer

Die dunkle Kammer

Barfuß stieg Clara die Treppe hinunter – im Dunkeln, weil die Tür zum Schlafzimmer ihres Vaters nachts offenstand, so wie die Tür zu ihrem Kinderzimmer, und sie ihn nicht wecken wollte. Die Holzstufen knarzten, das Haus, das ihr Vater vor Kurzem geerbt hatte, als ihre Oma starb, war fast hundert Jahre alt, mit schiefen Wänden und muffigem Geruch. Das Badezimmer oben, wo sie schlief, wurde gerade renoviert, deswegen musste sie nach unten zur Toilette gehen, auch wenn das ein kleines bisschen unheimlich war.

Sie hatte die letzte Stufe erreicht und setzte den bloßen Fuß auf die kalten Steinfliesen, als sie etwas aus dem Augenwinkel bemerkte. Sie wandte den Kopf nach rechts ins Wohnzimmer und schrie auf. So schnell sie konnte, rannte sie mit patschenden Füßen ins Schlafzimmer, sprang mit Anlauf ins Bett und verkroch sich unter der Bettdecke.

Ihr Vater schnellte hoch, lallte etwas Unverständliches, dann war er vollends wach, kam unter die Decke und nahm sie in den Arm. „Was ist los?", fragte er. „Hast du schlecht geträumt?"

„Da … da war …" Sie stockte. „Ich habe einen Geist gesehen."

Er verstand sie kaum, weil sie ihr Gesicht an seine Brust presste. „Oh, also hast du nur geträumt. Alles gut."

„Nein! Ich habe nicht geträumt, ich war wach. Da war es … sie. Im Wohnzimmer. Ein Mädchen. Eine leuchtende Spukgestalt."

„Spukgestalt?" Er lächelte. Ein erstaunliches Wort für eine Siebenjährige. Er schlug die Decke zurück, tastete nach der Nachttischlampe und schaltete sie ein.

„Ich glaube, das war Oma."

Er stieß hörbar Luft durch die Nase aus. „Es gibt einiges, vor dem Angst zu haben nützt, weil man dann besser aufpasst, Clara." Er machte eine Pause. „Pfarrer", murmelte er, dann fuhr er laut fort: „Giftspinnen, Bären, Höhen. Giftige Spinnen gibt es hier aber keine Bären so gut wie nie, aber wenn du allein einem im Wald begegnest, solltest du vorsichtig sein."

„Ich gehe nicht allein in den Wald, ich will nicht, dass mich ein Jäger mit einem Wildschwein verwechselt."

Er nickte und streichelte über ihren Rücken. „Da hast du recht, das kommt häufiger vor als Bärenangriffe. Höhenangst kann helfen, zu verhindern, dass du stürzt, wenn du leichtfertig auf einen Baum kletterst. Nicht, dass du dir das Knie aufschürfst, wenn du herunterfällst."

Ihr fiel das Dinopflaster auf ihrem Knie ein. Sie hätte wirklich besser aufpassen sollen.

„Oder wenn du auf dem Dach eines Hochhauses herumhüpfst. Nicht, dass du dir das Knie aufschürfst, wenn du herunterfällst."

Sie krabbelte hoch, legte sich auf den Rücken und kuschelte sich an seine Schulter, sodass sie sein Gesicht sah. „Wenn man da runterfällt, ist man Matsch."

„Das kommt noch dazu." Er schlang den Arm um sie. „Aber es gibt eben Dinge, vor denen man keine Angst haben muss. Vom Rand der Erde zu fallen, von einem Feuer speienden Drachen gegrillt zu werden oder vor Geistern. Weißt du, was meine Oma früher immer gesagt hat, und es muss wahr sein, immerhin reimt es sich: *An Geister und Gespenster glaubt kein gescheiter Mann, nur in Narrenköpfen trifft man solche Torheit an.*" Was sie nicht daran hinderte, zum Heiligen Antonius zu beten, wenn sie wieder einmal ihr Portemonnaie verlegt hatte, aber das sagte er nicht. Sie fand es früher oder später wieder, doch das wäre auch ohne solche Zaubersprüche der Fall gewesen, schließlich lösten verlorene Dinge sich selten in Luft auf und man fand sie immer da, wo man zuletzt gesucht hatte. Wäre auch reichlich unsinnig, nachdem man sie gefunden hatte, weiterzusuchen.

„Die Erde hat keinen Rand, von dem man fallen könnte, und solche Drachen und Geister gibt es nur im Märchen. Du bist schon groß genug, um zwischen dem, was es wirklich gibt wie Sauriern, Möbiusbändern, die nur eine Seite haben, Schnabeltieren einerseits und Fantasiefiguren wie Monstern unterm Bett, Zentauren und dem Weihnachtsmann zu unterscheiden. Unter uns, die Zahnfee …" Er zwinkerte.

Sie grinste, wodurch ihre Zahnlücke sichtbar wurde, wo die beiden oberen Schneidezähne fehlten. Natürlich wusste sie genau, wer hinter der Zahnfee steckte. Dann wurde sie wieder ernst.

„Aber Geister …"

„Manche dieser Fantasiegestalten denken sich Leute aus, weil es einfach Spaß macht. Manche, weil sie sich etwas nicht erklären können. Gewitter? Donnergrollen und Blitze? Das muss ein zorniger Gott sein, der die Menschen straft, Zeus in der griechischen Mythologie, Jupiter in der römischen, Thor in der nordischen, Jahwe in der levantinischen, Indra in der hinduistischen, Seth bei den alten Ägyptern, Shango bei den Yoruba, Tlaloc bei den Azteken und so weiter. Anders als die weißt du natürlich, wie Blitz und Donner entstehen. Manche, ja, manche wurden auch erfunden, um anderen Angst zu machen und sie so besser beherrschen zu können. Aber darauf müssen wir ja nicht reinfallen. Für manche gilt beides, aber eben oft ohne den Spaß. Wobei so eine nette, gruslige Gespenstergeschichte doch auch ganz lustig sein kann, oder?"

„Aber, Papa, Lea sagt, ihr Religionslehrer sagt, in der Bibel steht, dass ein Geist Maria erschienen ist."

„Shoot." Welchen Zweck hatte es, sie vom Gehirnwäscheunterricht fernzuhalten, wenn die Religionslehrer ihre Mitschüler zu Minimissionaren machten? „Du solltest nicht immer alles glauben, was irgendwer erzählt. Meerjungfrauen", sagte er und pikste auf ihren Arielle-Schlafanzug, „gibt es nur im Märchen, auch Hexen wie Ursula. In der Bibel steht trotzdem etwas von Hexen. Oder, dass diese Maria Jungfrau war, als ihr Sohn Jesus geboren wurde. Weißt du, was das heißt, Jungfrau?"

„Was?"

„Jungfrau nennt man manchmal jemanden, der noch nie Sex hatte."

„Hä? Wie soll sie dann Jesus bekommen haben?"

„Eben. In der Bibel steht auch, dass die Erde eine Kreisscheibe ist. Die Leute wussten es damals eben nicht besser. Also die, die den Unfug geschrieben haben – zur gleichen Zeit haben andere in Griechenland den Umfang der Erdkugel ziemlich genau berechnet."

„Erdkartoffel", widersprach Clara.

„Ja, das stimmt, so ganz kugelförmig ist sie nicht, aber aus dem All sieht sie kugelrund aus und glatter als eine Billardkugel. Der Unterschied zwischen Bibel und Grimms Märchen ist, dass es heutzutage immer noch Erwachsene gibt, die nicht wahrhaben wollen, dass das Märchen sind, sondern es für bare Münze nehmen. Die glauben, dass Adam und Eva, Maria und Josef, der Halbgott Jesus und dieser

Geist und all die anderen wirklich gelebt haben. Wenn man ihnen dann aber die Bibelstellen mit den Drachen, den Kobolden und Zeus zeigt, versuchen sie, sich rauszureden." Er setzte sich und damit auch Clara auf. „So", sagte er, „dann lass uns mal dein Gespenst suchen. Wir holen vorher Knoblauch aus der Küche."

Sie lachte. „Ein Gespenst ist doch kein Vampir!"

„Oh, sorry. Silberkugeln habe ich keine."

„Ooooaaaar", machte sie. „Auch kein Werwolf."

„Na, komm!" Er nahm sie bei der Hand. „Werwölfe und Vampire kommen in der Bibel nicht vor, glaube ich. Aber jede Menge Zombies."

Zögernd lief sie im Dunkeln, seine Hand haltend, einen halben Schritt hinter ihm zum Wohnzimmer. Er spähte hinein und lachte. „Wie cool!"

„Ist es noch da?"

„Yup. Es ist aber überraschend kein Geist. Schau mal!"

Zögernd schob sie den Kopf vor.

Licht von der Neonreklame des Tauchergeschäfts auf der gegenüberliegenden Straßenseite, die stromvergeudend die ganze Nacht brannte, fiel durch ein winziges Loch im kaputten Fensterladen gegen die Wand.

„Das ist etwas wie der Vorläufer des Fotoapparats. Eine Camera obscura, also dunkle Kammer, mit einem Loch, das Licht bündelt, ähnlich wie die Pupille auf die Netzhaut im Auge. Wir basteln morgen Mal eine."

Achim Stößer *ist Informatiker und veröffentlicht seit 1988 Science-Fiction-Kurzgeschichten. Sein Erzählband „Virulente Wirklichkeiten" erschien 1997, seine Story-Sammlung „Die dunkle Seite der Erde" 2024. Als Angehöriger einer ethischen Minderheit gründete er 1998 die Tierrechtsinitiative Maqi. Entsprechend zählen Antispeziesismus (und damit Veganismus), Antitheismus, Antifaschismus, Antisexismus usw. zu seinen Hauptthemen. Internet: www.achim-stoesser.de*

Die Geister von Ravenwood

Im dichten Nebel des Ravenwood-Waldes liegt ein altes Waisenhaus, das seit Jahrzehnten verlassen ist. Die Dorfbewohner sprechen nur im Flüsterton über diesen Ort, als würde die bloße Erwähnung die Geister wecken, die dort wohnen. Nur die mutigsten oder die törichtsten Kinder wagen es, sich dem bröckelnden Tor des Waisenhauses zu nähern, geschweige denn, einen Fuß in den von Efeu überwucherten Garten zu setzen.

Tommy war zwölf Jahre alt und hatte von klein auf Geschichten über das Waisenhaus gehört. Geschichten von Kindern, die nachts verschwanden, und von unheimlichen Stimmen, die durch die leeren Flure hallten. Doch Tommy war kein gewöhnlicher Junge. Er hatte ein unersättliches Verlangen nach Abenteuern und Geheimnissen, die darauf warteten, gelüftet zu werden.

Eines nebligen Herbstabends, als der Mond durch die Wolken brach und die Welt in ein gespenstisches Licht tauchte, machte sich Tommy auf den Weg zum Ravenwood-Waisenhaus. Er hatte sich fest vorgenommen, das Geheimnis der Geister zu ergründen, die angeblich dort hausten.

Das Tor knarrte laut, als Tommy es öffnete, und der Garten war überwuchert mit hohem Gras und Unkraut. Ein kalter Windstoß ließ ihn frösteln, doch er ging entschlossen weiter. Der Eingang des Waisenhauses war halb verschlossen, als hätte jemand es eilig gehabt, das Gebäude zu verlassen. Mit einem kräftigen Ruck öffnete Tommy die Tür und trat ein.

Drinnen war es still, bis auf das gelegentliche Tropfen von Wasser und das Knarren des alten Holzes. Tommy zog seine Taschenlampe hervor und leuchtete den langen Korridor entlang. Die Wände waren mit verblassten Tapeten bedeckt, und alte Gemälde hingen schief an den Haken. Er konnte den leichten Modergeruch wahrnehmen, der sich mit jedem Atemzug in seine Lungen drängte.

„Hallo?", rief er zögernd. Seine Stimme hallte durch die leeren Flure, doch niemand antwortete. Tommy ging weiter und öffnete eine Tür nach der anderen. Einige Räume waren mit alten Möbeln gefüllt, in anderen lagen Spielsachen und Bücher verstreut, als wären die Kinder in großer Eile geflohen.

Plötzlich hörte er ein leises Kichern. Es war ein Mädchenlachen, klar und melodisch, aber auch unheimlich. Tommy folgte dem Geräusch und fand sich bald in einem großen Raum wieder, der einst als Speisesaal gedient haben musste. Am Ende des Raumes sah er eine Gestalt, ein junges Mädchen, das in einem alten, weißen Kleid stand und ihn mit großen Augen ansah.

„Wer bist du?", fragte Tommy und trat näher.

Das Mädchen lächelte traurig und hob eine Hand. „Ich bin Lila. Und du bist hier, um uns zu helfen."

„Wem zu helfen?", fragte Tommy verwirrt.

„Uns allen", antwortete Lila und ihre Gestalt begann zu flimmern, als wäre sie aus Nebel gewebt. „Wir sind die Geister von Ravenwood. Wir wurden hier gefangen und können nicht ruhen, bis die Wahrheit ans Licht kommt."

Tommy spürte ein Frösteln über seinen Rücken laufen. „Welche Wahrheit?"

„Die Wahrheit über die Nacht, als wir verschwanden", sagte Lila und deutete auf ein altes Tagebuch, das auf einem Tisch lag. „Lies es. Dann wirst du verstehen."

Mit zitternden Händen öffnete Tommy das Tagebuch und begann zu lesen. Es gehörte einem Mädchen namens Clara, das vor vielen Jahren im Waisenhaus gelebt hatte. Clara beschrieb die strengen Regeln und die grausame Leiterin des Hauses, Miss Abernathy, die die Kinder oft bestrafte. Eines Nachts, so schrieb Clara, hatte Miss Abernathy die Kinder in den Keller gesperrt und das Haus in Brand gesetzt, um ihre Taten zu vertuschen. Die Geister der Kinder waren seitdem an diesen Ort gebunden, unfähig, Ruhe zu finden.

Tränen standen in Tommys Augen, als er die letzten Seiten des Tagebuchs las. „Ich werde euch helfen", versprach er und spürte eine seltsame Entschlossenheit in sich aufsteigen. „Ich werde die Wahrheit ans Licht bringen."

In den folgenden Wochen sammelte Tommy Beweise, sprach mit den älteren Dorfbewohnern und durchsuchte alte Zeitungsartikel. Schließlich gelang es ihm, die Geschichte der Geister von Ravenwood zu veröffentlichen. Die Wahrheit über Miss Abernathys grausame Taten wurde bekannt und das Dorf errichtete ein Denkmal für die verlorenen Kinder.

In der Nacht, als das Denkmal enthüllt wurde, kehrte Tommy zum Waisenhaus zurück. Er stand vor dem Tor und wartete. Plötzlich erschien Lila vor ihm, ihre Gestalt jetzt klarer und leuchtender als je zuvor.

„Danke, Tommy", sagte sie leise. „Dank dir können wir endlich in Frieden ruhen."

Tommy lächelte und winkte ihr zum Abschied. Er wusste, dass die Geister von Ravenwood nun endlich ihren Frieden gefunden hatten und dass das alte Waisenhaus nie wieder ein Ort der Angst sein würde.

Maria Orlovskaya, 1994 in Moskau geboren, studierte Psychologie und Drehbuch & Dramaturgie in Babelsberg. Es folgte ein buntes Leben; eigene Siebdruckerei, Jobs in Arthouse Kinos und Residenz im größten Yogazentrum Europas. Mehrfache Preisträgerin des zeilen.lauf Lyrikwettbewerbes und Stipendiatin des Tandem Letterario 2024.

Die kleine Markthalle

„Es reicht allmählich!", schimpft Geistess und schwebt über die Köpfe ihrer Kinder Möbius und Flattaria hinweg.

„Mama, was ist los? Was reicht dir?", will der Sohn neugierig wissen.

„Ich glaube, wir sollten über einen Quartierwechsel nachdenken, ehe Großvater Ahnengeist noch zu einem Alko-Geist mutiert!", beklagt Geistess verdrossen.

„Was ist ein Alko-Geist?", erkundigt sich Flattaria.

„Hm, ein Geist, der sich dem Alkohol verschrieben hat! Seit wir hier in diesem modrigen Weinkeller logieren, probiert Großvater Ahnengeist jeden Abend Wein aus einem anderen Fass – und das nicht zu knapp!"

Möbius reißt die Augen weit auf. „Und was hat das zu bedeuten?"

Die Mutter seufzt. „Zu viel Alkohol schlägt sich auf den Geist!", erklärt sie.

Sofort prustet Möbius los. „Alkohol geht einem Geist auf den Geist?", wiehert er belustigt, worauf Flattaria ebenfalls zu kichern beginnt.

„Ruhe! Ich will schlafen!", ertönt aus der letzten Ecke der Kellerröhre die sonore Stimme des Großvaters.

„Du hast zu viel vom Wein getrunken und der Alkohol schlägt sich auf deinen Geist!", schreit Möbius im Flug und kann sich noch immer kaum über dem Boden halten vor lauter Lachen. „Mama sagt, dass wir uns ein neues Zuhause suchen müssen, weil du sonst zum Alko-Geist wirst!"

Aus der tiefsten Stelle des alten Kellers kommt Ahnengeists Stöhnen. „Mir gefällt es hier und ohne meine Zustimmung gibt es ohnedies keinen Quartierwechsel!"

Angewidert verlässt Geistess den Weinkeller und fliegt ins Freie. „In der Kirche hausten wir schon und auch in einem alten Schulgebäude haben wir gewohnt. Aber als es Möbius langweilig wurde – die Schulkinder waren in den Ferien und er konnte keinem Kind einen

Streich spielen – zogen wir in diesen Weinkeller. Anfangs schien dieser Abwechslung zu bieten, denn wir konnten die Gäste des Moser-Bauern zur Weißglut bringen, wenn sie am Kellerhals jausneten. Möbius hat oft einem Gast den Bart gekrault und Flattaria hat den Touristen gerne ins Ohr gepustet", spricht Geistess zu sich, die gerne noch länger bleiben würde, wenn ihr nicht das Verhalten ihres Vaters Sorge bereiten würde.

Nach einem kurzen Rundflug sind ihre Lungen wieder mit genügend Sauerstoff versorgt. „Ahnengeist! Steh auf, ich muss mit dir reden!", befiehlt sie ihrem Vater, der noch etwas verschlafen aus seinen ovalen Augen schaut. „Du wirst einen Familienrat einberufen, in welchem wir über einen Ortswechsel diskutieren werden!"

„Ja, lasst uns siedeln, es wird Zeit für neue Abenteuer!", jubiliert Möbius und Flattaria schlägt vor Freude einen Purzelbaum.

„Moment, ich fühle mich hier wohl!", argumentiert Ahnengeist, aber als er in das böse Gesicht seiner Tochter blickt, weiß er, dass er handeln muss. „Gut, heute um Mitternacht beim großen, alten Eichenfass!", beschließt er grantig und verzieht sich wieder in eine ruhige Ecke.

„Gibt es Vorschläge? Ich habe keinen! Also bleiben wir hier!", beginnt Ahnengeist die Sitzung.

„Oh nein, so haben wir das nicht ausgemacht. Geistess sagt, dass du hier zu Schaden kommst, wenn wir nicht bald ausziehen. Du trinkst zu viel Wein, das tut dir nicht gut! Ich habe drei mögliche Aufenthaltsorte gefunden!", ergreift der Vater von Möbius und Flattaria das Wort.

„Schieß los, Papa!", kräht Flattaria aufgeregt.

„Krankenhaus, Zentralfriedhof oder die kleine Markthalle in der Stadt!", zählt der Vater auf.

„Ich bin für den Zentralfriedhof!", ruft Möbius begeistert.

„Da ist doch nichts los, willst du vielleicht Tote erschrecken?", kontert Geistess.

„Wenn es schon sein muss, dann bevorzuge ich die kleine Markthalle, die hat mir immer schon gefallen!", erklärt Großvater Ahnengeist.

„Was können wir dort machen?", will Flattaria wissen.

„Kinder, passt auf! Wir machen in der Früh einen Erkundungsflug dorthin. Ihr werdet staunen, was wir dort alles in Bewegung setzen können. Euer Vater und Großvater kennen die Markthalle, die sollen einstweilen unsere Habseligkeiten zusammenpacken!", bestimmt Geistess. „Und jetzt fliegt ab in eure Schlafecken, damit ihr am Morgen putzmunter seid!"

Ahnengeist weiß, dass es der letzte gute Schluck Wein sein wird, und bedient sich deshalb am gläsernen Weinheber, um so noch einmal die gelbe Flüssigkeit aus dem alten Eichenfass zu saugen. Geistig umnachtet schläft auch er dann rasch ein.

Am Morgen saust Möbius schon aufgeregt herum und neckt seine kleine Schwester. Normalerweise ist sie die Nervensäge, aber heute will er, dass sie mit ihm spielt bis zum Aufbruch in die Markthalle.

Endlich ist es so weit. Mutter Geistess ruft nach ihren Kindern und die drei Geister schwirren ab.

Beim Haupteingang zur kleinen Markthalle drängen sich mehrere Frauen mit Einkaufskörben. Offenbar wird erst in einigen Minuten geöffnet. Geistess und ihre Kinder fliegen bei der gekippten Oberlichte, die sich über dem Eingang befindet, ins Innere der Halle.

Möbius kommt aus dem Staunen nicht heraus. Da steht ein Verkaufsstand neben dem anderen und überall wird Obst, Gemüse, Fleisch und Brot angeboten. Die Waren sind fein säuberlich geschlichtet und bieten so den Käufern ein einladendes Bild.

Während Flattaria eine Orange aus einem Stapel zieht und alle anderen über den Rand auf den Boden kullern, zupft Möbius Salatblätter aus einem großen Kopf und zischt damit durch die Luft.

Der Obsthändler kann sich nicht erklären, wie es zu dem *Rolldown* seiner Orangen gekommen ist, und kriecht am Boden herum, um alle wieder einzusammeln, während sich das Haupttor öffnet und die Kunden und Kundinnen ins Innere der Markthalle stolpern. Die Menschen müssen versuchen, den Orangen auszuweichen, während eine alte Frau entsetzt aufschreit, als sie mehrere Salatblätter in der Luft tanzen sieht.

Möbius ist bereits unterwegs zu einem Metzgereistand. Dort landet er hinter der Theke, hebt eine Schweinshaxe hoch und lässt sie auf das gläserne Verkaufspult fallen. Der Metzger, geschockt von dem, was vor seinen Augen gerade passiert, kann nur hilflos zusehen, wie das Fleisch durch den Aufprall die Glasplatte zertrümmert. Tausende kleine Splitter prasseln zu Boden. Die Kunden schreien entsetzt auf.

„Möbius! Hierher! Sofort!", befiehlt Mutter Geistess zornig. Sie sitzt im Gebälk und beobachtet die Streiche ihrer Kinder. „Bist du von Sinnen? Du kannst doch nicht Lebensmittel so ruinieren, dass der Metzger nun gezwungen ist, alles, was er ausgelegt hat, zu vernichten? Auf jedem Stück Fleisch befinden sich Glassplitter. Hab ich nicht schon oft genug gesagt, dass man mit dem Essen nicht spielt? Es macht einen Unterschied, ob du ein paar Salatblätter tanzen lässt, aber eine Schweinshaxe aus einer Höhe von zwei Metern auf die Glastheke zu werfen, ist mehr als dumm!"

Möbius verzieht den Mund und schweigt für ein paar Sekunden. „Kann ich dem Metzger irgendwie helfen, den Schaden, den ich angerichtet habe, wiedergutzumachen?"

Geistess schüttelt frustriert das Haupt.

Ein Aufschrei mehrerer Kunden lässt Mutter und Sohn aufblicken. Flattaria hat offensichtlich gerade bei einem Zeitungsstand ein größeres Durcheinander angerichtet. Mehrere Tageszeitungen schweben raschelnd durch die Luft und verfangen sich auf den Köpfen der Einkäufer.

Im alten Weinkeller angekommen, schlafen Großvater Ahnengeist und sein Schwiegersohn noch. „Gott sei Dank! Die Männer haben noch nicht gepackt!", stöhnt Geistess.

„So wie ihr euch heute benommen habt, brauchen wir nicht darüber nachzudenken, ob wir für die nächste Zeit in die kleine Markthalle ziehen wollen. Wir werden uns daher eine andere Behausung suchen müssen, wo ihr nicht so viel Unfug anstellen könnt!"

Hannelore Futschek *wurde 1951 in Wien geboren. Nach Matura und Studium heiratete sie und zog mit ihrem Mann und den beiden Kindern 1984 ins niederösterreichische Weinviertel. Heute lebt sie im steirischen Salzkammergut. Sie übte mehrere Berufe aus, unter anderem als Bankangestellte, Bestatterin und Angestellte im Arbeitsmarktservice. Seit der Pensionierung widmet sie sich wieder vermehrt der Aquarell- und Acrylmalerei und dem Schreiben. Vorerst waren es nur Kurzgeschichten. Später hat sie das Spektrum um Romane erweitert, die Liebesgeschichten, Biografien und Krimis zum Thema haben. Bei Anthologien verschiedener Verlage wurden schon unzählige Kurzgeschichten veröffentlicht.*

Der bleiche Mond

Ich hegte einen tiefen Groll gegen den Mond, denn je nach seinem Lauf konnte er entweder ein treuer Gefährte oder ein unbarmherziger Feind sein. Zuweilen enthüllte er mir die Schönheit der Nacht, die wie eine verführerische Geliebte mein Herz eroberte, doch ebenso oft barg er das namenlose Grauen, das in den Tiefen seiner Schatten lauerte, wie ein hungriger Wolf, der auf seine Beute wartete. Es war eine uralte und geheimnisvolle Macht, die von ihm ausging, eine Macht, die ich nie wahrhaft zu ergründen vermochte, obwohl sie mich stets anzog und abstieß zugleich, bis zu jener schicksalhaften Nacht. Eine Nacht, in der ich einen Blick auf die verborgenen Wahrheiten erhaschte, die jenseits der Grenzen des menschlichen Verstandes lagen.

An jenem Abend war alles anders. Ich lag in meinem Bett und starrte hinaus durch das schmale Fenster, während das fahle Mondlicht mein einst gemütliches Zimmer in eine unheimliche Welt verwandelte, die an die albtraumhaften Visionen von Poe oder Dunsany erinnerte. Entscheidend war jener Augenblick, als ich meine Augen schloss, um dem bleichen Schein des Mondes zu entkommen. Ein finsteres Portal öffnete sich plötzlich in meinem Geist, und meine Gedanken wandelten auf wirren Pfaden. Schatten schlängelten sich auf dem Boden meines Zimmers, verwerfliche Formen annehmend, die jeder Beschreibung spotteten. Die Möbel und Gegenstände erwachten zum Leben und mutierten zu entsetzlichen Kreaturen.

Der Stuhl in der Ecke glich einem verkrüppelten Wesen, dessen Rückgrat sich in unmögliche Verrenkungen wand. Seine Augen, glühend in unheilvollem Rot, fixierten mich wie die eines Dämons aus den unergründlichen Abgründen meiner Albträume. Die lebendig gewordenen Möbel knarzten und ächzten und ich hörte ihr höhnisches Lachen, während sie sich mir näherten. Der beißende Gestank von Verwesung und Blut erfüllte die Luft. Ich würgte und hustete, als ich versuchte, zu atmen.

Die Vorhänge, bewegt vom Schein des Mondes, verzerrten sich

und nahmen absurde Züge an, als besäßen sie ein finsteres Eigenleben. Sie glichen langen, knöchernen Fingern, die sich aus der Dunkelheit herausstreckten und nach mir griffen. Ihre eiskalte Berührung spürte ich auf meiner Haut, während sie verzweifelt darum rangen, mich in die endlose Finsternis zu zerren. Das Raunen des Windes klang wie eine verfluchte Stimme, unverständlich und schrecklich zugleich, und ich begriff, dass die Quelle dieser beängstigenden Veränderungen außerhalb des Zimmers liegen musste.

Ich sprang aus dem Bett. Was war da draußen? Ich musste es wissen, erreichte das Fenster und erstarrte vor Schreck. Was ich sah, übertraf jede Vorstellungskraft. Es war eine Welt aus den Albträumen eines wahnsinnigen Künstlers, eine Welt voller Schönheit und Schrecken zugleich. Ich sah … ich sah … nein, es ist zu schrecklich, um es zu beschreiben! Es war … es war … etwas Unbeschreibliches! Etwas Unmenschliches! Etwas Uraltes! Etwas Böses!

Der Himmel zeigte sich krankhaft entstellt und die Gestirne erloschen und glühten in absonderlichen Farben, die unheimliche Konstellationen bildeten. Der Mond erschien mir wie ein blutiges Auge, das mich boshaft anblickte. Die Landschaft selbst wirkte noch schauderhafter. Die Bäume nahmen schwarze, verzerrte Formen an, und ihre Äste und Zweige wanden sich in unaussprechlichen Mustern, während sie einen entsetzlichen Reigen tanzten. Das Gras war nicht grün, sondern blau und bewegte sich in einem rhythmischen Tanz, der mich an gespenstische Schatten erinnerte.

Verfallene Gebäude ragten in der Ferne empor, umgeben von einer düsteren Aura und verziert mit seltsamen Schriftzeichen an den Mauern. Ein unheimliches Flackern drang aus ihren Fenstern und die Luft war mit einer elektrischen Spannung geladen. Ich spürte die Anwesenheit unsichtbarer Mächte, die in den verlassenen Ruinen lauerten, während Raum und Zeit sich zu verstricken schienen.

„Was ist das? Was geschieht hier?", flüsterte ich entsetzt. Ich überlegte, welch verzerrte Realität solch ein Schauspiel auslösen konnte. War es der verstörende Einfluss des Mondes, der die Grenzen zwischen den Welten verschwimmen ließ? Oder hatte meine eigene Vorstellungskraft mich in einen kosmischen Albtraum hineingezogen?

Ich zwang mich, in dieser albtraumhaften Realität die Fassung zu bewahren, und versuchte, die schweren Vorhänge zuzuziehen. Doch als ich die Schnur ergriff, spürte ich, wie sie sich in meinen Händen veränderte. Sie wurde zu knöchernen Fingern, kalt und gnadenlos, die mich in einem eisernen Griff hielten. Mein Herz schlug gegen meine Rippen, und Schweiß perlte auf meiner Stirn.

„Nein!", schrie ich in auswegloser Verzweiflung. „Lass mich los!" Ich rüttelte und zerrte an der Schnur, doch meine Bemühungen waren umsonst.

Und dann sah ich es – das Grauen selbst! Ein monströses Ungetüm, gewaltig und pechschwarz, kroch aus einem der umstehenden Gemäuer. Es war ein Ungeheuer aus einem furchtbaren Albtraum, ein Götze der Finsternis, das sich langsam auf das alte Haus zubewegte, aus dessen Fenster ich starrte. Seine gierigen Klauen krallten sich an den verfallenen Ziegeln fest, als es versuchte, sich emporzuarbeiten. Jeder Versuch, die Wand zu erklimmen, schien die Welt um mich herum zu erschüttern, und ich konnte das leise Flüstern alter Mächte in der Luft spüren.

Die Gebäudefassade schien sich gegen den Eindringling zu wehren, als ob sie instinktiv die Anwesenheit dieses abscheulichen Wesens erkannt hätte. Doch die Macht des Ungeheuers war überwältigend, und es kroch unaufhaltsam höher. Sein finsteres Antlitz war von einem teuflischen Grinsen gezeichnet, das in der Dunkelheit zuckte und die Abgründe seiner unergründlichen Boshaftigkeit enthüllte.

Ich taumelte rückwärts, fort von den schweren Vorhängen, zurück in mein Bett und zog die Decke über mich. Ich hielt es nicht aus, mich länger diesen unheilvollen Visionen zu stellen. Mein Herz hämmerte wie ein unaufhörliches Trommelfeuer in meiner Brust, und ich fühlte, wie die Finsternis und der Mond mich in dieser verhängnisvollen Nacht überwältigt hatten.

Ich lag da, von Angst gelähmt, und kämpfte verzweifelt gegen die Vorstellung, dass all dies lediglich Hirngespinste seien. Doch die Grenzen zwischen der Wirklichkeit und den finsteren Tiefen meiner Einbildung verschwanden in einem düsteren Strudel und ich vermochte nicht mehr zu unterscheiden, was wirklich geschah.

Die Stunden krochen dahin, während der Mond sich hartnäckig weigerte, seinen Lauf zu vollenden. Wollte er mich ewig in diesem Albtraum gefangen halten? Ich hörte das Rascheln der Vorhänge, die sich unter dem Druck des Mondlichts bewegten, und fühlte die Kälte in meinen Knochen, während ich mich unter der Bettdecke versteckte.

Erst mit dem herannahenden Morgengrauen, als der Mond allmählich verblasste, konnte ich meine gequälten Augen wieder öffnen. Die finsteren Schatten und abscheulichen Erscheinungen lösten sich auf und die Welt um mich kehrte zu einer trügerischen Normalität zurück.

Dennoch konnte ich den Mond nie mehr so betrachten wie zuvor. Die Erinnerung an diese grauenhafte Nacht heftete sich wie ein Fluch an seine bleiche Gestalt, die mir wie eine Narbe am Himmel erschien. Fortan, wenn ich den Mond am Himmel erblickte, spürte ich eine unerklärliche Furcht und die unheilvolle Macht, die aus seinen finsteren Tiefen hervorging. Es war, als ob der Mond selbst ein Fenster zu einer düsteren und entsetzlichen Welt sei, die nur in meinen Albträumen existierte, ein wahrhaft unfassbares Grauen, das mich ewig verfolgen sollte.

Volker Liebelt, geboren 1966 in Öhringen, ist Bankkaufmann und hat bereits in verschiedenen Anthologien veröffentlicht. Er präsentiert nun seine dritte Gruselgeschichte für die Reihe „Wo die wilden Geister wohnen", nachdem er bereits mit „Das Mädchen mit der Kerze" und „Emily" erfolgreich war. In „Der bleiche Mond" schafft Volker Liebelt eine düstere und beklommende Atmosphäre, die die Leser in den Bann zieht und sie auf eine Reise durch das Unheimliche mitnimmt.

Die Anderswoweltchroniken: Anderswokreischgeier

Marius König wachte nach seinem Tod als Geist in der Zwischenwelt auf. Schutzengelin Nemses begleitete ihn auf seinem Weg durch eine magische Pforte in den Schattenwald. Diesen müsste er durchqueren, wenn er das Internat der Geister, sein neues Zuhause, finden wollte. Marius hielt seinen jetzigen Zustand für das Produkt seiner Fantasie. Noch glaubte er daran, wirklich tot zu sein. Kurz und gut – er hielt alles für einen Albtraum, aus dem er jederzeit aufzuwachen erhoffte. Doch das Erwachen blieb aus. Stattdessen wanderten er und Nemses stundenlang durch den Schattenwald, bis sie an einem See ankamen. Und kein Traum konnte so entsetzlich sein wie dieser See, denn es war das einsamste, schwärzeste Wasser, das Marius je gesehen hatte. Um den See herum gab es nichts als hohe, schwarze Felsen. Über dem Wasser kreisten ... Ja, was kreiste da eigentlich?

„Sag mal, Nemses", meldete sich Marius zu Wort, als er eine Mischung aus Vogel, Geier und einem Tier sah, das er nicht zuordnen konnte. Zu welchem Tier gehörten Krallen, die so lang waren, dass sie ihn mit wenigen Schlägen hätten zerfleischen können?

„Ja?"

„Was sind das für Vögel?"

„Oh", antwortete Nemses belanglos. „Das sind nur Anderswokreischgeier. Sie sind blind, weißt du. Aber dafür ist ihr Gehör umso besser ausgeprägt. Sobald sie dich in ihrer Nähe wahrnehmen, stürzen sie auf dich herab und zerfleischen dich. Für die Andersowkreischgeier ist es egal, was sich ihnen nähert. Sie fressen alles."

„Na toll", seufzte Marius grimmig. „Als ob ein Geist, der angeblich tot ist, noch sterben könnte."

„Machst du dich über die Situation lustig?", fragte Nemses.

„Iwo. Nie im Leben", log Marius.

„Weißt du was, Nemses?", fragte Marius nach einer kurzen Stille „Ich schließe einfach die Augen, während ich an ihnen vorbeigehe. Wenn ich nicht sehen kann, was über mir passiert, kann ich auch nicht versehentlich in Panik ausbrechen."

„Dein Plan hat nur einen Hacken", erwiderte Nemses leicht gereizt. Sie merkte, dass der neue Geist die Situation nicht ernst nahm. „Wie willst du mit geschlossenen Augen sehen, wohin du gehst?"

„Kannst du zufällig größer werden? Das wäre jetzt hilfreich", bemerkte Marius. Kaum hatte er zu Ende gesprochen, war aus der kleinen, schwebenden Lichtkugel eine Schutzengelin geworden, die seiner Größe entsprach. Marius staunte. In Form einer Lichtkugel hatte Marius Nemses Äußeres zuvor kaum wahrnehmen können. Nun sah er, dass sie ihre blauen Haare zu einem lockeren Zopf geflochten über ihre rechte Schulter hängen ließ. Da Blau und Lila ihre Lieblingsfarben waren, trug sie ein kurzes lilafarbenes Kleid. Außerdem zierte ein Gürtel aus lila Blumen ihre Taille.

„Und nun? Wozu soll das gut sein?"

„Es gibt ein psychologisches Vertrauensspiel. Man schließt die Augen und lässt sich von seinem Übungspartner über Körpersignale führen. Du stellst dich hinter mich und lenkst einfach in die entsprechende Richtung, in die ich gehen soll. Wenn ich nach rechts gehen soll, gibst du Druck auf die rechte Schulter, wenn ich nach links gehen soll, Druck auf die linke. Wenn ich stehen bleiben soll, gibst du mir mit beiden Händen Druck, und wenn ich wieder losgehen soll, stuppst du mich leicht wieder an. Das kriegen wir hin."

„Du bist recht sonderbar. Selbst für einen neuen Geist. So etwas Seltsames hat bisher noch keiner mit mir gemacht. Aber meinetwegen. Ist mal etwas anderes."

Nemses ließ sich auf den Vorschlag von Marius ein, auch wenn es gefährlich war. Sollte Marius mit geschlossenen Augen über einen Stein stolpern, würden sich die Anderswokreischgeier augenblicklich auf ihn stürzen. Doch Marius schien sich der Gefahr nicht wirklich bewusst zu sein. Er schien es mehr für eine Art Spiel zu halten.

„Vielleicht auch besser so", dachte Nemses, während sie halbwegs kichernd beobachtete, wie sich Marius mit geschlossenen Augen vorantastete. Sein Vorschlag, dass Nemses ihn mit Druck an der Schulter in die entsprechende Richtung lenken sollte, schien aufzugehen. Sie bewegten sich zwar langsam voran, doch es schien fast, als wenn sie die Anderswokreischgeier gefahrlos hinter sich lassen konnten. Und gerade in dem Moment, als Nemses in ihrer Erleichterung für einen Moment ihre Aufmerksamkeit von ihrer Lenkaufgabe abließ, stolperte Marius plötzlich über einen großen Stein und fiel hin. Durch den Krach flog der Schwarm Vögel nun geschlossen im Sturzflug auf Marius und Nemses herab.

„Hilfe", schrie Marius, der nun begriff, dass er trotz seines Geisterdaseins durch die seltsamen Vögel sehr wohl verletzt werden konnte. Mit jedem Kratzer spürte er schmerzvoll seinen neuen Körper.

„Sollte ich als Geist nicht unverwundbar sein?", schrie Marius entsetzt auf, nachdem er den vierten schmerzhaften Kratzer infolge abbekommen hatte.

„Das habe ich dir die ganze Zeit versucht zu erklären", antwortete Nemses wütend. „Anderswokreischgeier können Geister töten."

„Verdammt! Was nun? Nemses. Bitte hilf mir. Ich werde dich auch nicht mehr hinterfragen. Versprochen."

„Hast du endlich begriffen, dass dies kein Spiel oder Traum ist?", schimpfte Nemses. „Wenigstens etwas. Ich hoffe, du bist in Zukunft vorsichtiger."

„Ich verspreche es. Doch bitte ... bitte hilf mir aus dieser Lage. Ich flehe dich an!"

Nemses hatte gerade einen Vogel abgewehrt und hätte eigentlich in eine nahe gelegene Höhle fliehen können, doch sie hatte ein gutes Herz. Sie konnte Marius einfach nicht im Stich lassen.

„Na gut", rief Nemses. „Auf drei wirfst du dich auf den Boden. Hinterfrage nicht, warum! Tu es einfach!"

Nemses faltete ihre beiden Handflächen vor ihrem Körper, als wenn sie beten wollte. Dann murmelte sie einen uralten Beschwörungszauber. Marius sah, wie Flammen aus ihren Fingerspitzen strömten. Diese wuchsen aus schmalen Flammenstreifen in Sekundenschnelle zu einer großen Flammenkugel heran.

„Eins!" Die Feuerkugel wuchs noch um drei weitere Flammen heran. „ZWEI!"

Nun hob Nemses die Feuerkugel über ihren Kopf. Marius ahnte, was sie vorhatte und begann augenblicklich Körperspannung aufzubauen. „DREI!"

Während sich Marius auf den Boden warf, sauste eine gigantische Feuerkugel auf die Vogelschar zu, die alsbald in Flammen stand. Mit brennenden Flügeln fielen die Vögel einer nach dem anderen mit lautem Gekreische herab.

„Lauf", befahl Nemses. „Bis ich sage: Anhalten!"

Und sie liefen und liefen. Fast hätte Marius Nemses aus den Augen verloren, als sie eine Mauer erreichten. Schnell kletterten sie über die Mauer. Nemses presste sich gegen eine Wand, die sich wie eine Tür geräuschlos neben ihr öffnete.

„Komm."

Von der Tür führte eine schmale, finstere Wendeltreppe nach oben. Sie war noch höher und dunkler als die Treppe, auf der Marius bei seiner Ankunft in der Zwischenwelt gelandet war. Marius und Nemses stiegen die Wendeltreppe weiter hinauf. Marius Beine fühlten sich immer schwerer an. Er konnte kaum noch die Füße heben. Die Stufen waren hoch und es waren viele. So viele – aber eine von ihnen war dann letztlich die letzte. Marius wollte einen weiteren Schritt tun, allerdings war da nichts mehr unter seinen Füßen. Fast wäre er hingefallen. Er konnte sich gerade noch an der Wand festklammern.

„Was machst du?", fragte Nemses irritiert.

„Gymnastikübungen", log Marius. Er wusste selbst nicht, warum er log, doch er wollte nicht zugeben, dass er fast hingefallen wäre.

„Du bist wirklich komisch für einen Geist", kicherte Nemses. „Wir sind übrigens da. Willkommen im Internat der Geister."

Und wie es weitergeht, wird im nächsten Band verraten ...

Vanessa Boecking: Autorin verschiedener Genres. „Damian, der Zauberer", Fantasy/Märchen „Osiris, die Supermumie", Fantasy/Manga.

ZOB

Georg Grimm, zwanzig Jahre alt, war zu einer kleinen Feier bei Bekannten eingeladen, die circa fünfzehn Kilometer außerhalb der Stadt auf dem Lande wohnten, dort ihr kleines, gerade angemietetes Bauernhäuschen einzuweihen.

Georg Grimm hatte zu Hause Mittag gegessen, machte sich dann gegen halb zwei auf zum Zentralbusbahnhof der Stadt. Als er die überdachte Anlage erreichte, fiel ihm gleich auf, dass der ansonsten mit Bussen prall gefüllte ZOB busleer war. Vielleicht standen die Fahrzeuge woanders in Bereitschaft, da größere Umbauarbeiten an der Anlage geplant waren, dachte er. Allerdings zu sehen von solch einem Bauvorhaben war nichts.

Georg Grimm betrat den ZOB, der aus drei Bus- bzw. Haltespuren bestand. An jeder der drei Spuren vier Haltestellen, alle in unterschiedliche Richtungen hinaus aus der Stadt führend. An einigen Haltestellen warteten Fahrgäste, die Anlage war also in Betrieb. Dass kein Bus zu sehen war, musste seine Gründe haben.

Georg Grimm ging quer durch die Anlage. Seine Haltestelle befand sich an der dritten Busspur ganz am Ende, wo schon ein älterer Herr wartete.

Um den ZOB herum rauschte der Straßenverkehr. Eine Hauptverkehrsstraße verlief parallel zum ZOB. Georg Grimm sah dem Rauschen einige Augenblicke zu, dann wanderten seine Blicke wieder hinein in die Anlage, seine Haltespur entlang – dort am anderen Ende war ein Bus vorgefahren. Einige Fahrgäste stiegen ein.

Und dann bemerkte Georg Grimm es erst. Der Bus war nicht nur in Schwarz gehalten, er war auch noch wie ein Leichenwagen im Großformat gestaltet, eine Art Leichenbus. Ein weiterer Bus rollte heran, bog in die zweite Haltespur ein, stoppte genau in Georg Grimms Rücken. Auch dieses Fahrzeug in der Optik eines schwarzen Leichenwagens. Ein paar Jugendliche bestiegen den Bus, während in der ersten Haltespur ein weiterer Bus dieser gruseligen Art gleich ganz vorn stoppte.

Georg Grimm staunte irritiert. Das war doch wohl keine Werbekampagne eines Bestattungsunternehmens? Öffentliche Busse als Werbegag gleich als Leichenwagen zu gestalten, wäre doch eher als geschmacklos zu bezeichnen.

Ein weiterer Bus durchfuhr die Anlage, bog in die dritte, also Georg Grimms Haltespur, näherte sich und stoppte direkt an dessen Haltestelle. Auch dieser Bus in der Gestaltung eines Leichenwagens. Über dem Frontfenster war der Zielort deutlich gekennzeichnet, Georg Grimms Zielort. Die Fahrgasttür öffnete sich zischend, der ältere Herr stieg gebrechlichen Schrittes ein.

Georg Grimm wartete. Er wusste nicht recht, was er tun sollte – ausschließlich diese düster aussehenden Busse in der Optik von Leichenwagen im ZOB. Draußen um den ZOB herum fuhren doch rote, gelbe und blaue Busse. Und auf *seinem* Bus war auch kein Firmenname verzeichnet, der sich als Werbepartner des Busunternehmens zu erkennen gab.

Georg Grimm ging zum Fahrplan, tat so, als wartete er auf einen anderen Bus. In Wahrheit suchte er nach der nächsten Abfahrtzeit **seines** Busses. In einer Stunde fuhr der nächste. Er entschied sich, auf den nächsten Bus in einer nahen Gaststätte zu warten. So ging Georg Grimm wieder quer durch den ZOB, kam sich irgendwie albern vor, blickte sich um, erspähte nach wie vor nur diese seltsam gestalteten Busse.

Georg Grimm verließ, durch diese skurrile Situation gedanklich abgelenkt, den ZOB, betrat die andere zur Anlage parallel verlaufende Straße. Er achtete nicht auf den Verkehr und wurde von einem heranrollenden roten Stadtbus erfasst.

Georg Grimm ging zurück in den ZOB zu seiner Haltestelle. *Sein* Bus wartete dort noch immer mit geöffneter Fahrgasttür auf ihn. Er stieg ein, einem anderen, unbekannten Zielort entgegen.

Gerald Marten, geboren 1955, lebt und schreibt in Oldenburg in Holstein. Bislang rund 100 Veröffentlichungen, Kurzprosa, Kurzgeschichten, Gedichte verschiedenster Inhalte in Anthologien, Zeitschriften und Online-Magazinen, zudem 2002 der satirische Roman „Segelraumschiff Gurk Fock #1, Balzmann Drei" und das Buch „martenart – Autobiografisches in Phantastik und Wirklichkeit" (ohne ISBN).

Die verzauberte Julia

Hoch in den Bergen sieht der Wanderer die Reste eines uralten, verfallenen Schlosses leuchten. Wer ahnt schon, welch eine Geschichte sich dort abspielte, als das Schloss noch im besten Zustand war und seine Bewohner unter uns weilten. Aber das ist schon viele Jahrhunderte her. Kommt einfach mit, wir wollen sehen, was die Fundamentreste uns erzählen können.

Es gab Zeiten, da wurde hier auf Schloss Dream so mach frohes Fest gefeiert. Zauberer Yang liebte die Geselligkeit und genoss es, wenn frohes Leben die Mauern seines Schlosses erfüllte. Yang hatte eine junge Frau, die er wie einen Schatz bewachte. Es war nicht die Liebe, die Yang für Julia empfand, nein, es war der Stolz, diese junge schöne Frau zu besitzen.

Wieder gab Yang eines seiner rauschenden Feste und hatte hierzu die Ritter der Umgebung eingeladen. Alle waren sie gekommen, denn keiner wollte sich gern mit Zauberer Yang anlegen. Ihn zum Feinde zu haben, bedeutete nichts Gutes.

So war auch Ritter Erek gekommen. Er war das erste Mal auf Schloss Dream zu Gast. Am Abend beim Tanz traf er auf Julia. Noch nie hatte Erek eine so schöne Frau gesehen. Erek erfuhr recht bald, dass Julia die Gemahlin des Zauberers war, und versuchte, sie zu vergessen. Auch Julia war dieser Ritter aufgefallen und sie konnte ihn nicht mehr vergessen. Als Erek sie, wie es für den Gast Sitte war, zum Tanz aufforderte, gestanden sie sich ihre Liebe. Von nun an trafen sich die beiden bei Sonnenuntergang im Park des Schlosses. Auch wenn sie sich immer wieder sagten, wie gefährlich ihre Liebe war, so war doch die Sehnsucht zueinander stärker als der Verstand.

Es sollte auch nicht lange dauern und Yang bekam heraus, was sich hinter seinem Rücken zutrug. Er dachte sich ein teuflisches Spiel aus, er schrieb Julia einen Brief im Namen Ereks und bestellte sie an einen anderen Platz des Parks zur Abendstunde. Julia ging auf den Brief ein und kam zum Stelldichein. Glücklich fiel sie ihrem Erek in die Armen, doch als sie ihn küssen wollte, verwandelte sich Yang in seine ursprüngliche Gestalt. Julia wurde bleich vor Schreck, da sprach auch Yang schon seinen furchtbaren Spruch: „Ab sofort sollst du für mehr als hundert Jahre ein Stein sein, so wie dein Herz für mich aus Stein war!" Kaum hatte er seine Verwünschung ausgesprochen, ging der Zauber in Erfüllung.

Wie ein Lauffeuer verbreitete sich die Nachricht im Schloss. Erek schwang sich auf sein Ross und ritt, so schnell sein Pferd ihn trug, davon. Helfen konnte er Julia nicht. Als er an einem Kloster vorbeikam, bat er um Einlass und blieb dort bis zu seinem Lebensende. Nie hätte er nach Julia eine andere Frau lieben wollen.

Über hundert Jahre waren ins Land gegangen, da erinnerte sich bei der jährlichen Versammlung der Feen und Elfen Ev, die Fee der Herzen, an diese Geschichte. Sie berichtete den anderen davon und bat, diese beiden Menschen von diesem bösen Zauber erlösen zu dürfen, da sie ihr Leben für die Liebe ließen. Ist es doch jedes Jahr zur Mitsommernacht üblich, dass jede Fee einen Wunsch frei hat. So wurde auch Evs Wunsch erfüllt. Erek und Julia wurden einigen Jahrhunderte später noch einmal geboren. Leider viel zu weit voneinander entfernt, um sich begegnen zu können. Jeder lebte sein Leben, ohne vom anderen zu wissen.

Dann kam der Tag, an dem sich beide wiedersehen sollten. Susan, die einstige Julia, war wieder einmal auf einer ihrer Dienstreisen unterwegs. In ein Buch versunken, wartete sie auf die Ankündigung ihres Fliegers. Dieter, einst Ritter Erek, hatte den Urlaub vor sich, er dachte an Sonnenstrände, an denen er sich in wenigen Stunden vom Alltag erholen würde. Beim Einchecken ergab es sich, dass beide nebeneinander platziert wurden. Ihre Blicke trafen sich und wie damals waren sie verloren. Keiner von ihnen kannte die Zusammenhänge aus vergangener Zeit und doch wussten sie, dass ihr Gefühl einmalig und einzigartig war. Als das Flugzeug auf der Landebahn ausrollte, hatten Dieter und Susan längst ihre Handynummern ausgetauscht. Waren sie auch heute noch zu unterschiedlichen Zielen unterwegs, so wussten sie doch, dass sie sich nie mehr aus den Augen verlieren wollten. Das Geheimnis kannte jedoch nur die Fee der Herzen – Ev.

Christina Telker schreibt seit 2010 Texte in Lyrik und Prosa.

Umzug geplant

„Gut, Frau von Apelweth, wir sehen uns also am Samstag. Bis dann. Auf Wiederhören", sagte die Stimme am Telefon. Sofort sprang Helmfried in seinem Zimmer vom Stuhl und flitzte ins Wohnzimmer, wo seine Mutter gerade das Gespräch beendet hatte. „Wer kommt am Samstag?", fragte er.

„Der Makler kommt am Samstag um 10 Uhr zu uns."

„Was ist denn ein Makler?", wollte Helmfried jetzt wissen. „Und was will der bei uns? Am Samstag um 10 ist doch immer mein Reitunterricht. Wer fährt mich denn dann dahin und holt mich auch wieder ab?"

„Also mal eins nach dem anderen. Ein Makler ist jemand, der einem behilflich ist, ein Haus, eine Wohnung oder ein Schloss zu kaufen oder zu verkaufen. Und er kommt am Samstag, um sich unser Zuhause anzuschauen, damit er es anderen Interessierten anbieten und dann verkaufen kann. Und zu deinem Reitunterricht kannst du am Samstag diesmal nicht gehen. Der Unterricht fällt für dich aus. Ich kann dich nicht fahren und Papa muss auch hierbleiben."

„Wenn der Makler sich unser Zuhause ansehen will, weil er es verkaufen soll, dann sitzen wir ja auf der Straße. Ziehen wir etwa um?"

„Richtig, mein Sohn. Wir ziehen um. Oder genauer gesagt: Wir wollen umziehen. In diesem Haus haben wir doch viel zu viele Räume. Du und deine Schwester, ihr habt ja Räume, in denen könnte ein Fußballturnier stattfinden, oder? Und Papa braucht auch nicht so viel Platz. Na, und ganz zu schweigen von mir. Was soll ich mit einer Küche, in der man für eine ganze Firmenbelegschaft kochen könnte. Oder mit einem Schlafzimmer, in dem man die Möbel eines ganzen Möbelhauses aufstellen könnte? Wozu brauchen wir drei Ankleidezimmer und vier Bäder? Und was das alles kostet!"

„Aber es ist doch so schön hier. Meine ganzen Freunde, meine Schule, meine Reitschule, mein Musikunterricht, die würde ich alle nicht mehr sehen. Das geht doch nicht!"

„Nun mal langsam, Helmfried. Erst muss der Makler unser Haus gesehen haben, dann muss er uns sagen, ob er es verkaufen kann, und, nicht zu vergessen, er muss uns etwas Neues anbieten, wohin wir ziehen können. Ein kleineres Haus, das uns allen, ich betone extra *uns allen*, gefällt. Erst dann sehen wir weiter."

„Und der will sich unser ganzes Haus ansehen? Jedes Zimmer?"

„Ja, jedes Zimmer und auch den Keller und den Dachboden. Er geht in jeden Raum, sieht ihn sich an und schreibt sich auf, was an dem Raum Besonderes ist, damit er dem Interessenten später alles ganz genau erklären kann."

„Dann kommt er also auch in mein Zimmer?"

„Auch in dein Zimmer, genau."

Helmfried machte ein mürrisches Gesicht. Es gefiel ihm überhaupt nicht, dass er hier wegziehen und dass dieser Makler ausgerechnet auch noch in sein Zimmer schauen sollte. Seine Mutter konnte ihn nur schwer beruhigen.

Am darauffolgenden Tag erzählte Helmfried seinen Freunden in der Klasse von dem Vorhaben seiner Mutter.

„Das kommt ja überhaupt nicht infrage, dass du hier wegziehst. Lass uns mal überlegen, wie wir dir helfen können, damit das nicht gelingt", sagte Timo.

Und es dauerte auch nicht lange, da hatten Timo, Helmfried, Tobias und auch Jana und Anja viele Ideen beisammen, was man alles machen könnte, damit der Makler schnell wieder abhaute. Und weil die Ideen, die die fünf hatten, so toll waren, konnten sie den Samstag gar nicht abwarten. Jeden Tag, also von Dienstag bis Freitag, sprachen sie in den Pausen von nichts anderem als von ihren Einfällen, wer dazu etwas zu besorgen hatte und wie es – von Helmfrieds Mutter unbemerkt – in seine Wohnung gelangen könnte.

Und dann kamen sie, der Samstag und der Makler. Punkt 10 Uhr läutete es an der Tür. Helmfrieds Vater öffnete und auch seine Mutter eilte zum Empfang. Freundlich begrüßten sie den Makler Herrn Eilemann.

„Helmfried, Helmfried", rief die Mutter, „komm bitte und begrüße Herrn Eilemann, den Makler."

Helmfried sprang die Treppe vom ersten Stockwerk herunter, wobei er immer gleich zwei Stufen auf einmal nahm. „Guten Tag, Herr Eilemann", sagte er und machte eine angedeutete Verbeugung.

„Dann beginnen wir doch am besten gleich hier im Eingangsbereich und gehen dann zum Wohnzimmer, zum Schlafzimmer und so weiter", schlug Helmfrieds Vater vor und begann auch sofort, von den Vorzügen eines geräumigen Eingangsbereiches zu schwärmen. Der Makler nickte verständnisvoll und machte sich einige Notizen. Anschließend gingen sie ins Wohnzimmer. Dort wies Helmfrieds Vater gerade auf den besonders schönen Blick aus dem Fenster hin, als es über der Decke des Wohnzimmers rummste, als sei eine große Kiste umgefallen.

„Was war denn das eben da oben?", fragte erschrocken der Makler und zeigte auf die Zimmerdecke.

„Ach, da wird wahrscheinlich unser Sohn gerade von seinem Bett gesprungen sein", wollte die Mutter Herrn Eilemann beruhigen. Dabei drehte sie sich um und bekam einen fürchterlichen Schreck. Helmfried stand hinter ihr. Wie konnte er in seinem Zimmer vom Bett springen und gleichzeitig hinter ihr stehen, fragte sie sich? Hier konnte doch was nicht stimmen. „Also das ist mir aber doch auch unerklärlich", sagte sie mit blassem Gesicht, „wie kann er oben in seinem Zimmer vom Bett gesprungen sein, wenn er gleichzeitig hier bei uns steht?"

Der Makler, der sich inzwischen von seinem Schreck erholt hatte, meinte: „Vielleicht, Frau von Apfelwirt …"

Weiter kam er nicht, weil ihn Helmfrieds Mutter sofort unterbrach: „Von Apelweth bitte, Herr Eilemann, von Apelweth."

„Schon gut, Entschuldigung. Also vielleicht, Frau von Apelweth, war es auch ein offenes Fenster, das plötzlich von einem Windzug zugeschlagen ist."

„Na, das wäre ja etwas ganz Neues, wenn mein Sohn das Fenster von sich aus geöffnet hätte", sagte sie mit einem missmutigen Blick zu Helmfried. „Das scheint er ja nicht zu können. Das muss ich immer machen, von allein kommt er nicht drauf. Und ich war heute noch nicht bei ihm im Zimmer."

Herr Eilemann nahm sich seinen Notizbogen und notierte sich den Satz: *Über dem Wohnzimmer poltert es aus unerklärlichem Grund.* Er beendete seine Notizen und jetzt ging es in das Reich der Hausfrau, in die Küche. Der Herd, die Mikrowelle und alle Geräte wurden gezeigt und kurz in Betrieb genommen. Der Makler war erstaunt. Hier fehlte es an nichts. Alles, was die Hausfrau brauchen konnte, war vorhanden.

„Darf ich hier bitte den Wasserhahn aufdrehen, um zu sehen, ob die Wasserleitungen in Ordnung sind?", fragte der Makler.

„Aber selbstverständlich", erwiderte Helmfrieds Vater und zeigte auf den Wasserhahn über dem Spülbecken.

Der Makler drehte den Hahn auf, aber kein Wasserstrahl kam heraus. Er drehte immer weiter, bis eigentlich der Wasserstrahl in voller Stärke aus dem Hahn hätte fließen müssen. Aber nachdem ein kleines Rinnsal aus dem Wasserhahn lief, versiegte er schließlich. Es kam nichts mehr, kein einziger Tropfen.

„Wahrscheinlich ist da nur die Auslaufdüse an ihrem Wasserhahn verstopft, da hat sich bestimmt Kalk abgesetzt und verstopft nun den Auslass. Das haben wir gleich. Da brauchen wir nur vorn den Wasserverwirbeler abschrauben, ihn vom Kalk befreien, ihn wieder draufschrauben und ... fertig", sagte der Makler. Er beugte sich über das Spülbecken und neigte gerade seinen Kopf tief hinein, um den Wasserauslass zu begutachten, da schoss ein kräftiger Wasserstrahl aus dem Hahn direkt in sein Gesicht. Sofort schreckte der Makler zurück. Sein Kopf samt Brille triefte vor Nässe.

Umgehend entschuldigte sich Helmfrieds Vater für dieses Missgeschick und holte ein Handtuch. „Das ist uns aber sehr, sehr unangenehm", stammelte er, während er dem Makler ein Handtuch reichte. „Sehr, sehr unangenehm", wiederholte er mindestens noch zweimal.

Helmfried, der gerade die Küche betrat, tat so, als hätte er nicht mitgekriegt, was hier soeben passiert war. Er fragte mit einem Grinsen im Gesicht: „Nanu, Herr Eilemann, was haben Sie denn gemacht? Haben Sie gebadet? Das ist doch hier die Küche, das Bad befindet sich doch auf der anderen Seite des Flures. Und außerdem haben wir noch ein Bad oben in der ersten Etage, da badet es sich viel bequemer."

„Helmfried, ich bitte dich. Was soll denn das? Herr Eilemann wollte uns behilflich sein und dabei hat er sich derartig nassgemacht, dass er jetzt erst einmal trockengelegt werden muss."

„Also das wollen wir doch gleich einmal klarstellen: Ich habe mich nicht nassgemacht. Dafür kann ich nun wirklich nichts", ereiferte sich der Makler. „Das Wasser kam erst überhaupt nicht und dann mit einem derartigen Schwall, dass es mir unweigerlich ins Gesicht spritzte und auch auf dem Fußboden eine Pfütze hinterließ. Ich wollte Ihnen nur helfen, dass der Kalk entfernt wird."

„Schon gut, schon gut", beruhigte ihn Helmfrieds Mutter, wischte die Pfütze auf dem Küchenfußboden auf und bot dem Makler als kleine Wiedergutmachung eine Tasse Kaffee an.

Herr Eilemann nahm das Angebot dankend an und vervollständigte seinen Notizbogen mit der Eintragung: *Wasser kommt unregelmäßig. Wenn es kommt, dann aber kräftig.*

„Wenn Sie ihren Kaffee ausgetrunken haben, können sie sich im Obergeschoss die Kinderzimmer ansehen. Ach ja, wir haben zwei Kinder, den Jungen Helmfried", dabei zeigte sie auf ihn, der schon auf der ersten Treppenstufe stand, „und Henriette-Luisa, unsere Tochter, die bestimmt oben in ihrem Zimmer gerade auf ihrem Instrument übt. Sie erlernt nämlich das Harfenspiel."

„Wir können gern schon hinaufgehen. Den restlichen Kaffee trinke ich nachher, er ist noch sehr heiß", sagte Herr Eilemann und erhob sich von seinem Stuhl.

Helmfried, der vor dem Makler die Treppe hinaufeilte, klopfte kurz bei Henriette-Luisa an die Tür. Er gab ihr so das Zeichen, dass nun die Besichtigungsgruppe gleich bei ihr erscheinen würde. Henriette-Luisa stampfte verabredungsgemäß kurz mit dem Fuß auf, um Helmfried zu signalisieren, dass sie sein Zeichen gehört hatte. Dann stellte sich Helmfried wieder direkt an die Treppe und nahm so den Makler mit einem freundlichen Gesicht in Empfang.

„Das hier ist mein Zimmer", begann Helmfried, als er vor seiner Zimmertür stand. „Öffnen Sie ruhig die Tür, sehen Sie sich mein Zimmer ruhig an", forderte er den Makler freundlich auf.

Der Makler zögerte nicht und streckte seine Hand aus, um die Klinke zu fassen und zum Öffnen herunterzudrücken. Doch beim Herunterdrücken löste sich die Klinke vom Türschloss, glitt aus seiner Hand und fiel auf den Boden. Flink bückte sich Herr Eilemann und hob die Klinke wieder auf. „Das tut mir aber jetzt sehr leid", entschuldigte er sich Helmfried zugewandt und wollte nun die Klinke wieder in das Türschloss stecken.

Aber was war das? Die Klinke ließ sich nicht mehr in die für sie vorgesehene Öffnung stecken. Unter keinen Umständen. Er konnte sie drehen und wenden, wie er wollte, es ging nicht. Das Loch schien kleiner geworden zu sein.

„Da haben Sie wohl Pech gehabt. Ist ja schade, mein Zimmer werden Sie wohl nicht anschauen können", grinste ihn Helmfried an.

„Sieht wohl leider so aus", seufzte der Makler und trat einen Schritt zurück. Er nahm seinen Notizbogen und vermerkte: *Kinderzimmer Junge nicht gesehen, Klinke ab.*

Helmfrieds Vater, der Augenzeuge des Geschehens war, blickte mit leicht zusammengekniffenen Lippen und seinen Kopf schüttelnd erst zu seinem Sohn und anschließend zu seiner Frau. Helmfried meinte, Vaters geflüsterte Worte: „Das kann ja wohl nicht wahr sein", gehört zu haben.

„Das wird nachher noch ein Donnerwetter geben", dachte Helmfried. Aber egal, für den Augenblick war er erst mal zufrieden, der Makler konnte nicht in sein Zimmer.

„Und hier", Helmfried deutete auf die Tür, „hier befindet sich das Zimmer meiner Schwester Henriette-Luisa. Gehen Sie ruhig hinein. Henriette-Luisa wird sich sehr freuen, sie kennenzulernen."

Der Makler drückte ganz vorsichtig die Türklinke herunter. Er wollte auf gar keinen Fall das gleiche Türklinkenerlebnis haben wie vorher an Helmfrieds Tür. Aber alles ging glatt, die Klinke hielt und die Tür ließ sich öffnen. Der Makler ging sofort auf das Mädchen, das auf dem Bett lag, zu und begrüßte es mit Handschlag. „Guten Tag, Henriette-Luisa."

„Aber ... das ist nicht Henriette-Luisa, das ist nicht unsere Tochter", rief Helmfrieds Mutter.

„Wer soll es denn sonst sein?", sagte Helmfried spöttisch. „Das ist euer Haus, das ist Henriette-Luisas Zimmer und ein anderes Mädchen ist nicht gekommen. Ich habe jedenfalls nicht gesehen, dass jemand außer dem Makler gekommen ist."

„Wer bist du denn? Wo kommst du her? Was machst du hier?", ereiferte sich seine Mutter.

„Was ist denn mit dir los? Erkennst du mich denn nicht mehr? Bist du krank?", antwortete das Mädchen und sah die Mutter dabei auffordernd an.

„Ich glaub, ich werde verrückt", war der letzte Satz, den diese sagte, bevor sie in ihren Knien leicht einknickte und zu Boden zu stürzen drohte. Ihr Mann, der hinter ihr stand, konnte sie gerade noch auffangen und vorsichtig auf den Boden setzen.

Der Makler sah sich nur kurz in dem Zimmer um, vermerkte auf seinem Notizbogen: *Im Mädchenzimmer wohnt eine der Mutter unbekannte Tochter.* Dann verließ er den Raum wieder.

„Bitte folgen Sie mir jetzt auf den Dachboden", bat der Vater den Makler und wies auf die Treppe, die zum Dachboden führte.

„Haben Sie da etwa Fledermäuse oder anderes Getier? In ihrem Haus ist ja alles möglich", wollte Herr Eilemann wissen, bevor er die erste Stufe der Treppe betrat.

„Keine Bange, keine Bange, Herr Eilemann, da spukt es nicht und da sind auch keine Tiere. Auf dem Dachboden wohnt keine unbekannte Person und kriechende, krabbelnde oder fliegende Ungeheuer gibts da oben auch nicht. Nur zu, kommen Sie."

Und so stiegen einer nach dem anderen auf den Dachboden, Vater, Mutter, die sich wieder erholt hatte, und Helmfried.

Das Licht auf dem Dachboden war spärlich, aber dennoch ausreichend, um kurz etwas zu verstauen oder herunterzuholen.

Der Makler schaute sich im Dämmerlicht um. „Sagen Sie bitte", flüsterte er, „sehe ich richtig? Bewegt sich da hinten eine Kiste? Die scheint auf mich zuzukommen."

„Kann ja gar nicht sein", antwortete Helmfrieds Vater. „Ich sagte doch, dass hier oben niemand ist. Und sich von allein bewegende Kisten habe ich noch nicht gesehen. Ich werde mal hingehen und sehen, was das soll."

„Arnfried, lass das sein!", kreischte seine Frau. „Lass das sein! Das ist ja heute ein Irrenhaus. Es kann keiner wissen, was da mit den Kisten los ist. Und ehrlich gesagt, ich will es heute auch nicht wissen."

„Ich glaube, ihre Frau hat recht. Wir sollten schnell wieder den Dachboden verlassen. Sie können ja später klären, was mit den Kisten los ist, warum die sich mit einem Mal von allein verschieben können", flüsterte der Makler und kritzelte auf seinen Notizbogen: *Auf dem Dachboden ist es unheimlich.*

„So, jetzt trinke ich unten noch meinen Kaffee aus und dann verabschiede ich mich", sagte der Makler und machte sich auf den Weg ins Erdgeschoss.

Als er wieder bei seiner Kaffeetasse angekommen war, wurde er erneut blass. Seine Kaffeetasse war leer.

„Wissen sie", sagte er zur Hausfrau, „das ist schon merkwürdig bei Ihnen. Als ich mich von meiner Kaffeetasse fortbewegte, war sie fast voll, der Kaffee war noch sehr heiß. Jetzt, wo ich wieder zurückkomme, ist die Tasse leer, obwohl wir alle zusammen im Haus unterwegs waren. Wie kommt denn das?"

„Ich weiß es nicht, ich weiß nichts mehr", erwiderte Helmfrieds Mutter mit zittriger Stimme.

„Vielleicht haben Sie nur vergessen, dass Sie doch schon ausgetrunken hatten", mischte sich Helmfried ein. „Kann ja mal vorkommen, dass man etwas vergisst."

„Da bin ich mir ganz sicher, dass in der Tasse noch Kaffee war, als wir den, ich nenne ihn mal außergewöhnlichen Rundgang starteten. Aber egal, ich muss jetzt gehen. Ach so", fügte er noch hinzu, „ich muss Ihnen leider sagen, dass ich Ihr Haus nicht verkaufen kann. Für ein Haus, in dem das Wasser läuft, wenn es will, und nicht, wenn es soll, in dem sich Kaffee in Luft auflöst, in dem es auf unerklärliche Weise poltert, wo sich eine Person als Tochter aufhält, die nicht die eigene Tochter ist, wo sich Türen nicht öffnen lassen, weil die Türklinke abfällt und nicht mehr angebaut werden kann, wo sich auf dem Dachboden Kisten von allein bewegen, solch ein Haus kann ich nicht verkaufen, das will keiner kaufen. Machen Sie es gut und viel Erfolg mit einem anderen Makler. Auf Wiedersehen!"

Der Makler drehte sich um und verschwand mit schnellen Schritten. „Nur weg hier, nur weg!", hörte Helmfried noch leise, als er die Tür schloss.

Nachdem der Makler außer Sichtweite war, ging Helmfried zu seinen Eltern und erklärte ihnen, wie es zu den merkwürdigen Begebenheiten im Haus gekommen war und wer ihm dabei geholfen hatte. Er holte seine Schulkameraden, die ihm tatkräftig geholfen hatten, ins Wohnzimmer.

Eigentlich wollten ihm seine Eltern eine kräftige Standpauke halten, aber irgendwie fanden sie seine Ideen doch auch lustig.

„Also", sagte sein Vater, „ich schlage euch vor, dass wir am kommenden Samstag eine zünftige Grillparty bei uns feiern. Ihr seid alle eingeladen! Und wir stellen die Party unter das Motto: Bei uns ist's schön, wir bleiben hier, das ist unser Zuhause. Wir feiern und lachen und haben Spaß und trinken sehr viel Brause."

Charlie Hagist wurde 1947 in Berlin-Steglitz geboren. Nach Grund- und Oberschule absolvierte er eine Ausbildung zum Bankkaufmann. Während seiner Tätigkeit in der Personalabteilung des Hauses bildete er sich zusätzlich zum Personalfachkaufmann (IHK) weiter. Ehrenamtlich war er als Richter u. a. am Amtsgericht Berlin-Tiergarten tätig.

Der lebende Friedhof

Kapitel 1 – Die Zombies

Es war eine dunkle Nacht auf einem Friedhof. Es stürmte, donnerte, blitzte und regnete. Die Gräber wurden ganz nass. Alles war still! Alles? Nein! Aus einer Ecke kam ein Geräusch … ein *Uauauauauarrrr!* Es kam von einem Grab. Auf dem Grab stand *Lisa von Schlotterburg.*

Plötzlich blitzte es unglaublich hell. Alle Kerzen gingen aus, die Blumenvase kippte um und … *Uahahahaaaa!*

Ich zuckte zusammen und dachte: „Was war das?!"

Eine Hand kam aus dem Grab. Dann war auch der Arm zu sehen und schließlich das Gesicht. Und ich muss sagen, es war wirklich hässlich.

Noch ein Geräusch. Oh nein! Das Gleiche passierte auch mit den anderen Gräbern!

Lisa von Schlotterburg stieg aus ihrem Grab – man konnte nun ihren ganzen Körper sehen. Sie hatte ein kurzes zerfetztes Kleid an. Nun stiegen auch die anderen Toten aus ihren Gräbern. Es waren ganz unterschiedliche Gestalten: von feinem Anzug mit Fliege bis zu Jeansrock mit Top – es war alles dabei. Aber es war trotzdem seeehr gruselig!

Kapitel 2 – Lisa von Schlotterburg

Lisa von Schlotterburg kam auf mich zu. Sie sagte wieder: „Uauauauauarrrr!" Dieses Mal hatte ich aber nicht so große Angst – vielleicht weil sie jetzt irgendwie lächelte? Sie streckte mir ihre Hand hin. Sie wollte wahrscheinlich „Hallo" sagen. Ich wollte ihr meine Hand nicht so gern hinstrecken, aber ich tat es trotzdem. Ihre Hand war sehr kalt und schrumpelig.

Sie zog ihre Hand zurück, und leider fiel diese dabei ab. Das war lustig … aber auch eklig.

Sie sagte „Oh, uupsie!"

Ich fragte sie: „Kannst du sprechen? Normal?"

Sie sagte „Ja, wieso?" Ihre Hand lag auf dem Boden. Sie hob sie auf und steckte sie sich wieder an den Arm.

Auf einmal hatte ich ein sehr komisches Zeitgefühl. Ich schaute auf meine Uhr. Es war halb vier. Ich erinnerte mich an ein Buch, das ich mal gelesen hatte. Dort stand, dass Zombies wie Vampire beim ersten Sonnenstrahl, der sie berührt, zu Staub zerfielen.

Ich sagte panisch zu Lisa: „Schnell in dein Grab zurück! Es ist schon halb vier!"

Kapitel 3 – Die Rettung

Lisa erschrak und rannte, aber sie zerfiel, während sie rannte. Ich dachte sofort: „Ich muss ihr helfen!" Ich lief zu ihr und überlegte: „Soll ich sie wieder zusammensetzen und weiterlaufen lassen oder lege ich ihre Einzelteile direkt ins Grab zurück?"

Ich hatte keine Zeit zum Überlegen, weil die Sonne schon fast aufgegangen war. Also machte ich Letzteres. Ich legte sie schnell in ihr Grab und buddelte es zu und sagte noch: „Tschüss Lisa!"

Sie sagte auch: „Tschüss!", wenn auch schlapp.

Die anderen Zombies gingen ebenfalls zurück in ihre Gräber.

Oh, und übrigens, inzwischen hatte es schon aufgehört zu gewittern. Der Himmel war wolkenlos und die Sonne ging gerade auf. Ich wollte noch ein bisschen hierbleiben.

Frida, Klasse 4c der HasenGrund-Schule in Berlin-Pankow.

Gruselspaß für Klein und Groß
Mal- und Rätselbücher

Entdecke die Magie von Halloween mit unserem einzigartigen Rätselbuch „Wo die wilden Geister wohnen ...“!

Dieses spannende Kinderbuch für Mädchen und Jungen ab 7 Jahren führt in eine Welt voller schrecklicher Kreaturen, mystischer Landschaften und zauberhafter Szenerien. Hexen, Geister und Kürbisse bevölkern die Seiten und bieten jede Menge Rätsel- und Ratespaß. Die abwechslungsreichen und herausfordernden Rätsel ermöglichen jungen Rätselfreunden, sich zu entspannen und in die faszinierende Atmosphäre von Halloween einzutauchen.

Mit detaillierten Illustrationen und spannenden Rätseln rund um Dracula, Frankenstein, Mumien und Wolfsmänner bietet dieses Buch aber nicht nur kreativen Gruselspaß, sondern auch eine Möglichkeit, die Fantasie anzuregen und den Alltagsstress hinter sich zu lassen. Perfekt für gemütliche Herbstabende, garantiert es Stunden voller kreativen Vergnügens und spannender Abenteuer.

Lass deiner Fantasie freien Lauf und erlebe Halloween auf eine neue, aufregende Weise!

Das Rätselbuch gibt es über den Buchhandel, Amazon und den Verlag.

Nanja Holland
Wo die wilden Geister wohnen ...
Halloween: Spiel, Spaß, Spannung
ISBN: 978-3-99051-285-2

Oder entdecke die Magie von Halloween mit unseren Malbüchern für Kinder oder Erwachsene: „Wo die wilden Geister wohnen ..."!

Tauchen Sie ein in eine Welt voller schrecklicher Kreaturen, mystischer Landschaften und zauberhafter Szenerien. Ob Hexer, Geister oder Kürbisse – jede Seite dieses Malbuchs lädt Sie ein, Ihrer Kreativität freien Lauf und den Alltagsstress hinter sich zu lassen – mal entspannt heiter, mal gruselig grausam. Mit detaillierten Illustrationen und abwechslungsreichen Motiven bietet beide Malbücher altersgerecht sowohl erfahrenen Künstlern als auch Einsteigern die perfekte Möglichkeit, sich zu entspannen und in die faszinierende Atmosphäre von Halloween einzutauchen. Greifen Sie zu Ihren Lieblingsfarben und lassen Sie sich von der düsteren Schönheit und den unheimlichen Geschichten inspirieren, die in jedem Bild verborgen liegen.

Nanja Holland
Wo die wilden Geister wohnen ...
Halloween-Malbuch für Erwachsene: ISBN: 978-3-99051-283-8
Halloween-Malbuch für Kinder: ISBN: 978-3-99051-284-5

Einsendeschluss für Band 8 der Reihe „Wo die wilden Geister wohnen …" ist am 15. Juli 2025!

Der achte Band der beliebten Buchreihe „Wo die wilden Geister wohnen" steht in den Startlöchern – und dafür suchen wir spannende, gruselige und mystische Geschichten! Autorinnen und Autoren jeden Alters sind herzlich eingeladen, ihre Werke einzureichen und Teil dieses Projekts zu werden. Die Ausschreibung ist genreoffen, daher sind sowohl Märchen, Kurzgeschichten, Erzählungen als auch Gedichte willkommen. Wir suchen kreative und originelle Beiträge, die sich mit dem Unheimlichen, der Magie und dem Übernatürlichen beschäftigen. Egal ob düstere Märchen, schaurige Spukgeschichten, geheimnisvolle Erzählungen oder unheimliche Gedichte – alles, was das Gänsehautfeeling verstärkt, hat bei uns einen Platz. Nutze die Gelegenheit, dein Talent unter Beweis zu stellen und Teil dieser einzigartigen Reihe zu werden. Wir freuen uns auf spannende Einsendungen, die unsere Leserinnen und Leser in eine Welt voller Geister, Hexen und magischer Wesen entführen.

Infos unter www.papierfresserchen.de

Deine Welt, dein Abenteuer, deine Geschichte!

Creative Journals by Papierfresserchens MTM-Verlag

Unsere Buchreihe „Creative Journals by Papierfresserchens MTM-Verlag" für Klein und Groß

Eintragebücher und Tagebücher bieten eine wunderbare Möglichkeit, kreativ zu sein. Sie sind ein leeres Medium mit kleinen Vorgaben, auf dem du zeichnen, schreiben und deine Gedanken frei fließen lassen kannst. Diese Bücher helfen dir, wichtige Momente und Erinnerungen zu bewahren. Egal, ob es dein erster Schultag, ein tolles Abenteuer oder einfach ein besonderer Moment ist – alles findet seinen Platz.

Tagebücher sind perfekte Begleiter für die Selbstreflexion. Sie bieten einen sicheren Raum, um über deine Gedanken und Gefühle nachzudenken und dich selbst besser kennenzulernen. Darüber hinaus können Eintragebücher genutzt werden, um persönliche Ziele zu setzen und deinen Fortschritt zu dokumentieren. Sie motivieren und unterstützen dich dabei, deine Träume zu verwirklichen. Wir haben Bücher für die Schulzeit, für die Ferien, aber auch ein Haushaltsbuch sowie ein Trauerbuch im Verlagsprogramm. Weitere sind geplant.

Infos unter www.papierfresserchen.de

Creative Writing by Papierfresserchens MTM-Verlag

Unsere Buchreihe „Creative Writing by Papierfresserchens MTM-Verlag" bekommt Nachwuchs!

Entdecke die Freude am Schreiben! So heißt es seit rund einem Jahr mit unseren Arbeitsbüchern „Kreatives Schreiben für Kinder". Drei Bände waren erschienen, nun gibt es „Nachwuchs". Passend zum Thema dieses Buches gibt es Schreibanlässe, Wortgruppen und Bilder zum Thema „Halloween" im vierten Band der Reihe.

Unsere kreativen Arbeitsbücher machen es Kindern und Jugendlichen leicht, ihre ersten Gedichte, Märchen oder Kurzgeschichten zu verfassen. Mit inspirierenden Bildern, Satzanfängen und Erzählanfängen fördern wir mit ihnen Fantasie und Kreativität – fernab von Internet und Spielekonsolen. Ideal für den Einsatz in Schulklassen, Schreibgruppen oder einfach zu Hause. Lass die Worte fließen und erschaffe Geschichten zu den schönsten Themen des Jahres! In den kommenden Wochen erscheint u. a. ein Buch zum Thema „Gedichte", weiter sind in Planung.

Infos unter www.papierfresserchen.de

Unsere neue Buchreihe
„Coloring Books by Papierfresserchens MTM-Verlag

Papierfresserchens MTM-Verlag gibt seit Kurzem auch pädagogisch wertvolle Malbücher für Kinder und Erwachsene heraus. Dabei sind Malbücher mehr als nur eine Freizeitbeschäftigung – sie spielen eine wesentliche Rolle in der Entwicklung von Kindern. Durch das Ausmalen von Bildern können Kinder ihre Feinmotorik, Hand-Augen-Koordination und Konzentration verbessern.

Malbücher für Erwachsene bieten eine wirksame Möglichkeit, Stress abzubauen und den Geist zu beruhigen, indem sie eine meditative und entspannende Wirkung haben. Sie fördern die Kreativität und ermöglichen es Erwachsenen, ihre künstlerischen Fähigkeiten auszudrücken. Darüber hinaus können sie die Konzentration und Achtsamkeit stärken, indem sie den Fokus auf einfache, wiederholende Aufgaben lenken und somit den Alltag entschleunigen. Ausführliche Informationen zu beiden Konzepten finden Sie unter:

Infos unter www.papierfresserchen.de

Wünsch dich ins Wunder-Weihnachtsland

Schreibt mit an der größten Weihnachtsgeschichtensammlung aller Zeiten:

Seit zwölf Jahren sammeln wir mit unseren Wunder-Weihnachtsland-Büchern Geschichten, Märchen, Erzählungen, Haikus, Gedichte ... rund um die schönsten Tage des Jahres – die Advents- und Weihnachtszeit. Hunderte von Texten haben uns in den Jahren erreicht – lustige und besinnliche, heitere und nachdenkliche.

Wenn wir alle Geschichten zusammenfassen, haben wir sicherlich eine der größten Weihnachtsgeschichtensammlungen aller Zeiten für kleine und große Leser zusammengetragen. Und wir schreiben weiter am Wunder-Weihnachtsland – 365 Tage im Jahr.

Einmal im Jahr – immer im Herbst – geben wir ein neues, gedrucktes Buch „Wünsch dich ins Wunder-Weihnachtsland" sowie E-Book und Hörbuch heraus.

Weitere Infos unter:

www.wuensch-dich-ins-wunder-weihnachtsland.de

Ein Buch geht um die Welt

Eine internationale Initiative von Papierfresserchens MTM-Verlag

Kinder auf der ganzen Welt vernetzen, sie zum Schreiben animieren und ihnen die Möglichkeit bieten, über ihr Leben, ihre Träume und Wünsche zu schreiben, das möchte die internationale Initiative „Ein Buch geht um die Welt" von Papierfresserchens MTM-Verlag erreichen.

Der Buchverlag mit Sitz am Bodensee in Deutschland hat aus diesem Grund Schreibwettbewerbe zu verschiedenen Themen ins Leben gerufen, an denen sich Mädchen und Jungen im Alter zwischen 6 und 14 Jahren aus aller Welt mit ihren ganz kleinen oder auch umfangreicheren Märchen und Erzählungen, Gedichten, Haikus oder Erlebnisberichten beteiligen können. Auch Illustrationen dürfen eingereicht werden. An dem Buch mitwirken können zum einen Kinder, deren Muttersprache Deutsch ist. Aber es haben sich in den zurückliegenden Jahren auch immer wieder junge Autorinnen und Autoren an den Schreibwettbewerben des Verlags beteiligt, die Deutsch als Fremdsprache erlernen. Weltweit und über alle Kontinente wurden Schulen deshalb zu dieser Initiative eingeladen.

Einsendeschluss für die Wettbewerbe ist jeweils am **15. März** und am **1. November** eines jeden Jahres. Es werden bei den einzelnen Projekten immer ganz unterschiedliche Themen in den Mittelpunkt gerückt. Umfangreiche Informationen zu allen Projekten finden den Interessierten unter

www.papierfresserchen.de

Hat Ihnen das Buch gefallen? Dann würden wir uns über eine Rezension freuen:

Printed in Poland
by Amazon Fulfillment
Poland Sp. z o.o., Wrocław

60586151R00155